# ADOLPHE ADAM

SA VIE, SA CARRIÈRE

SES MÉMOIRES ARTISTIQUES

*Il a été tiré* trente exemplaires numérotés *sur papier de Hollande avec deux épreuves du portrait, dont l'une sur chine volant. — Prix : 10 francs.*

### DU MÊME AUTEUR

BELLINI, *sa vie, ses œuvres* (1 vol. in-18 jésus, avec portrait et autographes). — Hachette, éditeur.

ALBERT GRISAR, *étude artistique* (1 vol. in-18 jésus, avec portrait et autographe). — Hachette, éditeur.

BOIELDIEU, *sa vie, ses œuvres, son caractère, sa correspondance* (1 vol. in-18 jésus, avec portrait et autographe). — Charpentier, éditeur.

FIGURES D'OPÉRA-COMIQUE : *Madame Dugazon, Elleviou, la famille Gavaudan* (1 vol. in-8, avec trois portraits). — Tresse, éditeur.

RAMEAU, *essai sur sa vie et ses œuvres* (1 vol. in-16). — Decaux, éditeur.

ROSSINI, *Notes, impressions, souvenirs, commentaires* (1 vol. in-8). — Claudin, éditeur.

MEYERBEER. *Notes biographiques.* — Tresse, éditeur.

AUBER, *ses commencements, les origines de sa carrière.* — Pottier de Lalaine, éditeur.

#### En préparation

LES THÉATRES A PARIS PENDANT LA RÉVOLUTION, *histoire, chroniques, souvenirs, portraits, anecdotes.*

LES VRAIS FONDATEURS DE L'OPÉRA FRANÇAIS : *Perrin et Cambert.*

LES PHILIDOR, *études sur la musique au* XVIII<sup>e</sup> *siècle.*

Paris. — Impr. E. CAPIOMONT et V. RENAULT, rue des Poitevins, 6.

ARTHUR POUGIN

# ADOLPHE ADAM

## SA VIE, SA CARRIÈRE

## SES MÉMOIRES ARTISTIQUES

ÉDITION

ORNÉE D'UN PORTRAIT D'ADOLPHE ADAM

Gravé à l'eau-forte par M. Champollion

ET DU

FAC-SIMILE D'UNE LETTRE AUTOGRAPHE D'ADOLPHE ADAM

PARIS

G. CHARPENTIER, ÉDITEUR

13, RUE DE GRENELLE-SAINT-GERMAIN, 13

1877

Tous droits réservés

# A M. ALEXIS ROSTAND

Mon cher ami,

Permettez-moi de vous dédier ce livre, qui continue la série des études que j'ai entreprises sur nos musiciens français. Vous êtes du petit nombre de ceux qui, se souciant peu des niaises rivalités d'écoles et pratiquant un large éclectisme, savent admirer le beau partout où ils pensent trouver et quelle que soit sa provenance. C'est dire que, à l'encontre de tant d'autres, vous ne refusez pas d'accorder à notre chère France la place toujours honorable, souvent glorieuse, qu'elle n'a cessé d'occuper dans l'histoire de la musique, et que tout en admirant les merveilles données au monde par l'Allemagne et l'Italie, vous ne craignez pas d'avouer qu'elle a produit, elle aussi, des œuvres éclatantes et durables. Vous savez donc apprécier l'importance du rôle qu'elle a joué, et par conséquent rendre justice à nos musiciens.

Si Adam ne peut être compté parmi les plus grands d'entre ceux-ci, il fut du moins l'un des plus ingénieux, des plus aimables et des plus heureusement doués que nous ayons possédés. Son talent, multiple et divers, était d'ailleurs des plus souples, et il est, à beaucoup d'égards, particulièrement intéressant à étudier. J'ai essayé de retracer de mon mieux son existence extraordinairement laborieuse, sa carrière étonnamment féconde, et j'ai tâché de reproduire sa physionomie avec la plus scrupuleuse exactitude. Je voudrais avoir réussi; mais si le portrait n'est pas ressemblant, ce sera la faute du peintre et non celle du modèle.

Je ne vous l'en offre pas moins, cher ami, comme un témoignage d'affection vraie et de vive sympathie. Votre amitié saura, s'il le faut, excuser mes faiblesses. Épris comme vous l'êtes de toutes choses artistiques, chérissant comme vous le faites ce vieux sol de France qui nous a vu naître, je suis certain, au surplus, qu'un tel

crit ne saurait vous laisser indifférent. Car
 a été inspiré par un double sentiment qui nous
st commun à tous deux : — l'amour de la
atrie et l'amour de l'art.

   A vous de cœur,

        Arthur Pougin.

Paris, 25 mars 1877.

Ma chère petite fille

j'apprends avec grand
plaisir que tes brûlures
ne te font du bien
& que tu les prends
avec courage. Tu
vas encore rester là-
bas une semaine ou deux
puis tu nous reviens

serein vaillantie et
bien portante. J'espère
qu'à ton retour, tu
travailleras bien
pour retrouver le
temps que tu as
si agréablement
employé, mais qui
est un peu perdu
pour tes études.
Ici bien des choses
de ma part à

Maman Pitiua qui
est si bonne pour
toi et Dédomange la
peu tu gentillesse de
toute la peine qu'elle
se donne. Je t'embrasse
bien fort. Ton père
A.D. Valéry

# ADOLPHE ADAM

## SA VIE, SA CARRIÈRE

## SES MÉMOIRES ARTISTIQUES

---

### INTRODUCTION

Je sais des gens que ce titre et ce nom — Adolphe Adam — mis en tête d'une étude musicale, vont faire sourire dédaigneusement. Quelque regret que j'en puisse éprouver, je brave le sourire et j'affronte le dédain de ces esprits forts, qui, nés Français, d'ailleurs parfaitement Français de cœur, d'âme et d'intelligence, traînent aux gémonies la France musicale et la raillent impitoyablement de sa prétendue impuissance dans un art que pourtant elle n'a cessé d'illustrer, et où elle a toujours tenu une place brillante. A ces gens, si peu soucieux de l'honneur intellectuel de leur pays, il serait inutile de citer les noms justement glorieux de Campra et de Rameau, de Monsigny et de Philidor, de Grétry et de Dalayrac, de Berton et de Boieldieu, de Lesueur et de Méhul, de Nicolo et d'Hérold, d'Auber et d'Halévy, sans compter tous ces artistes aimables qui s'appelaient Mouret, Dezèdes, Devienne, Della Maria, Solié, Gaveaux, Lemoyne, Kreutzer, Catel, Hippolyte Monpou, etc., sans compter ceux que nous possédons aujourd'hui. Ces braves gens, qui, tout comme leur prochain, ont des yeux et des oreilles, se voileraient les yeux pour ne rien voir et se boucheraient les oreilles pour ne rien entendre.

J'aurais compris ce dédain, encore qu'il me parût exagéré, à une époque où l'Italie possédait des Durante, des Pergolèse, des Scarlatti, des Jommelli, des Traetta, des Latilla, des Leo, des Piccinni, des Guglielmi, des Sacchini, des Salieri, des Paisiello, des Cimarosa, des Rossini, à une époque où l'Allemagne enfantait des Jean-Sébastien Bach, des Hændel, des Gluck, des Haydn, des Mozart, des Beethoven et des Weber. Alors, évidemment, et toute brillante que notre chère France n'ait jamais cessé d'être en matière musicale, nos artistes ne pouvaient lutter en nombre et en puissance avec de tels génies. Mais aujourd'hui, lorsque depuis un demi-siècle Weber est mort, lorsque depuis un aussi long temps la lyre de Rossini s'est condamnée d'elle-même au silence, il faut cependant bien reconnaître que les rôles sont intervertis, et que, loin de recevoir l'impulsion de ses voisins, c'est la France qui la leur donne à son tour. — « Quoi! l'Allemagne n'a-t-elle pas Richard Wagner? » me dira-t-on d'un côté. « L'Italie ne possède-t-elle pas Verdi! » me répliquera-t-on de l'autre. D'accord; et sans vouloir entrer ici dans une discussion relative au génie de ces deux artistes, je confesse volontiers que chacun en son genre est une individualité puissante. Mais, à leur tour, mes contradicteurs seront bien obligés de convenir qu'un artiste, fût-il un artiste supérieur, ne constitue pas une école, et que, si depuis cinquante ans il existe au monde une école musicale, c'est en France, et en France seulement, qu'il la faut chercher.

Car enfin, à considérer la musique dans ses rapports avec le théâtre, il faut bien constater, puisque cela est, que dans cette période d'un demi-siècle, les choses ont singulièrement changé, et que nous sommes devenus le seul, l'unique peuple producteur de l'Europe. Quels sont les artistes que l'Allemagne nous a offerts durant une aussi longue période? Quels sont ceux que l'Italie a mis au jour? Pour la première, lorsque nous aurons écarté les noms — très-inégaux en valeur — de Meyerbeer et de M. de Flotow, qui n'ont guère écrit que des opéras italiens et français, nous trouverons Spohr, Marschner, Lindpaintner, Lortzing et Otto Nicolaï. De Spohr il est resté deux ouvrages d'une valeur réelle, mais qu'il faut se garder d'exagérer : *Faust* et *Jessunda* ; Lortzing, le mieux doué d'entre tous peut-être, quoique toujours dans un ordre secondaire, a laissé quelques jolies partitions : *Hans Sachs, Czar et Charpentier, Ondine, les Écuyers de Roland*; de Lindpaintner, on ne peut guère citer que *le Vampire*; de Marschner, un autre *Vampire*, et *le Templier et la Juive*; enfin, si l'on excepte *les Joyeuses Commères de Windsor*, il ne reste rien de Nicolaï. — Pour l'Italie, à la suite de Bellini et de Donizetti, artistes qui, bien qu'inférieurs à leurs devanciers, ont cependant fait briller d'un dernier éclat le génie musical de ce pays, à la suite de Mercadante et de Pacini — l'un, pâle reflet de Meyerbeer, l'autre, pâle reflet de Rossini, — je ne trouve à citer que les noms des frères Ricci, de MM Carlo Pedrotti, Errico Petrella et Antonio Cagnoni, tous artistes assez bien doués sans doute, mais créateurs de second, de troisième ou de quatrième ordre. — En regard de ces noms, seulement estimables, qui se sont produits soit par delà le Rhin, soit par delà les Alpes, quels sont ceux que nous voyons briller chez nous? Il suffit de les citer pour faire toucher du doigt, pour prouver la supériorité incontestable, absolue, de la France sur ses deux anciennes rivales : ces noms sont ceux d'Auber, d'Halévy, d'Adolphe Adam, d'Hector Berlioz, d'Aimé Maillart, de Félicien David, de MM. Ambroise Thomas, Charles Gounod, Henri Reber, Victor Massé, Ernest Reyer, auxquels on en pourrait joindre quelques autres moins éclatants, mais encore fort distingués. Est-ce l'Allemagne et l'Italie qui nous ont, dans les divers genres de la musique dramatique, donné des œuvres telles que *la Juive, Charles VI, la Reine de Chypre, les Mousquetaires de la Reine, l'Éclair, Haydée, la Muette, Fra-Diavolo, la Sirène, les Diamants de la Couronne?* Est-ce l'Allemagne et l'Italie qui ont produit *le Père Gaillard, les Dragons de Villars, Lara, Giralda, Giselle, le Chalet, Si j'étais Roi?* Est-ce l'Allemagne et l'Italie qui ont enfanté *Mignon, Hamlet, le Songe d'une Nuit d'Été, Psyché, le Caïd, Faust, le Mé-*

*decin malgré lui*, *la Reine de Saba* et *Roméo et Juliette?* Est-ce l'Allemagne et l'Italie qui ont donné à la scène *Lalla-Roukh*, *la Perle du Brésil*, *Herculanum*, *les Troyens*, *la Statue*, *les Saisons*, *Galathée* et *la Reine Topaze*[1]?...

[1]. On peut consulter la liste, dressée par les journaux allemands, des opéras nouveaux représentés en Allemagne dans le cours de l'année 1872. Ces ouvrages sont au nombre de *onze* seulement, et voici les noms de leurs auteurs : MM. Von Holstein, Max Bruch, Mohr, Pierson, Mertke, Fuchs, Hornstein, Weissheimer, Thiele, Ziehrer, Carl Dullo. Sauf M. Max Bruch, dont le nom commence à être répandu, qui connaît, en dehors de leur pays, les noms de ces artistes ?

En ce qui concerne l'Italie, je puis dire que, quoiqu'il leur en coûte, l'opinion que j'exprime ici est partagée par certains Italiens eux-mêmes ; je n'en veux pour témoignage qu'une lettre publiée dans divers journaux de la Péninsule par M. Camillo Cesarini, et qui a fait beaucoup de bruit au-delà des Alpes. M. Cesarini est, depuis 1864, président de la députation des théâtres de Bologne, l'une des villes les plus musicales de l'Italie ; il connaît par conséquent la matière, et voici le cri d'alarme qu'il jette dans sa lettre, dont je traduis ce passage significatif : — « ... La musique dramatique traverse aujourd'hui chez nous une de ces périodes que je qualifierai de critiques, une de ces périodes qui, en matière d'art, conduisent inévitablement à la *palingénésie* ou à la *dissolution*... Il y eut un temps que, sans hésitation, j'appellerai héroïque. Rossini, Bellini, Donizetti, Mercadante naissaient tout à coup et écrivaient. Il semblait que dans chacun de ces cerveaux le génie de la mélodie habitait comme en sa propre maison. La mort ou la fatigue réduisit à rien cette pléiade admirable, et l'art se serait vu perdu depuis lors si un génie singulier, s'abandonnant à son originalité, n'avait encore donné la preuve de ce que peut l'intelligence aidée par l'étude... » On voit qu'il est ici question de Verdi, et que les sentiments exprimés par M. le syndic de Bologne concordent exactement avec les miens.

Nos opéras aujourd'hui font le tour du monde ; on les accueille en tous pays, on les joue sur toutes les scènes, on les traduit dans toutes les langues. C'est notre théâtre musical moderne qui, avec certaines œuvres de Verdi, défraye le répertoire des innombrables scènes italiennes qui couvrent la surface de l'ancien et du nouveau continent, et l'on peut dire que, sans cet appoint imposant, rendu chaque jour plus nécessaire, ce répertoire cesserait d'exister (voyez ce qui se passe à Londres, à Vienne, à Saint-Pétersbourg, à Madrid, et jusqu'en Italie). Enfin, jamais la force d'expansion de la musique française n'a été aussi grande, aussi complète, aussi universelle. C'est ce moment que certains esprits choisissent justement pour la railler, pour proclamer sa prétendue impuissance, c'est à ce moment qu'ils viennent nous dire que l'art français est mourant, perdu sans retour, et qu'il n'a d'autre ressource, pour se renouveler et se régénérer, que de se jeter dans les bras de M. Wagner et de ses adeptes ! Mais si M. Richard Wagner — que je tiens, en ce qui me concerne, pour un génie vigoureux, mais dévoyé — si M. Richard Wagner réussissait, par impossible, à faire prévaloir son système, ses admirateurs acharnés ne voient donc pas que le triomphe de ce système sonnerait le glas de mort de la musique dramatique! Ils ne s'aperçoivent donc pas que la théorie débilitante du novateur allemand est celle d'un musicien poétique, rêveur, extatique, et non point celle d'un musicien scénique! Je ne veux pas aborder ici une critique de détails qui me mènerait beaucoup trop loin, et mon intention n'est point d'écrire un traité d'esthétique musicale appliquée à la scène; mais pour tous ceux qui connaissent la poétique théâtrale de l'auteur de *Tristan et Iseulde* et des *Niebelungen*, il est certain, patent, irrécusable, que M. Wagner professe le dédain le plus profond pour les exigences pratiques de la scène, que son système est basé sur une convention absolument illogique, qu'il veut absorber le drame dans la musique, le subordonner complétement à celle-ci, et que ce qu'il appelle un opéra n'est plus un opéra, mais seulement une sorte d'immense symphonie vocale et instrumentale, dans laquelle la raison d'art, la logique, l'action dramatique, la vie et la passion sont entièrement sacrifiées à la musique proprement dite. Si vous voulez me présenter cela comme une manifestation nouvelle et particulière de l'art, sans parti pris de théorie ou de système, je pourrai, tout en faisant d'expresses réserves, l'admirer jusqu'à un certain point et la considérer, malgré son défaut capital, son vice originel, comme une œuvre de véritable génie. Mais si, vous érigeant en censeurs et en réformateurs, bien plus, en destructeurs d'un passé magnifique et glorieux, vous prétendez annuler ce passé et m'imposer cela comme la vraie, la seule forme de la musique dramatique, je regimberai et crierai : « Non! » de toute la force de mes poumons.

Eh bien, ce sens particulier, que j'appellerai le sens dramatique, et que M. Wagner semble, en compagnie de ses adeptes, mépriser si souverainement — un peu comme le renard méprisait les raisins — est précisément, et a toujours été la faculté maîtresse de nos musiciens français; c'est par là que nos artistes les plus secondaires se sont sauvés, et c'est par là que nos hommes de génie se sont montrés supérieurs. Cette intelligence de la scène, ce respect de la logique, cet accord complet entre la pensée dramatique et la pensée musicale, cette fusion de l'une dans l'autre, cette traduction exacte de l'une par l'autre, forment précisément le caractère dominant, particulier, distinctif de notre génie national. Si l'on joint à cela la grâce du langage, la clarté du discours, l'élégance de la forme et le charme de l'idée, on résumera, au point de vue général, l'ensemble des qualités qui ont toujours distingué et distinguent encore l'école française. N'en déplaise aux rêveurs ou aux impuissants, aux chercheurs de midi à quatorze heures, aux songe-creux ou aux naïfs qui, avec plus ou moins de sincérité, semblent faire fi de ces qualités et affichent un dédain superbe pour les tendances si rationnelles de l'art musical français, le chemin parcouru par nos artistes n'en a pas été moins brillant pour eux. Quelques-uns y ont trouvé la gloire, et il suffirait, parmi ceux-ci, de citer Méhul et Boieldieu, Lesueur et Hérold, Halévy et Auber; d'autres, à défaut de la gloire, pour laquelle ils n'étaient pas nés, ont su s'y faire une renommée solide, durable, incontestable autant qu'incontestée, et en tête de ces derniers on voit apparaître la physionomie enjouée, souriante, aimable et spirituelle d'Adolphe Adam.

L'auteur de *Giralda* et de *Si j'étais roi*, doué

par la nature d'une façon presque exceptionnelle, caractérise le génie national à sa manière, à l'aide de facultés qui lui sont propres, particulières, personnelles, et qui font de lui l'un des soutiens à la fois les plus solides et les plus gracieux de ce genre prétendu bâtard de l'opéra-comique, dans lequel tant de chefs-d'œuvre se sont produits, et qui nous est envié par les étrangers, inhabiles, malgré leurs efforts, à l'acclimater chez eux. A ceux dont les railleries innocentes tombent sans pitié — comme sans danger — sur ce genre charmant, qui tient après tout, chez nous, la place que l'*opera di mezzo carattere* a toujours occupée en Italie, je demanderai s'il faut rayer du répertoire musical universel toutes ces merveilles qui ont nom *le Déserteur, Richard-Cœur-de-Lion, l'Épreuve villageoise, Gulistan, Montano et Stéphanie, les Deux Journées, le Nouveau Seigneur de village, la Dame blanche, Joconde, Jeannot et Colin, Marie, le Pré aux Clercs, Zampa, le Domino noir, le Concert à la cour, le Cheval de bronze, Fra-Diavolo, les Mousquetaires de la Reine, le Chien du Jardinier, Gilles Ravisseur, Mina, le Caïd, le Chalet*, et tant d'autres que je ne saurais énumérer sans me répéter éternellement. Notez qu'on a traduit en diverses langues une bonne partie de ses ouvrages, qu'ils ont été joués sur la plupart des grandes scènes européennes, et que c'est nous, Français, toujours plaisantins et gouailleurs, qui *blayuons* bonnement nos opéras-comiques, alors que les étrangers les accaparent à leur profit et en font leurs délices. On sait que Weber, — les Néo-Germains ne récuseront pas sans doute le jugement de celui-là — tenait Boieldieu en très-haute estime, et que c'est lui qui fit traduire *Jean de Paris* pour le théâtre de Dresde, dont il était directeur, après avoir publié dans le *Journal de Dresde* une analyse très-élogieuse de l'œuvre, une appréciation très-louangeuse du talent de son auteur et une quasi-apologie du genre de l'opéra-comique[1]; *Joseph, le Maçon* et *les Deux Journées* n'ont jamais quitté le répertoire des théâtres d'outre-Rhin, où ces trois ouvrages sont étonnamment populaires et considérés comme des chefs-d'œuvre; *Giralda* et *les Dragons de Villars* ont fait triomphalement le tour de l'Allemagne, après qu'on y eût acclamé la *Dame blanche*; le

---

1. Voir à ce sujet : BOIELDIEU, *sa vie, ses œuvres, son caractère, sa correspondance*, par Arthur Pougin. — Paris, Charpentier, 1875.

*Postillon de Lonjumeau* a été joué huit cents fois à Berlin; le succès de *Zampa* a été beaucoup moins considérable chez nous que de l'autre côté du Rhin; les opéras d'Auber se sont répandus sur le monde entier, et l'on sait combien les Anglais s'en montrent friands; enfin, tout récemment encore, *le Pré aux Clercs*, déjà traduit en italien lors de son apparition à Paris, obtenait à Naples les honneurs d'une seconde traduction... Tout ceci me semble de nature à tempérer singulièrement la portée des critiques et des sarcasmes que quelques-uns, chez nous, ne cessent d'adresser à notre cher opéra-comique. Il est juste de constater que celui-ci ne paraît guère disposé à s'en émouvoir. Voici déjà bien plus d'un siècle que l'opéra-comique est né, en France, d'une sorte de fusion du petit vaudeville et du grand drame lyrique; il y est encore assez bien portant, Dieu merci, et rien n'autorise à penser qu'il doive disparaître de sitôt.

En tout cas, je crois que le moment n'est pas mal choisi pour retracer la vie et la carrière d'un des artistes qui l'ont le plus aimé et le mieux servi, d'un de ceux qui l'ont maintenu à la place qu'il n'a jamais cessé d'occuper dans l'ordre de la production intellectuelle de notre pays. Après une vogue un peu exagérée peut-être, Adam me paraît aujourd'hui par trop négligé, et la critique a le droit et le devoir de chercher à le classer, de tâcher de le fixer au rang qu'il mérite. D'ailleurs, il ne faut pas s'y tromper : Adam était un génie très-souple, très-varié, très-fécond, et, s'il a obtenu des succès brillants et justifiés dans le genre de la comédie musicale (dans lequel, il est bon de le remarquer, il a fait preuve du tempérament le plus divers), on aurait tort d'arguer de ce fait pour affirmer qu'il ne pouvait briller de façon différente ; entre autres choses, il s'est montré, pour ce qui concerne la musique de ballet, le digne successeur d'Hérold et de Schneittzoeffer, ces deux maîtres du genre sur la scène française. Ce n'est assurément pas là un mince honneur. Aussi peut-on dire du musicien qui, en même temps que *le Chalet, Giralda, le Toreador, la Poupée de Nuremberg, le Postillon de Lonjumeau, Si j'étais roi! les Pantins de Violette, le Sourd*, a écrit les adorables partitions de *Giselle*, de *la Fille du Danube*, d'*Orfa*, du *Corsaire*, du *Diable à quatre*, de *la Jolie Fille de Gand*, qu'il a doublement honoré l'art et son pays.

## INTRODUCTION.

Une réaction ne peut manquer de se produire tôt ou tard en faveur de cet artiste charmant, dont le répertoire est vraiment trop délaissé depuis longtemps déjà, et qui, mort à cinquante-deux ans, a écrit plus de quarante opéras, une quinzaine de ballets, des centaines d'airs de vaudevilles, plus de deux cents morceaux de piano, une foule de romances et de mélodies vocales, des chœurs, des cantates, des messes, des hymnes et divers morceaux de musique d'église, et enfin la valeur de plusieurs volumes d'une critique toujours aimable, fine, ingénieuse et spirituelle. Un jour viendra, sans doute, où l'on finira par s'apercevoir qu'Adam était un artiste étonnemment doué, d'une force de production exceptionnelle, d'une puissance d'imagination presque inépuisable, et qu'il faudra bien, en dépit des dédaigneux, quand même classer au nombre de nos musiciens les plus originaux, les plus vraiment Français et les plus accomplis. L'auteur du présent livre s'est surtout proposé pour but de provoquer et d'avancer, dans la mesure du possible, ce jour de justice et de réparation. Heureux si ses efforts n'étaient pas tout à fait vains !

I

Comme Mozart, comme Hérold, comme Berton, Adolphe Adam était né d'un père musicien, d'un père dont il devait, malgré le très-grand talent de celui-ci, effacer à son profit la réputation, grâce au prestige que le théâtre exerce toujours sur la foule en faveur de celui qui y obtient des succès répétés. Seulement, tandis que les grands artistes que je viens de nommer (grands inégalement, s'entend) se voyaient tout naturellement encouragés dans leurs aspirations, aidés dans leurs premiers pas, Adam se vit, au contraire, obligé de soutenir contre la volonté paternelle une lutte à laquelle il n'eût pas dû s'attendre. Il était, heureusement pour lui, fortement trempé pour le combat à de certains points de vue, et ce n'est pas l'un des moindres traits de sa physionomie, secondaire si l'on veut, mais assurément intéressante, que l'étonnante énergie dont il fit preuve, au commencement et à la fin de sa carrière (on sait combien ses dernières années furent tourmentées et pénibles), pour vaincre le sort et conjurer la mauvaise fortune. D'un tempérament moral très-faible, très-timoré, très-indécis en ce qui est relatif à certaines conditions pourtant essentielles de la vie, Adam montrait d'autre part, sous le rapport des convictions artistiques et de la probité, un caractère étonnamment énergique et d'une fermeté inébranlable. On peut dire que ce petit corps, frêle et délicat, enfermait une âme pleine de volonté et capable des plus grands efforts.

Adam sut donc faire ployer devant lui non-seulement les obstacles qui semblent, comme à plaisir, s'accumuler devant tout être assez audacieux pour embrasser une carrière où l'intelligence et l'imagination jouent le principal rôle, mais encore en triompher en dépit de celui-là même qui, au lieu de l'aider, comme il l'aurait pu, à aplanir ces obstacles, semblait au contraire prendre à tâche de le desservir et de le décourager. En un mot, Adam parvint, non par son père, mais malgré lui. On le verra dans la suite, par les nombreux extraits que je ferai de ses Mémoires inédits [1].

Adam père était, en réalité, un artiste fort distingué. Musicien consommé, compositeur élégant,

---

1. Je dois à l'obligeance de madame veuve Adam la communication de tous les manuscrits de son mari conservés et restés inédits, c'est-à-dire de ses compositions de jeunesse et de la plu-

virtuose de premier ordre, professeur d'une intelligence et d'un mérite exceptionnels, il eut la gloire d'être le créateur, et, pendant près d'un demi-siècle, le chef de l'école française de piano. Avant de le faire connaître par les détails intimes que donne sur lui son fils, je vais reproduire ici la meilleure notice biographique dont il a été l'objet, celle qu'ont publiée Choron et Fayolle dans leur *Dictionnaire des*

part des petites partitions qu'il écrivit, avant d'aborder l'Opéra-Comique, pour le Gymnase, le Vaudeville et les Nouveautés. La lecture et l'examen de ces manuscrits m'ont été très-utiles, à divers points de vue, pour retracer les commencements de la carrière d'Adam et ses débuts si modestes au théâtre. Mais, outre cela, madame Adam a bien voulu mettre encore à ma disposition les Mémoires inédits de son mari, formant un ensemble de près de 1,200 pages, et dans lesquels il avait consigné tous les événements, petits ou grands, de sa vie intime ou artistique. Je ne me suis pas fait faute, comme on le verra par la suite, de puiser à cette source abondante et sûre des renseignements de toutes sortes, et grâce à elle j'ai pû faire connaître une foule de faits et de détails restés jusqu'ici complètement ignorés.

Ceux qui connaissent le volume : *Souvenirs d'un musicien*, composé d'un certain nombre d'articles de critique insérés par Adam dans divers journaux, savent qu'en tête de ce livre, publié après sa mort (1857), on a placé des *Notes biographiques* écrites par lui-même. Ces Notes ont précisément été extraites des Mémoires dont je parle ici, mais elles en forment à peine la vingtième partie. En signalant les *Souvenirs d'un musicien*, Fétis écrivait ceci : — « Après le décès d'Adam, on a imprimé des notes qu'il avait jetées à la hâte sur sa vie, et, pour compléter le volume, on y a ajouté un choix d'articles qu'il avait publiés dans les journaux sur la musique. » Fétis était ici dans l'erreur, car les notes en question occupent moins de quarante-cinq pages, et les articles ajoutés *pour compléter le volume* donnent un ensemble de 266 pages !

*Musiciens*, et que Fétis a copiée presque littéralement, sans indiquer la source où il puisait avec tant d'abandon :

Louis Adam[1], né vers 1760 à Mittersholtz, département du Bas-Rhin, eut d'abord pour maître de clavicorde un de ses parens, excellent amateur; il eut ensuite quelques mois de leçons de piano d'un bon organiste de Strasbourg, nommé Hepp, mort vers 1800; mais c'est surtout à l'étude qu'il a faite par lui-même, des écrits d'Emmanuel Bach, des œuvres de Hœndel, de Bach, de Scarlatti, de Schobert, et, plus récemment, de Clementi et de Mozart, qu'il doit la science et le talent qui l'ont placé au premier rang parmi les virtuoses et les professeurs de son instrument. M. Adam a aussi, dans son enfance, étudié sans maître le violon et la harpe; il ne doit non plus qu'à lui-même ses connaissances dans la composition, qu'il a apprise par l'étude des écrits de Mattheson, de Fux, de Marpurg, et autres didactiques allemands.

Arrivé à Paris à l'âge de dix-sept ans pour y professer la musique, il débuta par deux symphonies concertantes pour harpe et piano avec violon, qui furent exécutées au concert spirituel, et qui étaient les premières que l'on eût entendues en ce genre. Depuis ce tems, il se livra à l'enseignement et à la composition. En 1797, il fut nommé professeur au Conservatoire[2]; là, il a formé un grand

---

1. Dans son *Histoire du Conservatoire*, faite d'après les documents officiels, Lassabathie donne les deux prénoms d'Adam, Jean-Louis, et la date précise de sa naissance : 3 décembre 1758.
2. Le 20 mai 1797, selon l'*Histoire du Conservatoire*. Les professeurs de notre école musicale étaient alors divisés en trois classes, sans doute au point de vue du traitement. A son entrée, Louis Adam fut compris parmi les professeurs de deuxième classe; trois ans après, en 1800, il devint professeur de première classe.

nombre d'excellens élèves ; les plus connus sont MM. Kalkbrenner, F. Chaulieu, Merland, Henri Lemoine, mesdemoiselles Beck, Gasse et Renaud d'Alen, qui ont successivement remporté les premiers prix du Conservatoire ; Hérold, père et fils, Callias, Rougeot, Bréval fils, mesdemoiselles Bresson et de Saint-Belin, et une foule d'autres, tant amateurs que professeurs, étaient aussi ses élèves.

Les ouvrages de M. Adam sont : une *Méthode de doigté pour le forte-piano*; une *Méthode de piano*, adoptée par le Conservatoire et dans toutes les écoles de musique de France [1]; onze œuvres de sonates de piano, et plusieurs sonates séparées; des airs variés, notamment celui du *Roi Dagobert*; des quatuors d'Haydn et de Pleyel, arrangés pour le forte-piano; un recueil de romances; la collection entière des *Délices d'Euterpe*; et le *Journal d'ariettes italiennes* des demoiselles Érard.

Après une longue carrière professorale de *quarante-cinq* ans, dont on trouve peu d'exemples dans les annales du Conservatoire, Louis Adam, qui avait été nommé chevalier de la Légion d'honneur en 1829, prit sa retraite le 15 novembre 1842, avec le titre d'inspecteur général des classes de piano. Il mourut à Paris, le 8 avril 1848, dans sa quatre-vingt-dixième année.

[1]. Au sujet de cet excellent ouvrage, Fétis a pu dire justement : — « Peu d'ouvrages élémentaires ont eu une vogue semblable à celle que celui-ci a obtenue. Près de 20,000 exemplaires ont été livrés au public dans l'espace de vingt-cinq ans. Cette vogue était méritée sous le rapport de l'exposé des principes du doigté, qui n'avait jamais été si bien fait. Une cinquième édition de cet ouvrage, revue avec soin par l'auteur, a été publiée à Paris en 1831. »

Dans les détails que voici sur sa première enfance, détails que j'emprunte à ses Mémoires manuscrits, Adolphe Adam va compléter les renseignements relatifs à son père et nous faire connaître sa vie intime :

Je suis né à Paris, dit-il, le 24 juillet 1803. Ma mère était fille d'un médecin de quelque réputation, T. Coste, dont le physique et le costume avaient une si grande ressemblance avec l'allure de Portal, que l'un et l'autre ne se traitaient jamais de confrères, mais de Ménechmes.

Mon père, Jean-Louis Adam, le fondateur de l'école de piano en France, était alors âgé de quarante-six ans. Né à Mittersholz, petit village à quelques lieues de Strasbourg, il était venu à Paris à l'âge de quinze ans. Les exécutants étaient rares à cette époque, et mon père jouit d'une vogue qu'il conserva pendant toute sa longue carrière. Ami et protégé de Gluck, il réduisit pour le clavecin et le piano tous les opéras de ce grand maître à leur apparition. Sa méthode, la première qui fut faite, est encore celle dont on se sert au Conservatoire. Il composa des sonates qui eurent un grand succès, et qui sont classées parmi les chefs-d'œuvre des grands maîtres [1].

Il se maria fort jeune. Sa première femme était fille d'un marchand de musique; elle mourut à dix-sept ans, après une année de mariage, sans avoir eu d'enfant. Pendant la Révolution, il se remaria et épousa une demoiselle de Louvois, sœur du marquis. Le contrat porte la signature du *mineur Louvois*. Il eut de ce mariage une fille, qui fut élevée par sa mère; car cette seconde union ne rendit pas mon père heureux, et mademoiselle de Louvois, qui sans

---

[1]. On remarquera qu'ici l'éloge du talent paternel est un peu exagéré par Adam.

doute n'avait épousé Adam que pour se soustraire aux fureurs révolutionnaires, le força à divorcer, et se remaria plus tard avec le comte de Gannes. Ce fut alors que mon père épousa mademoiselle Élisa Coste, qui était son élève, et je vins au monde après une année de mariage.

Ma jeunesse se passa dans une grande aisance. Ma mère avait apporté en dot cent mille francs. Mon père était le maître de piano à la mode sous l'Empire. Sa maison était le rendez-vous de toutes les célébrités de l'époque. J'y vis souvent le comte de Lacépède, grand amateur de musique.

Mon père était intimement lié avec le père et la mère d'Hérold; il fut le parrain de Ferdinand et son professeur de piano. Hérold avait douze ans quand je vins au monde; nos deux familles n'en faisaient qu'une; Ferdinand et ma sœur Sophie étaient juste du même âge. J'étais fort délicat; ma mère, qui me nourrissait, n'osait pas me sevrer et me fit téter jusqu'à trois ans! Elle ne voulait pas me fatiguer; aussi, à sept ans je ne connaissais pas mes lettres, et un jour Ferdinand Hérold m'apporta pour mes étrennes un gros paquet de verges, ce qui me fit grand'peur, quoique je m'aperçusse après que les verges cachaient des bonbons. J'adorais la musique, mais je ne voulais pas l'apprendre. Je restais des heures, tranquille, à écouter mon père jouer du piano, et sitôt que j'étais seul je tapotais sur l'instrument sans connaître mes notes. Je savais trouver des harmonies sans m'en douter. Mon père m'emmenait quelquefois aux concerts du Conservatoire. Alors j'étais heureux. Les symphonies d'Haydn me ravissaient. Je ne puis même à présent les entendre sans émotion; elles me rappellent mes premières impressions, qui peut-être ont décidé de mon avenir.

Un des côtés les plus particuliers du caractère

d'Adam, dans ses jeunes années, ce fut son *irrégularité* en matière d'éducation. Absolument indisciplinable sous ce rapport, il ne voulut jamais travailler, et la musique même, qu'il aimait tant, le trouvait réfractaire à toute espèce d'étude un peu suivie. Cela est tellement singulier qu'on se demande comment ce musicien, devenu plus tard si expert et si *roué* en fait de pratique technique, put jamais parvenir à savoir les règles de son art.

Il vient de nous avouer combien il était rétif aux leçons et aux enseignements. Nous allons voir bien plus encore :

On voulut commencer par m'apprendre la musique : mais malgré mon goût prononcé, je ne voulais rien faire. Je déchirais la méthode paternelle ; je ne voulais pas faire une gamme, ni lire ; j'improvisais toujours. Aussi, n'ai-je jamais pu être un bon lecteur. Ma mère se désespérait de mon inaptitude, et, à son grand chagrin, elle se résolut à me mettre dans une pension en renom, où avait été élevé Ferdinand Hérold : la pension Hix, rue de Matignon. Il me fut bien dur de passer des douceurs de la maison paternelle aux rigueurs d'une éducation en commun. Je me rappelle que le jour de mon entrée en classe, un élève récitait le pronom *quivis, quævis, cujusvis*, et que la barbarie de ces mots me fit frémir. J'ai conservé un si mauvais souvenir des jours de pension, que plus de vingt ans après en être sorti, marié et auteur d'ouvrages qui avaient eu quelque succès, je rêvai que j'étais encore écolier, et je me réveillai frissonnant et couvert d'une sueur froide.

Cependant, la position de Louis Adam, toute solide qu'elle fût, se vit atteinte comme tant d'autres par les effroyables désastres qui signalèrent les dernières années du premier Empire, et des modifications durent être apportées par le chef de famille dans l'économie de sa maison. Protégé par la cour impériale, — quoique « foncièrement royaliste », nous dit son fils — professeur des enfants de Murat et de ceux des grands dignitaires de l'Empire, ses leçons, chèrement payées, lui procuraient un revenu considérable ; mais madame Adam aimait à recevoir, donnait fréquemment des dîners et des bals, et son mari, qui l'adorait, dépensait tout ce qu'il gagnait pour lui permettre de tenir un grand train de maison, lui passer toutes ses fantaisies et la mettre à même de jouir de tous les plaisirs de la jeunesse. Lorsque la France commença à être ravagée par l'invasion, les leçons de piano cessèrent subitement, et Louis Adam se vit réduit à son traitement du Conservatoire et à celui qu'il recevait dans un ou deux grands pensionnats.

Il fallut changer de vie et opérer de rapides réformes. La pension Hix, où Adolphe recevait des leçons de piano de Henry Lemoine, était fort chère pour l'époque : 1,200 francs. Par économie, on le mit dans un pensionnat de Belleville, chez M. Gersin, où il eut pour professeur de piano la fille même du directeur, mais sans faire plus de progrès : — « Chez M. Hix, dit-il, je prenais des leçons de piano avec Henry Lemoine, élève de mon père, qui, malgré sa patience, désespérait de faire de moi un musicien. Aussi, ne me regretta-t-il pas comme élève. Chez M. Gersin, ce fut sa fille que j'eus comme professeur. C'était une charmante personne; je prenais mes leçons avec plus de plaisir, mais je n'en travaillais pas davantage. Mon goût pour l'improvisation se développait chaque jour de plus en plus, et le jour de ma première communion, j'eus l'aplomb, à Vêpres, de monter à l'orgue et d'en jouer assez passablement pour que l'organiste de Belleville ne me mît pas à la porte. J'improvisai pendant vingt minutes, et il m'eût été impossible de lire la plus facile leçon de solfége. Mademoiselle Gersin, devenue plus tard la femme de Benincori, le compositeur, et qui, veuve, épousa le comte de Bouteiller, excellent musicien, m'avoua plus tard qu'elle n'avait jamais voulu croire que ce fût moi qui jouais de l'orgue; elle, qui était mon professeur, n'avait pas cette opinion sur moi; elle était persuadée que je ne ferais jamais un musicien. »

Adam fit peu de progrès dans la pension Gersin, laquelle, d'après ses propres aveux, resta impuissante à faire naître en lui l'amour du latin. Son séjour, d'ailleurs, n'y fut pas long, et il la quitta bientôt :

Je sortis de cette pension pour entrer à Paris dans celle de M. Butet ; puis mon père, qui demeurait près du collége Bourbon (lycée Bonaparte), consentit à me prendre chez lui et à m'envoyer comme externe au collége. Heureux d'échapper au joug de la pension, je promis de reconnaître cette faveur par un travail assidu, et je fis une bonne quatrième.

Malheureusement, à la fin de l'année, je me liai intimement avec un assez bon élève comme moi et qui devait devenir un affreux cancre[1], grâce à notre intimité : c'était Eugène Sue. Nos deux familles se connaissaient d'ancienne date, et cela ne fit que resserrer nos liens d'amitié. Nous nous livrâmes avec ardeur, dès cette époque, à l'éducation des cochons d'Inde.

Cette occupation intéressante n'absorba pourtant pas Adam d'une façon absolue. L'amour de la musique s'était développé en lui, ardent, invincible, ce qui n'est pas étonnant, étant donné le milieu dans lequel s'étaient écoulées ses premières années. Il voulut satisfaire cette passion, et s'adressa naturellement à son père, qui finit par le lui permettre, mais à la condition que ses études classiques n'en

---

1. Le mot de *cancre* doit être évidemment pris ici dans l'acception qui lui est propre en argot de collége, et personnifie sans doute un élève détestable.

souffriraient pas. Ceci était le moindre souci du jeune homme, comme on va le voir ; seulement, pour en venir à ses fins, il promit tout ce qu'on voulut. Un ami de son père, nommé Widerkher, qui était professeur au Conservatoire, lui donna ses premières leçons d'harmonie, et les progrès de l'élève furent d'autant plus rapides qu'il consacrait à son travail tout le temps que lui laissait une première amourette. En effet, il était « très-précoce », — c'est lui-même qui le dit — et, ayant fait la connaissance d'une grisette qui demeurait en face de la maison paternelle, il sortait chaque jour à l'heure des classes, et tandis qu'on le croyait au collége, il allait faire ses leçons d'harmonie en tête-à-tête :

.... Cela dura trois ans, pendant lesquels ma mère me croyait assidu au collége. L'économe ne faisait aucune difficulté pour recevoir les quartiers qu'on lui payait, et le professeur ne s'inquiétait pas d'un mauvais élève, qu'il ne connaissait que de nom. Mon pauvre père ignora toute sa vie que j'eusse fait ma seconde, ma rhétorique et ma philosophie dans l'atelier d'une grisette. — Par exemple, mon professeur d'harmonie était très-content de moi.

## II

Adam était alors âgé de seize à dix-sept ans, et nous avons vu que déjà il avait dû résister à son père, qui voulait l'empêcher de se livrer à son goût pour la musique. La lutte devait continuer pendant de longues années. «... Je persuadai à mon père, dit-il, que mes études étaient terminées; mais je déclarai formellement que je ne ferais pas mon droit, et que je voulais entrer au Conservatoire au lieu d'entrer dans une étude. Mon père fut forcé de me céder; et j'entrai d'abord dans la classe d'orgue dirigée par Benoist, qui, élève de mon père, fut enchanté de m'admettre dans sa classe. J'improvisais fort bien, surtout depuis mes leçons d'harmonie, mais je ne pouvais m'astreindre à lire, à jouer des fugues et autres choses de ce genre, que je trouvais et trouve encore peu récréatives... »

C'est ici surtout que nous allons voir de quelle façon véritablement étrange Adam fit son éducation musicale. Il jouait déjà du piano et de l'orgue, il avait passé trois années à travailler l'harmonie, et... il ne savait pas le solfége ! De son aveu même, voici comment il l'apprit :

> A peine étais-je entré au Conservatoire, qu'un camarade un peu plus âgé que moi, et qui était répétiteur de solfége, me pria de tenir sa classe pendant qu'il serait en loge à l'Institut. C'était Halévy. J'acceptai avec empressement, et j'allai m'installer avec un aplomb superbe. Je n'étais pas en état de déchiffrer une romance, mais je devinais les accords de la basse chiffrée, et je m'en tirai si bien que lorsque Halévy eut remporté son premier prix et partit pour l'Italie, on me donna sa classe de solfége à diriger. C'est là que j'ai appris à lire la musique, en l'enseignant aux autres.

Néanmoins, Adam entra bientôt dans la classe de contre-point d'Eler, puis, celui-ci étant mort, dans celle de Reicha. Il semble, à ce moment, qu'il commençait à travailler sérieusement. « Je jouais assez bien de l'orgue, dit-il, depuis quelque temps. Je remplaçais divers organistes dans leurs paroisses. J'ai successivement joué de l'orgue à Sainte-Étienne du Mont, à Saint-Nicolas du Chardonnet, Saint-Louis d'Antin, Saint-Sulpice et aux Invalides, comme commis de Baron père et Séjan fils. C'était pour moi un bonheur que de jouer cet instrument, qui offre toutes les ressources de l'orchestre. » Dans le même temps, Boieldieu venait d'être nommé professeur de composition au Conservatoire, et Adam obtint d'être admis dans sa classe. Ici ce n'est pas aux Mémoires d'Adam que je vais avoir recours, mais au joli article qu'il publia sur Boieldieu à l'époque de sa mort, et qui a été recueilli depuis dans ses *Souvenirs d'un Musicien;* on verra quelles étaient alors et ses idées, et celles de son maître, en matière d'art :

.... Ce que Boieldieu aimait le moins, c'était la musique contournée et manquant de mélodie. — Quoiqu'il ne soit peut-être pas convenable de me citer dans cette notice, je ne puis résister au désir de raconter la première leçon de composition qu'il me donna, parce qu'elle peint la manière de l'homme et sa perspicacité à découvrir une mauvaise tendance chez l'élève, et son habileté à en changer les mauvaises dispositions. Quand j'eus le bonheur d'être admis dans la classe de Boieldieu, j'étais un peu comme tous les jeunes gens qui commencent à s'occuper de composition; la forme était tout pour moi, et le fond fort peu de chose. J'avais une grande estime pour les modulations et les transitions baroques, et un souverain mépris pour la mélodie, dont je ne concevais même pas qu'on se servît. Un de mes amis m'avait une fois mené aux Bouffes, où l'on jouait *le Barbier* de Rossini, et je m'étais sauvé après le premier acte, furieux contre ce public qui accordait ses applaudissements à de telles misères.

Je fais ici ma confession, voilà comme je pensais quand j'entrai chez M. Boieldieu. Il me demanda de lui donner un échantillon de mon savoir-faire, et, deux jours après, je lui portai un morceau stupide, où il n'y avait ni chant, ni rhythme, ni carrure, mais en revanche force dièzes et bémols, et pas deux mesures de suite dans le même ton. Je croyais avoir fait un chef-d'œuvre.

— Mon bon ami, me dit M. Boieldieu quand il eut

examiné mon papier de musique, qu'est-ce que cela veut dire?

L'indignation me saisit.

— Comment, monsieur, lui répliquai-je, vous ne voyez pas ces modulations, ces transitions harmoniques, etc.?

— Si fait, vraiment, reprit-il, j'y vois fort bien tout cela; mais les choses essentielles, la tonalité et un motif? Allez-vous-en à votre piano, faites-moi une leçon de solfége à deux ou trois parties, d'une vingtaine de mesures, et sans moduler surtout, et vous m'apporterez cela dans huit jours.

— Mais je vais vous faire cela tout de suite! m'écriai-je.

— Non, me répondit-il, il faut tâcher que cela ne soit pas trop plat, et huit jours ne seront pas de trop.

Je retournai chez moi, et, riant d'une telle besogne, je voulus me mettre à l'œuvre; mais, dans l'habitude que j'avais de tendre mon imagination vers un tout autre but, je ne pouvais pas trouver une idée mélodique. Au bout de huit jours j'apportai ma vocalise, qui était bien faible.

— A la bonne heure, me dit Boieldieu, au moins cela a forme humaine, mais il y manque bien des choses; nous ferons encore ce travail-là pendant quelque temps.

Il ne me fit faire autre chose pendant trois ans; puis il me dit:

— Maintenant, vous avez peu de chose à apprendre; étudiez l'orchestration et les effets de scène, et vous irez.

Trois mois après, il me fit concourir à l'Institut, sans trop de désavantage.

Sans trop de désavantage en effet, puisque, à son premier concours, Adam obtint une mention honorable.

Mais tandis qu'il travaillait ainsi avec Boieldieu,

Adam, d'autre part, ne perdait point son temps. J'en trouve la preuve dans ses manuscrits autographes, où je rencontre diverses compositions qui datent de cette époque. La première est une ouverture en *ré*, signée et datée par lui « octobre 1821 ». Il avait donc dix-huit ans ; on s'en aperçoit à sa copie, qui est jeune, sans caractère, et aussi à de nombreuses ratures et corrections [1]. La seconde est encore une ouverture en *ré*, mais elle ne porte pas de date ; évidemment un peu postérieure à la précédente, je ne crois pas pourtant qu'une grande distance sépare l'une de l'autre. Quoi qu'il en soit, le travail est déjà beaucoup meilleur et plus corsé ; la plume est plus sûre d'elle-même, la tête aussi. Vient ensuite un « air de *Phèdre* », daté de juillet 1823 ; puis un « air (en *ut*) de *Jeanne d'Arc* », daté de mai 1824, puis deux cantates : *Marie Stuart*, paroles de M. de Jouy (juin 1824), et *Jeanne d'Arc*. Ces dernières compositions étaient évidemment destinées, dans sa pensée, à le préparer au concours de l'Institut [2]. Dans le

---

1. Je pense qu'il utilisa plus tard cette ouverture en en refaisant tout le milieu, car en cet endroit les *colettes* sont innombrables, et l'écriture, qui n'est plus du tout la même, a beaucoup plus de caractère et d'assurance.

2. Il s'était servi pour cela des paroles de cantates qui avaient servi pour des concours antérieurs, ainsi que le font tous les élèves qui se destinent au concours de Rome. *Marie Stuart*, « monologue lyrique, » paroles de M. de Jouy, avait servi au concours

volume qui contient toutes ces œuvres de jeunesse, je trouve encore une ouverture en *mi* bémol, avec ces mots en tête : « Commencée le 25 juin 1824, à onze heures du soir, » et ceux-ci en queue : « Terminée le 28 juin 1824, à une heure du matin, » et enfin son morceau de réception au premier concours auquel il prit part à l'Institut (1824), avec cette mention en tête : « Adolphe Adam, âgé de 21 ans, élève de M. Boieldieu. »

Tout en travaillant sérieusement, tout en se préparant au concours de l'Institut, tout en agissant en vue de l'avenir, Adam ne négligeait pas le présent. Il était d'ailleurs très-pratique, dans le vrai sens du mot, sentait bien que les jeunes lauréats du grand concours, s'ils ne perdaient pas absolument leur

de 1808, où une seule récompense avait été décernée, un premier grand prix, à Auguste-Louis Blondeau, élève de Méhul, qui écrivit plus tard une médiocre *Histoire de la Musique*. Les paroles de l'autre cantate, *Jeanne d'Arc*, avaient été écrites par Vinaty pour le concours de 1818, où une seule récompense encore, un second prix, avait été accordée à Leborne, élève de Cherubini, qui devint par suite professeur de fugue au Conservatoire. — Je remarque que son air de *Jeanne d'Arc*, après quatre vers de récitatif, est entièrement écrit sur ces quatre autres vers :

> Je vois aux rives de la Seine
> Flotter l'étendard des Français ;
> De la France brisant la chaîne,
> Charles, de ses aïeux, habite le palais.

Cela forme *dix-neuf* pages de partition. Je n'ai pas besoin de dire combien de fois chaque vers est répété.

temps en Italie, perdaient du moins par leur absence l'occasion de se produire à Paris, et il voulait, à tout hasard, établir rapidement des relations qui pussent lui être utiles et profitables par la suite. La musique dramatique était déjà son objectif ; il se sentait attiré du côté du théâtre par une vocation en quelque sorte irrésistible, et l'on va voir quel sens de sa situation, quelle persévérance d'efforts, quelle étonnante énergie il déploya pour arriver à ses fins et atteindre son but :

Mon goût pour le théâtre, dit-il, n'était pas moins vif que pour la musique d'église. Je m'étais lié avec le garçon d'orchestre de l'Opéra-Comique, et ce m'était une grande joie quand il pouvait me procurer une entrée à l'orchestre des musiciens...
Le Gymnase venait d'ouvrir pour jouer des opéras ; on en avait déjà représenté plusieurs ; on en répétait un intitulé : le *Bramine*, musique d'Al. Piccinni. Un musicien nommé Duchaume, bibliothécaire, copiste, timbalier et chef des chœurs, m'offrit de me faire entrer comme triangle, avec quarante sous de cachet par représentation, à la condition que je lui donnerais mes appointements. J'aurais payé pour être admis, je consentis donc sans peine à ne rien recevoir. Me voilà donc initié aux coulisses, le but de tous mes désirs ! — Mon père n'avait pas voulu que je fusse musicien ; il aurait préféré que j'entrasse dans un bureau ou dans une étude ; mais toute son opposition se borna à me laisser sans argent. Il me donnait la nourriture et le logement, mais rien de plus. Je me tirai de ma position en donnant quelques rares leçons à trente sous le cachet, en vendant de mauvaises

romances [1] et de plus mauvais morceaux de piano au prix de cinquante ou soixante francs de musique, prix marqué, c'est-à-dire vingt-cinq ou trente francs.

Mon entrée au Gymnase fut un événement dans ma vie. Je liai des connaissances et des amitiés avec des acteurs et des auteurs; ce fut, en un mot, mon point de départ. Duchaume mourut, et je lui succédai comme timbalier et chef des chœurs, aux appointements de six cents francs par an. C'était une fortune. Je ne donnai plus de leçons à trente sous, et je fis un peu moins de musique de pacotille.

Ce qui suit fait bien voir que, ce que voulait Adam, c'était le théâtre, et pas autre chose :

Boieldieu n'avait pas grande confiance en moi; son préféré était Labarre. Labarre négligea la composition,

---

[1]. Ses premières productions en ce genre datent de 1822; du moins, je suppose que c'est des premières qu'il est ainsi parlé dans cette note insérée au *Miroir* du 12 octobre de cette année : — « Parmi les romances dont nous avons donné la simple annonce, nous en remarquerons deux de M. Adam fils, dans lesquelles on trouve un chant heureux et bien accompagné. Elles se vendent chez Henri Lemoine, rue de l'Échelle. » Ces deux romances étaient celles-ci : « *On a tout dit*, paroles de M. Charles; *La Cachette d'amour*, paroles de M. Duval. » Ce dernier titre est suffisamment *troubadour*, et peint bien l'époque.

A la date du 31 mai 1823, parmi les annonces du même journal, je trouve la suivante : — « *Les deux Cousines*, nocturne à deux voix, de madame Casimir Bonjour et Adolphe Adam. Pacini, éditeur. » Je remarque que peu de mois auparavant, Casimir Bonjour avait donné au Théâtre-Français, sous ce titre des *Deux Cousines*, une comédie qui avait obtenu un plein succès. Y avait-il quelque chose de commun entre ces deux productions de genres si différents?

où il aurait réussi, pour la harpe, où il excellait et avec laquelle il pouvait gagner vingt mille francs par an. Avec le nom de mon père, j'aurais pu, en persévérant, gagner presque la même somme avec des leçons de piano! j'eus le courage de résister... Cependant, pour atteindre mon but et arriver au théâtre, je pris un singulier chemin. Je me liai avec des auteurs de vaudeville, et je leur offris de leur faire, *pour rien*, des airs de vaudeville qu'ils payaient fort cher aux chefs d'orchestre des théâtres pour lesquels ils travaillaient. J'obtins ainsi mes premiers succès au Vaudeville et au Gymnase, et il me fallut soutenir une lutte violente contre les chefs d'orchestre de ces théâtres. Blanchard, critique musical aujourd'hui, et alors chef d'orchestre aux Variétés, parvint cependant à me barrer entièrement la porte de son théâtre. Mais, au Gymnase, les airs du *Baiser au porteur*, du *Bal champêtre*, de *la Haine d'une femme*, et au Vaudeville ceux de *Monsieur Botte*, du *Hussard de Felsheim*, de *Guillaume Tell*, me valurent l'amitié et les promesses de collaboration des auteurs de ces pièces.

Après avoir commencé par faire *pour rien*, comme il le dit, les airs qu'on le chargeait de composer pour les vaudevilles, Adam en tira quelque rémunération. Les petits succès qu'il obtenait lui attachaient les auteurs et les éditeurs, et bientôt il fut recherché pour ce genre de musique. Lui-même se plaisait à raconter ces commencements de sa carrière, et parfois ces incidents avaient quelque chose de plaisant : — « Imaginez-vous, disait-il un jour à quelques amis, imaginez-vous qu'on me payait cinquante francs seulement pour tous les airs d'un vaudeville, et je m'en trouvais parfaitement heureux. M. Meissonnier, un de mes premiers éditeurs, ne voulait laisser échapper aucune de mes productions. Une fois, un vaudeville pour lequel j'avais composé quelques chansons vint à tomber; on le siffla impitoyablement. J'y avais introduit une assez jolie chansonnette qui échappa à la bourrasque. Le lendemain, M. Meissonnier vint me trouver et me demanda si je voulais lui vendre ce morceau. Il me compta cinquante francs; l'insuccès de la pièce ne l'avait pas arrêté. L'air, qui n'était plus chanté au théâtre, n'eut pas le succès qu'il en espérait. Au bout d'un mois, on annonça un autre vaudeville dont je devais écrire la musique. Je vis arriver M. Meissonnier, qui me dit : — « Monsieur Adam, je vous offre encore cinquante francs si vous voulez introduire votre dernière chansonnette dans votre nouvelle partition. — Très-volontiers lui répondis-je; » et huit jours plus tard, cette bleuette était applaudie à outrance : on la fit même répéter. Après la représentation, je vois derechef arriver M. Meissonnier. Cette fois, il m'offrait encore cinquante francs pour adapter l'air au piano sous forme de bagatelle. Je croyais que tout se terminerait là, lorsque l'éditeur reparut pour la quatrième fois, et me pria de faire un petit quadrille, toujours avec le même air; il joignit, comme précédemment, cinquante francs à sa demande. Cette bleuette m'avait donc rapporté deux cents francs ; c'était la première somme un peu importante que je retirais de ma musique [1]. »

1. *France musicale* du 25 mai 1856.

## III

Cependant, Adam continuait à travailler sérieusement avec Boieldieu, et se préparait à concourir à l'Institut pour le prix de Rome. On sait que cette récompense, à défaut d'une utilité qu'on paraît avoir un peu trop contestée, a du moins pour effet d'exempter du service militaire le jeune artiste qui l'obtient avant d'avoir été appelé sous les drapeaux. Halévy, Théodore Labarre, Panseron et quelques autres se sont trouvés dans ce cas. Adam, qui savait ne pouvoir compter sur son père pour se faire remplacer, songeait à l'avantage qui résulterait pour lui d'un concours heureux. C'était en 1824 ; il venait de tirer au sort, avait amené un mauvais numéro, et il s'apprêtait à subir l'épreuve, ayant plus le désir que l'espoir d'obtenir un prix.

Cependant, dit-il, comme je n'étais pas sûr de l'obtenir une première année, je me mis en quête de moyens d'exemption. J'avais la vue assez faible. Je me mis des lunettes qui m'abîmèrent les yeux! J'avais eu, deux ans auparavant, un mal au doigt assez grave; M. Dupuytren m'avait opéré, mon mal guérit, mais mon doigt resta faible et estropié; aujourd'hui encore je ne puis l'étendre, quoiqu'il ne me gêne en rien pour le piano. Je fus chez le grand chirurgien, qui n'était pas aimable tous les jours; je lui expliquai mon embarras, mes craintes, et je lui demandai un certificat qui attestât la faiblesse de ma main. Voici ce qu'il m'écrivit :

« Je certifie avoir fait à M. Ad. Adam l'opération d'une tumeur au doigt, *dont il est parfaitement guéri.* »

Il était inutile de porter ce certificat au conseil de révision. Je courus chez Cherubini. — Monsieur, lui dis-je, vous pouvez me rendre un grand service, peut-être me faire exempter. — *Eh! qué veux-tou qué z'y fasse?* me répondit-il peu gracieusement. — Ecrivez-moi une attestation qui prouvera que je donne des espérances comme compositeur, et cela, signé par vous, me sauvera, je l'espère. — *Ma, tou n'en donnes pas dou tout d'espérances, malheureux!* me crie-t-il en colère. *Enfin, ze vais tout de même te faire oun certificat.*

J'étais habitué aux brusques sorties de Cherubini et, du moment qu'il consentait à écrire ce que je lui demandais, je n'avais pas le droit de me blesser.

— Tiens, me dit-il, voilà ton certificat.

Je le remerciai et sortis tout content. A peine hors de son cabinet, je m'empressai de le lire! Voici ce qu'il contenait :

« Je certifie que l'élève Ad. Adam suit exactement les classes du Conservatoire. »

Je pouvais mettre ce certificat avec celui de M. Dupuytren. — Ma petite taille et mes lunettes me servirent davantage : Je fus exempté.

Adam fit bien de ne pas compter absolument sur

4.

l'Institut en cette circonstance. Bien que le concours ne fût pas complétement nul pour lui, il n'obtint cependant qu'une mention honorable, tandis que le premier prix était décerné à M. Barbereau, et le second à Guillion. La scène de concours était intitulée *Agnès Sorel*, et l'auteur des paroles était Vieillard [1]. Il fut plus heureux l'année suivante, mais non satisfait, ainsi qu'on peut le voir par ces lignes :

Boieldieu me conseilla de tenter encore une fois le concours de l'Institut. J'entrai en loge en 1825 : la scène était *Ariane* [2]. Je sortis le premier, je fis entendre ma scène à Boieldieu, qui en fut content et m'assura qu'elle méritait un premier prix. Mais le jury ne fut pas de son avis, et, quoique je fusse chanté par mademoiselle Cinti, depuis madame Damoreau, je n'obtins que le deuxième second grand prix. Boieldieu fut désespéré de mon *succès*, il me fit jurer de ne plus concourir, et il eut raison. Pendant que mes heureux rivaux, Barbereau, premier prix de 1824, et Paris, premier prix de 1825, étaient en Italie, je me faisais une place à Paris. Dix ans plus tard, Barbereau était chef d'orchestre au Théâtre-Français, Paris, chef d'orchestre au Panthéon ; ni l'un ni l'autre n'était arrivé

---

1. « A cette époque, dit Adam, la cantate n'était que pour une voix ; c'était difficile, ennuyeux et monotone à faire. » Ce n'était donc guère qu'un air, précédé d'une introduction et d'un récit plus ou moins développé. On sait qu'aujourd'hui les cantates de concours sont à trois personnages, et contiennent au moins un air, sinon deux, avec un duo et un trio.

2. *Ariane à Naxos*, paroles de Vinaty.

au théâtre, et moi je donnais *le Chalet*, dans lequel j'avais mis toute ma scène d'*Ariane!* Le public me vengea du jugement de l'Institut.

Ce dernier trait n'est pas généreux, et nous ne pouvons dire aujourd'hui si la plainte d'Adam était légitime. De quelque talent qu'il ait pu faire preuve dans son concours, ses rivaux en avaient peut-être déployé davantage encore, et le jugement de l'Institut pouvait, après tout, être équitable. Mais nous savons tous combien sont douloureux, dans l'extrême jeunesse, ces froissements d'amour propre, et qu'en de telles circonstances les récriminations restent excusables, alors même qu'elles sont injustes.

Je ne m'arrêterais pas davantage sur un fait d'ailleurs peu important, si Adam n'avait fait publiquement, trente ans plus tard, et relativement à ce concours, un aveu qu'il n'est pas sans intérêt de connaître et d'enregistrer. C'était alors qu'il tenait le feuilleton musical du journal *l'Assemblée nationale*, dans lequel il a laissé des souvenirs personnels si nombreux et si pleins de saveur. Ayant à juger, dans un de ses articles, une œuvre nouvelle de Berlioz, et venant à parler des études des jeunes musiciens et particulièrement de celle de la fugue, il se reportait à l'époque de ses concours et rappelait ainsi une conversation qu'il avait eue à ce sujet avec Fétis, dont l'enseignement était très-réputé et la renommée de professeur très-considérable :

> Je venais de concourir à l'Institut, et quoique je fusse élève de Boieldieu et de Reicha, je voulus soumettre mon travail à un autre maître. M. Fétis était alors professeur de contrepoint et de fugue au Conservatoire; il aimait à causer avec les élèves, même ceux qui n'étaient pas les siens; il s'informait de leurs travaux, et j'étais sûr d'être bien accueilli par lui en lui portant mon travail de concours : c'était une cantate à une seule voix et une fugue à deux sujets et à quatre parties. Il me fit de grands compliments de ma cantate; mais quand il en vint à la fugue, ce fut autre chose : « Voilà, me dit-il avec une franchise qui me rendit plus précieux les éloges qu'il m'avait donnés pour l'autre morceau, voilà une des plus mauvaises fugues que j'aie jamais vues. — Il y a donc bien des fautes? — Pas une. — Eh! bien, alors, elle n'est donc pas mauvaise. — Votre réponse me prouve que vous n'en ferez jamais une bonne de votre vie, puisque vous ne sentez pas ce qui manque à celle-ci, et que vous croyez que l'absence de fautes en doit constituer le mérite. — Mais alors, à quoi me servira de l'avoir apprise? — Cela vous servira toujours et dans les moindres choses que vous ferez. Mon cher enfant, ajouta-t-il, il faut avoir l'instinct de ce genre de combinaison, et il vous manque entièrement. Autrefois, quand la musique intriguée était à peu près la seule musique, une phrase ne sortait jamais que tout armée de la tête d'un compositeur; c'est-à-dire que leurs idées musicales comportaient dès leur enfantement leurs réponses, leurs contre-sujets et leurs développements; de même qu'il est probable que vous ne pouvez concevoir une mélodie sans qu'elle ne soit en même temps escortée de son accompagnement et de son harmonie. Depuis que la musique a eu un autre but que la combinaison scientifique,

les idées musicales ont pris un tout autre essor : dans les compositeurs modernes, je ne crois guère qu'il y ait eu plus de deux hommes qui aient également réussi dans la musique idéale et dans la musique scientifique : l'un se nommait Mozart, l'autre s'appelle Cherubini. Vous n'approcherez jamais ni de l'un ni de l'autre ; croyez-moi, renoncez à un travail que vous ne sentez pas ; vous n'en saurez pas plus que vous n'en avez appris ; peut-être, un jour, pourrez-vous réussir comme compositeur, mais ce sera en suivant une autre voie [1].

Cette petite confession tend à nous faire croire que l'Institut n'avait pas eu tout à fait tort en ne décernant à Adam qu'un second prix.

Néanmoins, Adam était devenu, avec Labarre, l'un des élèves favoris de Boieldieu. Tous deux faisaient honneur à leur maître, qui, dans l'espace de deux ans et dès la formation de sa classe, avait obtenu dans leur personne un double succès à l'Institut. Aussi les choisit-il tout naturellement l'un et l'autre pour lui venir en aide lorsqu'il s'agit, au dernier moment, de mettre la main à certaines parties secondaires de la partition de *la Dame blanche*[2]. Mais Labarre, qui, comme Adam, avait re-

---

1. *Assemblée nationale* du 8 mai 1855.
Adam n'était certainement pas un *fuguiste* de premier ordre : mais ses premières études n'eurent pas moins pour résultat de lui assouplir la main et d'en faire un musicien très-expert, très-fin et très-habile en fait de pratique proprement dite.
2. Lire à ce sujet le joli chapitre inséré sous ce titre : LA DAME BLANCHE *de Boieldieu,* dans les *Derniers souvenirs d'un musicien.*

noncé à subir les chances d'un nouveau concours après avoir remporté un second prix, songeait plutôt alors à tirer parti de son beau talent de harpiste, qui lui valait des succès flatteurs et productifs, qu'à se livrer à la composition ; ce ne fut que plus tard qu'il tourna ses vues de ce côté. Boieldieu, serviable, affectueux et bon, comme on le sait, reporta alors toute sa sollicitude sur Adam, et l'aida efficacement dans les relations qu'il cherchait à nouer avec les éditeurs. Celui-ci composait, en assez grand nombre, de petits morceaux de piano selon la mode du temps : Mélanges, Fantaisies, *Mosaïques*, Pots-pourris, etc., qu'il écrivait sur des thèmes d'opéras en vogue, et qui étaient accueillis avec faveur par le public, mais qu'on lui payait chichement. Boieldieu lui fit commander par Janet et Cotelle, les éditeurs de *la Dame blanche*, deux morceaux de ce genre sur son opéra, et les lui fit payer 300 francs. — Jamais Adam ne s'était vu à pareille fête !

C'est avec cette modique somme qu'il se mit en route, en compagnie d'un ami de sa famille, le docteur Guillié, pour faire un voyage de plaisir en Belgique, en Hollande, en Allemagne, et en Suisse. L'ami était riche, heureusement : de plus il était bon, et il fut si bon ménager de la bourse de son jeune compagnon qu'au retour celle-ci était encore à moitié pleine, c'est à dire qu'elle renfermait encore 150 francs.

L'esprit d'Adam était malheureusement fermé, et d'une façon absolue, — il l'avoue lui-même ingénuement — aux beautés de la nature comme à celles de l'art, la musique exceptée[1]. En Belgique, il visite presque à contre-cœur les musées et les églises, si remplis pourtant d'admirables merveilles ; il parcourt la Hollande sans comprendre la poésie calme et souriante de cette nature tranquille, sans ressentir le charme mystérieux de ces plaines grasses et fertiles ; enfin, en Suisse, il aime mieux rester paresseusement dans une chambre d'auberge que de faire quelques pas pour admirer un beau site, pour contempler un riche paysage. Je ne m'étendrai donc pas davantage sur ce voyage, dont l'intérêt, on le conçoit, est absolument nul, et si j'en

---

1. Voici l'un de ses aveux à ce sujet : — « Partout le docteur me faisait visiter les magnifiques églises, voulait me faire admirer les tableaux. Mais — il faut bien avouer toutes ses faiblesses — moi, si sensible aux beautés de la musique, je suis un Vandale pour la peinture : je n'y connais rien, et ne puis rester en admiration devant un chef-d'œuvre. C'est un sens qui me manque. » — En parlant de la Hollande, il dit : — « La Hollande est un pays assez triste. J'ai toujours été paresseux, je ne visitai pas grand'chose... » — Enfin, étant en Suisse, il écrit : — « Le docteur, avec sa bonté ordinaire, me faisait tout visiter. Mais j'étais un véritable gamin ; un minois chiffonné, de beaux cheveux blonds m'intéressaient bien plus que les beautés des monuments et de la nature. »

parle quelque peu, c'est uniquement pour rapporter deux ou trois anecdotes amusantes, que je trouve consignées dans le journal du compositeur.

Les deux compagnons quittèrent Paris le 27 août 1826, pour se rendre d'abord à Mons, d'où ils gagnèrent Bruxelles en faisant un grand tour, c'est-à-dire en passant par Tournay, Courtrai, Ypres, Ostende, Bruges et Gand. Arrivé à Bruxelles, Adam fait la rencontre de deux de ses amis, qui s'étaient réfugiés en cette ville pour se mettre à l'abri de leurs créanciers, dont ils avaient trop multiplié le nombre à Paris. L'un deux était un nommé Rousseau ; le second n'était autre que Romieu, qui devint si fameux plus tard par ses mystifications, et qui, on va le voir, établissait de bonne heure les bases de sa renommée:

Grande fut notre joie de nous retrouver, dit Adam. Je présentai Romieu et Rousseau au docteur. Ils nous invitèrent à dîner; le docteur voulait refuser, mais Romieu insista tant qu'il céda, et nous nous rendîmes chez le premier restaurateur de Bruxelles.

Romieu commanda un très-beau dîner, arrosé de champagne. Le docteur et moi ne cessions de le gronder de sa prodigalité, mais il nous répondait que rien n'était trop bon quand on se trouvait entre amis. Le repas fut charmant; Romieu était rempli d'esprit, Rousseau très-drôle, et le docteur, quoique plus âgé que nous, savait comprendre le langage de la jeunesse.

Après le dessert, Rousseau eut l'air d'être indisposé et sortit. Quelques instants après, Romieu inquiet, prit son chapeau et sortit aussi. Nous restâmes tranquillement, le docteur et moi, à les attendre. Mais baste! mon Romieu ne revint pas; nous étions joués, et le garçon nous apporta la carte, que le monsieur qui était sorti le dernier avait recommandé de nous remettre. Elle était de 68 francs! Le docteur paya, jurant, mais un peu tard, qu'on ne l'y prendrait plus.

Quand je retrouvai Romieu à Paris, il me dit que Rousseau et lui avaient bien ri de la figure que nous avions dû faire, mais que depuis leur séjour à Bruxelles ils faisaient de fort maigres repas, et que, sachant le docteur riche, ils avaient osé lui jouer ce tour pour faire un bon dîner. — Plus tard, quand il fut nommé préfet de la Dordogne, il s'empressa de m'envoyer une superbe dinde truffée, en me priant d'en faire manger à notre ami Guillié pour lui faire oublier sa folie de jeunesse.

De Bruxelles, nos deux voyageurs se rendirent à Anvers, où ils prirent le bateau qui devait les conduire à Rotterdam. Ils logèrent dans cette ville chez un pharmacien qui était l'un des correspondants du docteur Guillié, ce qui donna lieu à une scène vraiment comique. Le docteur avait inventé un élixir, un de ces remèdes que, comme le philtre de Fontanarose, leurs créateurs donnent comme souverains à tous les maux; il l'exploitait très-habilement, et cette exploitation avait été la source de sa fortune. Mais toute médaille peut avoir son revers, et Adam nous raconte que son ami fut sur le point de l'éprouver en débarquant chez son client :

En arrivant, le docteur était un peu indisposé. — Quel bonheur ! s'écrie le bon Hollandais. J'en ai encore une. — Une, quoi ? dit le docteur. — Mais, une bouteille de votre élixir merveilleux. Vous êtes malade, vous allez en prendre. — Non pas, s'écrie le docteur en faisant un saut. — Comment ? mais vous dites dans votre propectus que c'est bon pour tout.

Le moment était critique pour le pauvre docteur, et je le voyais forcé d'avaler sa drogue pour ne pas se faire de tort. Son esprit lui vint en aide ; il entama une discussion scientifique, et finit par étourdir le pharmacien, qui comprit que l'élixir Guillié devait guérir tout le monde, excepté son inventeur. — Quand nous fûmes seuls, nous rîmes bien de cette scène digne de Molière.

De Rotterdam, Adam et son compagnon font route pour Amsterdam, en s'arrêtant à Harlem. Adam ne dit pas un mot de la magnifique église de cette ville, Saint-Bavon, dont la construction est si belle et si hardie, et dont la situation est si singulière, encaissée qu'elle est au milieu de misérables bicoques et d'innombrables échoppes qui enserrent ses flancs gigantesques ; mais il ne put résister au désir d'essayer son orgue, qu'il trouva médiocre en dépit de son renom, d'autant plus médiocre peut-être qu'on lui réclama ensuite cinq florins pour l'avoir fait ouvrir [1]. Gagnant ensuite l'Allemagne par Nimègue,

---

1. On sait que l'orgue de Harlem, construit en 1735 par Chrétien Muller, est un des instruments de ce genre les plus anciens et les plus renommés qui soient en Europe. Au point de vue ar-

les deux voyageurs s'arrêtent à Cologne, puis à Coblentz, où une espièglerie d'Adam leur attire quelques ennuis :

En arrivant dans cette ville, on nous a présenté à l'hôtel le livre des étrangers : il fallait inscrire son nom, sa profession, son pays. J'avais écrit : *Nabuchodonosor, marchand de veaux, venant d'Égypte.* Ce nom, cette profession, parurent étranges, et l'on nous pria de passer au bureau de police, où un grand diable d'Allemand, parlant fort mal français, nous interrogea : *Quel être fotre garactère ?* — Mais, répond le docteur, je ne l'ai pas mauvais. — Moi, repris-je, je suis jeune, il n'est pas encore bien décidé, et je ne le connais pas trop. — *Che ne voulais pas de riserie française !* hurlait le Prussien en fureur. *Fotre garactère, ou en brison !*

Je riais à me tordre, ne sachant pourtant pas comment nous sortirions de là, lorsque entra un monsieur fort bien, parlant le français très-convenablement, et qui nous expliqua que par le mot *caractère*, on entendait *état* ou *profession.* — Le docteur, alors, déclara être médecin, et moi artiste musicien. Mais le grand Prussien criait, toujours plus fort, que *ça être bas frai,* à cause des *riseries,* que les médecins ne *risaient* jamais. On eut bien de la peine à calmer ce maudit homme, et, bien malgré lui, nous pûmes rentrer à l'hôtel.

chitectural ; il est grandiose et extrêmement remarquable. Je n'en ai pas pu juger autrement, car, lorsque je le vis il y a quelques années, on venait de le démonter intérieurement pour le reconstruire en entier en le mettant au niveau des progrès immenses accomplis par la facture moderne, et ses tuyaux gisaient mélancoliquement sur les dalles du chœur, comme autant de serviteurs laborieux réduits malgré eux au silence.

Après être allés à Bonn, où Adam voulait absolument voir la maison de Beethoven, le docteur et lui visitèrent successivement Mayence, Worms, Spire, traversèrent le Rhin, s'arrêtèrent à peine à Rastadt, rentrèrent en France par Strasbourg, puis, passant par Colmar, se dirigèrent vers Bâle et ensuite sur le Grindelwald. C'est ici surtout qu'Adam eut l'occasion de montrer le côté paisible et peu aventureux de son caractère ; pour être juste, disons que plus d'un sans doute eût fait comme lui :

Il fut convenu que le lendemain nous irions visiter les glaciers. — Le soir, on entendit les récits des guides et des voyageurs, qui s'étendaient surtout sur les accidents arrivés dans les excursions de ce genre, sur le courage, la force qu'il y fallait déployer.

Je ne suis ni brave, ni fort, ni curieux, et ces récits, loin de me donner le désir d'aller visiter les glaciers, me donnaient au contraire le plus vif désir de rester au coin du feu. Je pensais au froid qui allait me saisir, et je frissonnais d'avance. Ma nuit fut fort mauvaise : je rêvai que je dégringolais dans un précipice, ce qui fort heureusement me réveilla, car j'étais mal à l'aise.

Il fallut se lever de grand matin, ce qui m'est très-désagréable. Notre guide m'arma d'un énorme croc, me recommandant de m'en servir pour ne pas glisser. A peine avions-nous fait cinquante pas, que j'avais failli tomber dix fois ! — « Là, nous dit notre guide en nous montrant un bloc de glace détaché de la montagne, sont morts deux jeunes gens qui ont tiré un coup de pistolet. Le bloc les a écrasés. » J'eus le frisson ! un peu plus haut il y avait de grandes crevasses ; j'avais beaucoup de peine à passer.

— « Ce n'est rien, dit le guide, il y en a de *plus belles*, et quelquefois elles s'écartent tout à coup ; ça rend le retour plus difficile. »

Je regardai le docteur. Il faisait une vilaine grimace.

— Ma foi, lui dis-je, je n'ai pas envie de faire une description des glaciers, je ne suis pas peintre, j'ai si froid que mes idées sont gelées. Or, je ne m'inspirerai pas là-haut. J'en ai assez, je descends, et je lirai les impressions de voyage écrites par ceux qui auront le courage et la force qui me manquent.

Le docteur fut de mon avis, et descendit avec moi. Je courus à l'hôtel, où la vue d'un grand feu me rendit toute ma gaieté.

C'est pendant le repas qui suivit cet essai inachevé d'ascension qu'Adam, écoutant avec attention deux petites filles qui chantaient un air dont le tour lui paraissait charmant, se mit gravement à noter cet air, croyant avoir mis la main sur une mélodie populaire du meilleur crû. Or, le chant en question n'était autre que le motif du chœur du *Freischütz*. « Je rapportai cependant, dit-il, plusieurs mélodies originales, des chants populaires, qui me servirent plus tard dans mes opéras suisses, afin de leur donner la couleur locale. »

Ayant renoncé sans effort à la visite des glaciers, nos touristes prirent la route de Genève, où ils firent la rencontre de Scribe, qui se montra fort aimable pour le jeune musicien : — « La Suisse l'inspirait, dit celui-ci, il y rêvait une foule de jolis sujets de vaudevilles et d'opéras-comiques, et comme je lui dis que j'avais écrit de jolis airs originaux, il me promit à son retour de songer sérieusement à cela. »

Enfin, après avoir visité Lausanne et Berne, Adam et son ami le docteur jugèrent qu'une absence de six semaines était suffisante et qu'il était temps de rentrer en France. Le 11 octobre, ils arrivaient à Paris.

# IV

A peine de retour, Adam se remit au travail avec promptitude et activité. Il n'avait pas le loisir de flâner, sachant ne pouvoir compter sur son père que pour le vivre et le coucher, et se trouvant dans la nécessité de pourvoir à tous ses autres besoins. « Je continuai, dit-il, à faire le plus de musique possible dans les vaudevilles. Je commençais à gagner de l'argent ; quelques airs, ayant eu de vrais succès, furent vendus et gravés [1], mes mélanges pour le piano furent préférés à ceux de Karr, le père

---

[1]. Parmi les airs de vaudevilles d'Adam qui furent gravés, je citerai ceux du *Bal champêtre*, du *Baiser au porteur*, de la *Haine d'une femme*, de *Monsieur Botte* et de la *Fille de Dominique*. Dans la *Clé du Caveau*, on trouve ceux de *l'Héritière* et de *Mon ami Pierre*. — On verra plus loin la liste des pièces représentées sur nos théâtres de vaudevilles et pour lesquelles Adam écrivit de la musique nouvelle. Un biographe (Denne-Baron, dans la *Biographie Didot*), en cite deux dont il m'a été impossible de retrouver la trace : *Edith*, au Vaudeville, et *l'Enragé*, aux Nouveautés. Il doit y avoir là une erreur, à tout le moins dans les titres donnés. Mais la pièce dans laquelle Adam plaça son premier air fut jouée au Gymnase le 22 janvier 1824 ; c'était un acte intitulé *Pierre et*

d'Alphonse Karr [1]. Je travaillais vite, j'avais une petite réputation, et mon père commençait à croire que je lui ferais plus d'honneur que si j'eusse été notaire. »

Mais comme la rue de Chartres-du-Roule, où demeurait son père, était trop éloignée du centre de Paris et par conséquent des théâtres où il avait journellement affaire, Adam se décida à quitter la maison commune et à venir se loger aux environs de ceux-ci :

Je louai une chambre rue de la Lune. De temps en temps, quand les fonds étaient bas, je retournais dans la maison paternelle, où j'étais le bienvenu.

Je revis Scribe au Gymnase, je lui rappelai notre rencontre en Suisse, sa promesse. — Eh bien, me dit-il, venez demain chez moi. J'ai un joli sujet pour le Gymnase; il me semble qu'on peut en faire un petit opéra-comique [2].

*Marie* ou *le Soldat ménétrier*, qui avait pour auteurs Ferdinand Langlé, Dupeuty et Ferdinand de Villeneuve. Par une coïncidence singulière, ceux-ci avaient emprunté leur sujet à une pièce de Gœthe dont Scribe s'inspira plus tard pour *le Chalet*, et qui valut alors à Adam son plus grand succès.

1. On sait que Henri Karr, fils d'un violoniste recommandable, était lui-même un pianiste distingué. Il se fit une réputation et jouit d'une véritable vogue comme auteur de fantaisies, airs variés, pots-pourris sur des thèmes d'opéras à succès; mais dans les dernières années de sa vie, il abusa tellement de sa facilité et multiplia à ce point ces productions légères qu'éditeurs et amateurs n'en voulaient plus entendre parler. Lors de sa mort, en 1842, Adam publia sur lui une notice dans le recueil périodique de M. Alphonse Karr, intitulé : *les Guêpes*.

2. Le Gymnase, fondé depuis quelques années seulement, avait,

— Je fus exact, il me lut *la Batelière de Brientz*, j'en fus enchanté, j'emportai le manuscrit, et quelques jours après j'apportai la musique terminée.

Mes cantatrices étaient Léontine Fay et Déjazet; mes chanteurs, Paul, Legrand et Ferville. Excepté Déjazet, qui chantait déjà très-bien, les autres artistes, tous excellents acteurs, ne chantaient guère; mais ils y mirent un tel zèle et une telle bonne volonté que l'exécution ne fut pas mauvaise. J'eus beaucoup de succès, et plusieurs airs devinrent populaires. Boieldieu fut fort étonné de ce que j'avais fait, et de ce moment il crut à mon avenir de compositeur. Scribe m'envoya demander ma note, comme on avait l'habitude de le faire avec les chefs d'orchestre des théâtres de vaudevilles. Je répondis fièrement que j'étais assez payé par l'honneur de sa collaboration...

Cette fois, ce n'était pas quelques airs, quelques couplets, qu'Adam avait pu écrire en fredonnant. La partition de *la Batelière de Brientz* constituait un véritable petit opéra-comique, qui, sans compter l'ouverture, ne comprenait pas moins de onze morceaux, tant airs que duos, trios, chœurs, etc., et quelques-uns de ces morceaux étaient très-réussis. L'ouvrage obtint un vrai succès, et celui de la musique fut tel que l'éditeur Schlesinger n'hésita pas à

en vertu de son privilége, le droit de jouer de petits opéras en un acte. C'est ainsi qu'il donna successivement : *une Visite à la Campagne*, de Guénée; *les Projets de Sagesse*, de L. Maresse; *une Française*, de Champein père et fils; *la Meunière*, Faublas, Garcia; *la Vente après décès*, de Dourlen; *le Grand-père*, de Jadin; *la Bonne Mère*, de Douay; *la Maison en loterie*, *le Bramine*, *la petite Lampe merveilleuse*, d'Alexandre Piccinni, etc., etc.

en offrir 500 francs à Adam, qui, de son côté, n'hésita pas à les accepter [1].

Dès son entrée dans la carrière, Adam allait donner des preuves de la fécondité qui devait être un des caractères distinctifs de son talent et de sa personnalité artistique. Il nous a dit lui-même qu'il écrivait de nombreux airs de vaudeville pour deux théâtres, le Vaudeville et le Gymnase ; mais sa main se formait, et nous voyons, par l'exemple de *la Batelière*, que bientôt ce ne sont plus seulement de petits airs, des couplets qu'on lui faisait écrire, mais des morceaux concertants, développés, et en assez grand nombre dans une pièce pour que leur ensemble constitue une véritable partition. Bientôt, Adam

---

[1]. Schlesinger ne publia point la partition, mais il en grava l'ouverture et neuf morceaux détachés, arrangés avec accompagnement de piano par l'auteur. Le titre exact de ce petit ouvrage était *le Mal du Pays* ou *la Batelière de Brientz*. C'est la lecture de la partition manuscrite qui m'a prouvé qu'Adam avait écrit onze morceaux, dont l'instrumentation comprend, outre le quatuor des instruments à cordes, deux flûtes, un hautbois, deux clarinettes, deux bassons, deux cors, une trompette, un trombone et timbales. La représentation de *la Batelière* éprouva sans doute un retard inattendu, car elle n'eut lieu que le 20 décembre 1827, tandis que la partition autographe porte la date du mois de janvier précédent. Le Gymnase eut même le temps de donner, le 15 mai 1827, un autre petit ouvrage, *Perkins Warbeck* ou *le Commis marchand*, de Théaulon, Brazier et Carmouche, pour lequel Adam avait composé un certain nombre de morceaux. Je crois néanmoins que *la Batelière* reste son premier essai un peu important au théâtre.

n'aura plus assez de ces deux théâtres, et dès que les Nouveautés ouvriront leurs portes au public, les Nouveautés, qui naissent à la lumière avec le désir et la prétention de devenir une sorte de troisième théâtre lyrique, Adam ira leur offrir l'appui de sa muse juvénile et facile, et écrira pour elles de vrais opéras. Du 7 mars 1826 au 9 février 1829, date de la représentation de son premier ouvrage à l'Opéra-Comique, c'est-à-dire en moins de trois ans, Adam composa ainsi la musique de dix-sept pièces, dont quelques-unes fort importantes à ce point de vue. En voici la liste, qui, je l'avoue, m'a donné assez de mal à établir :

*La Dame jaune*, un acte, de Carmouche et Mazères, Vaudeville, 7 mars 1826 ;

*L'Oncle d'Amérique*, un acte, de Scribe et Mazères, Gymnase, 14 mars 1826 ;

*L'Anonyme*, deux actes, de Jouslin de la Salle, Dupeuty et Ferdinand de Villeneuve, Vaudeville, 29 mai 1826 ;

*Le Hussard de Felsheim*, trois actes, de Dupeuty, Ferdinand de Villeneuve et Saint-Hilaire, Vaudeville, 9 mars 1827 [1] ;

---

[1]. C'est pour *le Hussard de Felsheim* qu'Adam avait écrit, entre autres morceaux charmants, l'air si gracieux :

> Nos amours ont duré
> Toute une semaine...

dont le succès fut si grand et qui devint si rapidement populaire.

*L'Héritière et l'Orpheline*, deux actes, de Théodore Anne et Henry, Vaudeville, 12 mai 1827;

*Perkins Warbeck*, deux actes, de Théaulon, Brazier et Carmouche, Gymnase, 15 mai 1827;

*Mon ami Pierre*, un acte, d'Adolphe, Alfred et Armand Dartois, Nouveautés, 8 septembre 1827;

*Monsieur Botte*, trois actes, de Dupeuty et Ferdinand de Villeneuve, Vaudeville, 15 novembre 1827;

*Le Caleb de Walter Scott*, un acte, de Dartois et de Planard, Nouveautés, 12 décembre 1827;

*Le mal du Pays* ou *la Batelière de Brientz*, un acte, de Scribe et Mélesville, Gymnase, 28 décembre 1827;

*Lidda* ou *la Jeune servante*, un acte, de Théodore Anne, Nouveautés, 16 janvier 1828;

*La Reine de seize ans*, deux actes, de Bayard, Gymnase, 30 janvier 1828;

*Le Barbier Châtelain* ou *la Loterie de Francfort*,

---

Cet air servit de texte et de sujet, l'année suivante, à une pièce empreinte de toute la fraîcheur de la jeunesse : *la Semaine des Amours*, qui fut le début littéraire de Dumanoir et de Mallian, que les Variétés représentèrent le 27 octobre 1828, et dans laquelle se montra pour la première fois à ce théâtre l'adorable actrice qui avait nom Jenny Colon. Les deux auteurs, encore inexpérimentés et timides, hésitèrent à livrer leurs noms au public, et ne lui confièrent que leurs prénoms. *La Semaine des Amours* fut annoncée comme étant de MM. Philippe (Dumanoir) et Julien (Mallian).

trois actes, de Théodore Anne et Théaulon, Nouveautés, 7 février 1828 ;

*Les Comédiens par Testament*, un acte, de Picard et Laffite, Nouveautés, 14 avril 1828 ;

*Les Trois Cantons* ou *la Confédération suisse*, trois actes, de Ferdinand de Villeneuve et Dupeuty, Vaudeville, 16 juin 1828 ;

*Valentine* ou *la Chute des Feuilles*, deux actes, de Saint-Hilaire et Ferdinand de Villeneuve, Nouveautés, 2 octobre 1828 ;

*La Clé*, trois actes, de Leroi, Hyppolyte et M..., Vaudeville, 5 novembre 1828 ;

*Le Jeune Propriétaire et le Vieux Fermier* ou *la Ville et le Village*, trois actes, de Dartois, Nouveautés, 6 février 1829.

J'ai dit que quelques-uns de ces ouvrages étaient fort importants au point de vue musical, et, les manuscrits d'Adam sous les yeux, je puis le certifier. La partition des *Comédiens par testament* contient six morceaux, dont deux quatuors, un morceau d'ensemble et un finale [1] ; celle de *Valentine* en ren-

---

[1]. Adam avait l'habitude de dater presque tous ses morceaux : je vois, par la date de ceux des *Comédiens*, que cette petite partition a été commencée le 16 mars et terminée le 9 avril 1828. L'ouverture seule est datée de 1825, et, bien entendu, n'avait pas été faite pour la pièce. Elle est ainsi indiquée sur le premier feuillet : « Ouverture *du Magistrat ou la Ville neutre*, » mais les mots : *du Magistrat ou la Ville neutre*, ont été biffés et remplacés

ferme sept [1] ; celle de *Caleb*, huit, dont un trio, un morceau d'ensemble avec chœur, et deux airs développés ; dans *le Barbier châtelain*, sur dix numéros, nous trouvons deux chœurs, deux finales et deux morceaux d'ensemble ; enfin, *Guillaume Tell* comprend treize morceaux, parmi lesquels cinq chœurs, un trio et trois finales [2].

J'avais donc raison de dire que la fécondité d'Adam s'affirmait dès les premiers jours de son

par ceux-ci : *des Comédiens*. — Les artistes qui chantaient dans *les Comédiens* étaient Bouffé, Rogis, Caseneuve, mesdames Albert, Flowel, mesdemoiselles Hirté, Adèle, Laurence et Miller.

1. La partition de *Valentine* a été écrite du 15 août au 5 septembre 1828. Dans cette pièce, ainsi que dans *le Caleb de Walter Scott*, c'est madame Albert qui jouait le principal rôle.

2. A l'exception du dernier finale, qui porte la date du 4 juin, celle-ci, fort importante, a été écrite en trois semaines, du 30 avril au 21 mai 1828. Comme dans le *Guillaume Tell* de Rossini, nous trouvons ici le trio des conjurés (qui porte cette annotation : *refait* le 15 mai 1828), et qui était chanté par Volnys (Mechtal), Guillemin (Furtz), et Fontenay (Guillaume). Arnal jouait dans cette pièce, et avait une ballade à chanter. La scène de la pomme formait un chœur écrit tout entier sur ces vers burlesques (il ne s'agissait pourtant point d'une parodie) :

> Il a sauvé sa tête !
> Quel coup du ciel !
> Bénissons l'arbalète
> De Guillaum' Tell.

On jouait alors partout des *Guillaume Tell*, et la pièce du Vaudeville, d'abord ainsi intitulée, changea son titre et prit celui qu'on a vu plus haut : *Les Trois Cantons* ou *la Confédération suisse*. Mais la partition autographe d'Adam porte le titre de *Guillaume Tell*.

entrée dans la carrière. Elle ne devait plus se démentir jusqu'à la fin de sa vie.

Nous sommes arrivés à l'époque d'un événement important et fâcheux pour lui : celle de son premier mariage. Le 30 janvier 1827, une jeune choriste du Vaudeville, nommée Sara Lescot, fille d'une ancienne actrice de ce théâtre qui portait exactement le même nom, quittait les chœurs pour tenir un emploi, et débutait par le rôle de Jacqueline dans *le Vieillard de Viroflay*. Adam forma une liaison avec cette jeune femme, liaison que suivit de près un mariage qui eut lieu malgré lui — cela est curieux à dire — et surtout malgré sa famille, à qui il se vit obligé de faire des sommations respectueuses. Je ne me crois pas le droit d'en dire plus long à ce sujet, bien que les Mémoires d'Adam soient fertiles en révélations vraiment singulières relativement à cette union. Il fut décidé par les intéressés que celle-ci serait célébrée aussitôt après la représentation de *Pierre et Catherine*, son premier ouvrage à l'Opéra-Comique.

Le livret de ce petit opéra en un acte lui avait été confié par M. de Saint-Georges. La pièce ne comportait que quatre rôles, qui furent distribués à madame Pradher, à Lemonnier, Vizentini et Féréol. Les trois premiers refusèrent pour diverses raisons, et furent remplacés par mademoiselle Prévost, par

Damoreau et Henry. — « Cette distribution d'acteurs de deuxième ordre me porta bonheur, dit Adam : rien n'arrêta mes répétitions, qui allaient de pair avec celles de *la Fiancée*. Enfin, le jour de la première arriva ! J'envoyai une loge à mon père. J'étais très-ému. Deux sentiments m'agitaient. Si l'ouvrage réussissait, la carrière du théâtre m'était ouverte, mon avenir d'artiste était assuré, mais mon bonheur détruit. Si la pièce tombait, je pouvais rompre et reprendre ma parole donnée. (Adam avait promis d'épouser Sara si *Pierre et Catherine* obtenait du succès.) Ces pensées m'agitèrent toute la journée ; mais le soir, j'oubliai tout. L'artiste seul vivait en moi. Tous les morceaux furent très-applaudis. Mon succès me rendait heureux. Mon père vint m'embrasser en pleurant. Ce fut en cet instant que je retombai dans la triste réalité. Mon père et ma mère, au milieu de leur joie, étaient bien loin de se douter que ce succès enchaînait la destinée de leur fils. »

La réussite de *Pierre et Catherine* fut en effet complète. Adam le constate un peu plus loin en ces termes : « *Pierre et Catherine* était lancé au delà de mes espérances. Mademoiselle Prévost avait été forcée de quitter le rôle à la sixième représentation ; m'y attendant, je l'avais fait apprendre à mademoiselle Éléonore Colon ; la pièce ne fut pas interrompue ; je profitai du succès de *la Fiancée*, je fus joué plus de quatre-vingts fois de suite, et j'ai eu avec mon illustre confrère le privilége d'être le dernier compositeur exécuté dans l'ancienne salle Feydeau. La dernière représentation donnée dans cette salle, que le marteau devait frapper le lendemain, se composait de *la Fiancée* et de *Pierre et Catherine.* » Un témoignage désintéressé vient confirmer ces paroles; dès le lendemain de l'apparition de *Pierre et Catherine*, un journal spécial en attestait ainsi le succès : — « Il y a du sentiment, de l'esprit, du mouvement et de bonne musique dans ce petit ouvrage, qui sera favorable aux intérêts du répertoire. Après son entier succès, on a nommé M. de Saint-Georges pour les paroles, et, pour la musique, M. Adam, dont c'est le coup d'essai en ce genre. On a ajouté que ce compositeur est élève de M. Boieldieu. *Dignus est.* » Adam était donc lancé, et faisait un début très-heureux sur une véritable scène lyrique. Mais, comme il le dit lui-même, — ceci, par sa faute, il est vrai, — son bonheur était détruit. La première représentation de son opéra avait eu lieu le 9 février 1829 : sept mois après, le 12 septembre, en dépit des remontrances de ses parents, des objurgations de sa famille, de ses amis, de tous ceux qui l'aimaient, il épousait une femme indigne de lui, une femme qu'il n'aimait point, qui ne voulait que son nom, qui le rendit malheureux pendant six ans, et dont, finalement, il fut obligé de se séparer! Il semble vraiment, parfois, que certains êtres gâchent leur vie comme à plaisir, et sont poussés par la fatalité.

Une fois terminée cette belle équipée, Adam se remit activement au travail pour étourdir et calmer son chagrin; car ce mariage l'avait séparé de tous les siens : son père et sa mère lui avaient fermé la porte de leur maison, son frère ne venait plus le voir, Hérold lui-même le boudait, et ses anciens amis avaient rompu avec lui toutes relations.

Le premier ouvrage dont Adam s'occupa fut une pièce en trois actes, de Benjamin Antier et Théodore Nezel, *Isaure*, pour laquelle il écrivit treize morceaux [1], et qui fut représentée aux Nouveautés, le 1er octobre 1829. Celle-ci donna lieu à un incident vraiment comique, et qu'il n'est pas sans quelque intérêt de rapporter. On sait quelles ont toujours été, sous le régime des priviléges, les prétentions odieuses de nos scènes lyriques, prétentions qui ont été préjudiciables pendant si longtemps au développement et à l'expansion de la musique en France. Les Nouveautés s'étaient fondées dans le but et avec le désir de devenir une sorte de troisième théâtre

---

1. Entre autres un duettino, un trio, un quintette, un chœur, un grand air et trois finales. Les rôles principaux d'*Isaure* étaient tenus par Bouffé, mesdames Albert et Déjazet.

lyrique, destiné à encourager le talent et les efforts des jeunes compositeurs, qui en réclamaient vainement la création depuis un si grand nombre d'années. Mais l'Opéra-Comique, oublieux des longues persécutions que jadis il avait subies de la part de l'Opéra, son suzerain, n'entendait point de cette oreille, et songeait, à son tour et par tous les moyens, à éviter toute espèce de concurrence directe ou indirecte, mettant hypocritement en avant de prétendus intérêts de l'art, assez étonné sans doute de se voir mêlé à ces questions de boutique et de gros sous. Déjà les Nouveautés avaient eu maille à partir avec lui ; mais la représentation d'*Isaure*, qui avait obtenu un vif succès, fut le signal d'hostilités nouvelles, et dès le 3 octobre, la direction de l'Opéra-Comique, se fondant sur les prétendus droits qu'elle disait tenir de son privilége, faisait, par une assignation en règle, signifier à celle des Nouveautés la défense expresse de jouer aucune pièce contenant de la musique inédite, et prétendait, particulièrement, l'obliger à cesser les représentations d'*Isaure*. Mais Ducis et de Saint-Georges, alors directeurs de l'Opéra-Comique, avaient affaire à forte partie, les Nouveautés se trouvant aux mains de deux hommes d'esprit, Bohain et Nestor Roqueplan, qui étaient en même temps directeurs du *Figaro*. Ceux-ci cherchèrent un huissier d'un nom ridicule et fantasque; ils en découvrirent un qui tenait de ses aïeux celui de Lécorché, et c'est à ce Lécorché qu'ils s'adressèrent, pour répondre à l'assignation que leur avaient envoyée Ducis et de Saint-Georges, par une contre-assignation conçue dans les termes burlesques qu'on va lire :

*L'an mil huit cent vingt-neuf, le sept octobre, à la requête de l'administration des Nouveautés, j'ai, Martin-Charles Lécorché, huissier près le Tribunal de première instance de la Seine séant à Paris, y demeurant rue des Bons-Enfants, n° 21, patenté du 28 avril dernier, n° 79, soussigné, signifié et déclaré à MM. Ducis et de Saint-Georges, directeurs du théâtre royal de l'Opéra-Comique, rue Ventadour, à l'administration dudit théâtre, parlant au Suisse;*

*Attendu que, si les théâtres de vaudeville n'ont pas le droit de faire représenter des drames et comédies avec de la musique nouvelle, les théâtres d'opéra-comique ne peuvent avoir le privilège de jouer des ouvrages nouveaux avec d'ancienne musique;*

*Qu'on doit entendre par ancienne musique celle dont tous les motifs sont connus;*

*Que néanmoins l'administration de l'Opéra-Comique se permet depuis quelque temps de faire représenter des ouvrages dont les airs, duos, trios, finales, se trouvent en partie ou en totalité dans des partitions anciennes et des romances connues;*

*Que cet excès est devenu intolérable dans le dernier ouvrage représenté sur ce théâtre sous le titre de* JENNY [1];

---

[1]. Opéra en trois actes, de Carafa, livret de Saint-Georges, qui avait été représenté peu de jours auparavant, le 26 septembre. C'est le pauvre Carafa qui ne dut pas être flatté de cette plaisanterie!

qu'il est constant, D'APRÈS LA RUMEUR PUBLIQUE ET LE RAPPORT UNANIME DES JOURNAUX, que pas un motif original, pas une idée qui ne traîne depuis vingt ans sur tous les pupitres du Vaudeville, ne sont venus frapper l'oreille des auditeurs pendant trois mortelles heures que dure le soi-disant opéra comique.

Que de ce fait, QUI NE PEUT ÊTRE IMPUTÉ AU HASARD, RÉSULTE LA PRÉMÉDITATION BIEN ÉVIDENTE D'ANTICIPER SUR LES DROITS DU VAUDEVILLE ;

Que cette préméditation est encore mieux établie par la manière dont l'orchestre dudit a exécuté cette prétendue partition nouvelle, râclant, détonnant, jouant à contre-mesure, ainsi qu'on le faisait dans le vaudeville primitif, au temps des AMOURS D'ÉTÉ et d'ARLEQUIN AFFICHEUR ;

Attendu qu'il est temps de mettre un terme à ces usurpations mutuelles des théâtres sur ce qu'on nomme leur genre particulier, et que la SOCIÉTÉ SERAIT ÉVIDEMMENT PERDUE si l'on jouait de la musique nouvelle à la place de la Bourse, et de l'ancienne musique dans la rue Ventadour ;

J'ai, Lécorché, huissier susdit et soussigné, dit et déclaré aux sieurs Ducis et de Saint-Georges :

1° Que défense leur est faite, à compter de ce jour, de représenter ladite pièce ayant pour titre : JENNY, sans, au préalable, en supprimer tous les airs qui, étant vieux, ne sauraient en faire un nouvel opéra comique ;

2° Que, dans le cas où ils ne satisferaient pas à ces présentes, le requérant se pourvoira devant l'autorité supérieure POUR FAIRE CESSER UN ABUS DONT LA FRANCE ENTIÈRE GÉMIT, leur laissant toutefois la permission de jouer la pièce avec les paroles, vu que n'ayant rien compris, ainsi que le public, à ladite pièce, ils ne peuvent pas assurer que ce soit un vaudeville, une comédie ou un drame.

Et, à ce que les susnommés n'en ignorent, je leur ai, Lécorché, susdit et soussigné, parlant comme dit est, laissé *copie du présent. Le coût est de six francs cinquante centimes.*

*Signé* : LÉCORCHÉ.

Les directeurs des Nouveautés ne se bornèrent pas à faire parvenir à leurs confrères de l'Opéra-Comique cette assignation, d'un caractère assurément original. Ils la publièrent en tête du numéro du *Figaro* du 8 octobre 1829, en la faisant précéder de celle qu'eux-mêmes avaient reçue quelques jours auparavant. Je laisse à penser le succès de fou rire que tout le Paris lettré fit à cette mystification, et de quel côté se trouvèrent les rieurs en cette circonstance ! Les directeurs de l'Opéra-Comique comprirent si bien le ridicule de leur situation qu'ils ne donnèrent aucune suite à leurs *exploits*, et que les représentations d'*Isaure* purent continuer sans nouvelle opposition de leur part.

Mais j'ai dit qu'Adam s'était remis au travail avec ardeur. A peine *Isaure* avait-elle fait son apparition à la scène qu'il s'occupa d'un ouvrage en trois actes pour l'Opéra-Comique, *Danilowa*, dont le poëme avait été écrit par Vial et Paul Duport. L'éditeur Pleyel lui avait payé sa partition de *Pierre et Catherine* 3,000 francs[1], qui étaient venus à point

---

[1]. Je n'ai pas besoin de faire remarquer combien ce chiffre était considérable pour l'époque.

pour lui permettre d'acheter un excellent piano : quant à l'argent de ses droits d'auteur, il lui avait servi à monter son jeune ménage ; mais comme il fallait vivre tout en travaillant à *Danilowa*, il continua à écrire quelques ouvrages de moindre importance pour les Nouveautés.

Quand je dis « écrire », je me trompe un peu, car, ce qu'on ignore, c'est qu'Adam devint alors, et pour un instant, faiseur de *pastiches*, et qu'il menaça Castil-Blaze d'une concurrence redoutable et sérieuse. On sait quels succès celui-ci obtenait alors à l'Odéon, transformé en une importante scène lyrique, et avec quel bonheur il y avait donné des traductions des chefs-d'œuvre allemands et italiens inconnus en France, entre autres *le Barbier de Séville, Othello, la Pie voleuse, Euryanthe, le Freischütz*, etc. Après y avoir fait représenter des ouvrages complets, il y donna quelques pastiches, c'est-à-dire quelques opéras arrangés avec des morceaux tirés de diverses œuvres de divers compositeurs ; au point de vue de l'art, l'idée était assurément moins heureuse, mais elle n'en fut pas moins productive. Les Nouveautés, dont l'existence était des plus difficiles, et qui étaient disposées à s'imposer les sacrifices les plus lourds pour atteindre le succès, s'avisèrent d'entrer dans la voie où l'Odéon l'avait rencontré. La direction commanda à deux jeunes écrivains, Romieu et Alphonse Royer, une pièce conçue dans ces conditions, et leur adjoignit Adam pour la partie musicale ; nos trois jeunes gens se mirent rapidement à la besogne, et, le 27 février 1830, ils avaient été assez vite pour que le théâtre pût donner la première représentation d'*Henri V et ses Compagnons*, pièce en trois actes qui fut fort bien accueillie du public, et pour laquelle des frais énormes avaient été faits.

Adam n'était pas nommé, et voici comment les journaux annonçaient cet ouvrage : « *Henri V et ses Compagnons*, drame en 3 actes et 5 parties, de MM. Romieu et Alphonse Royer, musique de Weber, Meyerbeer et Spohr, décorations de M. Cicéri, costumes de MM. \*\*\*, mise en scène de M. Armand. Entre le deuxième et le troisième acte, l'orchestre exécutera l'ouverture de *Robin des Bois*. » Il y avait aussi, dans *Henri V et ses Compagnons*, de la musique de Lully ; j'en trouve la preuve dans les manuscrits d'Adam, où se rencontrent quelques-uns des morceaux écrits ou arrangés pour cette pièce ; l'un est indiqué ainsi : « Air de danse d'*Armide*, de Lully, » (avec orchestre sur le théâtre), et un autre : « Autre air de Lully. »

J'ai dit que le théâtre s'était mis en frais pour cet ouvrage ; on le verra par ces lignes extraites du compte-rendu du *Figaro :* — « Beaucoup de monde et grand succès ; beaucoup d'argent dépensé, mais beaucoup d'argent en perspective ; le vaudeville élevé jusqu'au grand opéra (?) par la pompe théâtrale et la richesse d'une musique qu'un excellent orchestre exécute fort bien : voilà ce qu'on vient de voir au théâtre des Nouveautés. » C'est ainsi que s'entamait l'article, voici comme il se terminait : « En commençant cet article, écrit à la hâte, nous avons parlé de la musique et de l'orchestre. La musique, empruntée en général à Weber et à Meyer-Berr (*sic*), est pleine de chants gracieux et de beaux effets ; elle a été arrangée avec talent, et exécutée par l'orchestre nouveau de la manière la plus satisfaisante. L'orchestre du théâtre de la Bourse est incontestablement aujourd'hui le premier de Paris, après celui de l'Opéra ; il promet des jouissances réelles aux amateurs. » On voit quelle insistance on apportait en ce qui concerne l'orchestre ; c'est qu'en effet les préoccupations de l'administration s'étaient surtout portées de ce côté ; non-seulement on avait changé le chef, Béancourt, qu'on avait remplacé par un artiste nommé Bloc, mais encore on avait beaucoup augmenté le corps instrumental et complété sa composition ; je le vois encore par les morceaux manuscrits d'*Henri V*, où je rencontre pour la première fois, outre le quatuor des instruments à cordes, outre le double quatuor des instruments à vent en bois, quatre cors, deux trompettes et trois trombones. — J'ai dit que la pièce obtint un vrai succès. Elle était jouée par Derval, Bouffé, Albert, les deux Thénard, Volnys, Rémi, Morel, Mathieu, Charles, mesdames Albert, Déjazet et Desprez, et l'on citait comme particulièrement jolis des couplets et une ballade chantés par Déjazet.

Tout en s'occupant d'un autre ouvrage du même genre, c'est-à-dire d'un second pastiche, dont j'aurai à parler tout à l'heure, Adam travaillait activement à sa partition de *Danilowa*. — « J'entrai enfin en répétition de ma pièce en trois actes à l'Opéra-Comique, dit-il. Mais, comme tous les jeunes compositeurs, on me donnait l'été. Je pressai pourtant les répétitions afin d'arriver avant la mauvaise saison, et je pus être joué en avril 1830. Cette fois, ma distribution était très-belle : mesdames Lemonnier, Casimir et Pradher, MM. Lemonnier, Moreau-Sainti et Féréol. La pièce eut un joli succès, deux morceaux furent bissés, et à cette époque ceci n'était pas à la mode comme à présent, ainsi que les rappels. C'était rare, et semblait meilleur. » *Danilowa* réussit très-bien en effet. Nous avons vu que le poëme de cet ouvrage avait été écrit par Vial et Paul Duport.

*Danilowa* avait à peine fait son apparition à l'Opéra-Comique, qu'Adam donnait aux Nouveautés son second pastiche. Celui-ci, intitulé *Rafaël*, était en trois actes, avait pour auteur Théaulon, et fut représenté le 26 avril[1]. « La musique, disait un journal, est extraite des meilleurs ouvrages de Bellini, Winter, Mercadante, Haydn, etc. L'ouverture du *Pirate*, de Bellini, a été fort bien exécutée. » L'élément musical prenait particulièrement une grande importance au troisième acte, dont l'action se passait dans une église, et pendant lequel un orgue, placé dans la coulisse, accompagnait le chœur chantant en scène. La pièce, qui était un drame fortement poussé au noir, n'obtint du reste qu'un succès médiocre.

Ce fut alors qu'Adam fit ses premiers pas dans une voie qui, plus tard, devait être pour lui féconde en succès, et qu'il écrivit son premier ballet. Celui-ci, pourtant, faillit ne pas être représenté. « On arrivait, dit-il, à cet été de 1830. L'horizon politique s'assombrissait un peu; la révolution de Juillet arrêta mon ouvrage. (Il parle ici de *Danilowa*.) J'avais fait, en collaboration avec Gide[2], la musique

---

1. Dans la liste des ouvrages d'Adam placée en tête des *Souvenirs d'un Musicien*, cette pièce est intitulée *Zambular*, titre sous lequel elle devait sans doute être primitivement représentée. Mais les deux n'en font qu'une, car le principal personnage porte alternativement ces deux noms de Rafaël et de Zambular. *Rafaël* était joué par les deux Thénard, Gobert, Morel, Mathieu, Lacaze, mesdames Albert, Florval, Déjazet, Desprez, Félicie, Aimée, Léontine.

2. Casimir Gide, musicien distingué, était fils d'un grand

d'une pantomime anglaise pour les Nouveautés : *la Chatte Blanche*. Le ministère en voulait défendre la représentation, comme excédant le privilége du théâtre. Les directeurs obtinrent de Charles X la permission d'en faire jouer quelques scènes à Saint-Cloud, pour le duc de Bordeaux et les jeunes princes d'Orléans, qui furent tous enchantés des bons coups de pied qu'échangeaient le clown et le Pantalon. L'interdiction fut levée. La première représentation eut lieu le 26 juillet 1830 ; le lendemain parurent les ordonnances, et la seconde ne fut pas achevée. La pièce fut reprise plus tard et eut une centaine de représentations. »

Adam ne se reposait pas un instant. Je crois même qu'à ce moment, en dépit de son ardeur et de sa

---

libraire de Paris, où il était né le 4 juillet 1804, et où il mourut au mois de février 1868, après avoir renoncé à la carrière artistique pour prendre, avec un associé, la suite des affaires de son père. (Il est peu de personnes qui ne connaissent, au moins de nom, la grande maison de librairie Gide et Baudry.) Il fit dans *la Chatte Blanche* ses débuts de compositeur dramatique, et donna peu de mois après, au même théâtre, comme nous l'allons voir, un autre ouvrage avec Adam, *les Trois Catherine*. Il se produisit ensuite à l'Opéra-Comique avec deux petites pièces, *le Roi de Sicile* et *l'Angelus*, fit avec Halévy la musique de *la Tentation*, opéra-ballet représenté à l'Opéra, puis écrivit les partitions de plusieurs ballets joués au même théâtre : *l'Ile des Pirates* (1835), *le Diable Boiteux* (1836), *la Volière* (1838), *la Tarentule* (1839), et *Ozaï* (1847). La notice consacrée à Gide par Fétis n'est exempte ni d'erreurs ni d'omissions, car elle ne met au compte de cet artiste que cinq ouvrages, tout en tronquant le titre de l'un d'entre eux.

facilité, il travaillait trop pour pouvoir toujours travailler bien. On va voir néanmoins que, lorsqu'il s'agissait pour lui de composer et de produire, il ne doutait absolument de rien. Laissons-le parler lui-même. La publication des fameuses ordonnances avait été suivie des trois journées de juillet ; un trône nouveau s'était élevé sur les débris d'un trône renversé, et, à la suite de ces graves événements, la situation artistique était loin d'être excellente :

Les révolutions ne sont pas favorables au théâtre. Il faut lutter, et malgré le zèle des artistes, les faillites ne tardent malheureusement pas à arriver. La fureur des pièces de circonstance était à son comble. Je fis avec Romagnesi la musique d'un petit acte pour l'Opéra-Comique, paroles de Gabriel et Michel Masson : *Trois Jours en une Heure*. La pièce fut faite et montée en quinze jours[1]. L'ouvrage eut le succès que peuvent avoir des œuvres semblables, c'est-à-dire quelques représentations. L'Opéra-Comique ne faisait plus de recettes. Un soir, Gabriel vint au foyer. Il venait de terminer un acte intitulé *Joséphine ou le Retour de Wagram*. Il était en train de me le lire, lorsque Ducis entra. — « Que lisez-vous donc là ? » nous

---

1. Elle fut représentée le 21 août 1830. Outre Delsarte, dont ce fut peut-être la seule création à l'Opéra-Comique, et qui devait se trouver bien dépaysé dans une production de ce genre, la pièce était jouée par Génot, Boullard, Lemonnier, Fargueil père, mesdemoiselles Moncel et Éléonore Colon. Le nom d'Adam ne figure pas sur le livret de la pièce imprimée, qui porte exactement le titre que voici : « *Trois jours en une heure*, tableau national mêlé de chants, paroles de MM. Gabriel et Masson, musique de MM. Romagnesi et Ad. »

dit-il. — « Un petit acte de circonstance, mais plus important que le dernier. Tenez; qu'en pensez-vous? » Ducis le prend, le parcourt. — « Mais ce n'est pas mal. Êtes-vous prêts? — Oui, repris-je; demain nous pourrons lire aux acteurs, on copiera, et après-demain nous entrerons en répétition. — C'est entendu, répond Ducis. Je vais faire annoncer la lecture pour demain. Faites votre distribution. » Et là-dessus il part, laissant Gabriel stupéfait de mon aplomb.

— « Ah! ça, es-tu fou? me dit-il. Tu fais annoncer la lecture et la mise en répétition d'une pièce dont tu ne connais pas la première scène! — Sois tranquille, repris-je. Donne-moi ta pièce, je te la rendrai demain pour la lecture. » Ceci se passait le 24 novembre. J'arrivai chez moi, je m'enfermai dans mon cabinet, je lus la pièce. Il y avait sept morceaux à faire. Je passai la nuit, et le lendemain j'apportais à la copie l'introduction, des couplets et un duo. Gabriel n'en revenait pas. La lecture fit de l'effet, les acteurs étaient contents de leurs rôles, surtout Génot, qui devait représenter Napoléon, et qui se persuadait qu'il lui ressemblait. Madame Lemonnier jouait Joséphine, et Lemonnier le prince Eugène. Les autres rôles étaient joués par madame Pradher, Féréol et Henri. La distribution était bonne, les acteurs étaient zélés. En dix jours tout fut terminé, et la première représentation eut lieu le 2 décembre 1830.

L'agrément de ces sortes de pièces est d'avoir des succès d'enthousiasme aux premières représentations. Mais il semblait que cette malheureuse salle Ventadour fût maudite[2]! Les chefs-d'œuvre mêmes, tels que *les Deux Nuits* et *Zampa*, n'y firent pas d'argent. Les acteurs déployaient pourtant beaucoup de zèle et d'activité. On

---

1. On sait que l'Opéra-Comique occupait alors la salle qui sert depuis longues années à l'exploitation du Théâtre-Italien.

montait beaucoup d'ouvrages nouveaux. J'eus, avec de Courcy et Carmouche, un petit acte, le *Morceau d'ensemble*[1], représenté le 7 mars 1831. Je fis avec Gabriel et Michel Masson un ouvrage en trois actes, *le Grand Prix*. La pièce était faible, elle était bien montée : elle n'eut pas plus de bonheur que les autres. Elle fut jouée le 9 juillet.

Adam oublie ici un ouvrage, l'un des derniers qu'il fit représenter aux Nouveautés, et qui prend place, chronologiquement, entre les deux pièces de circonstance qu'il donna à l'Opéra-Comique : *Trois jours en une heure*, et *Joséphine*. Il s'agit des *Trois Catherine*, pièce en trois actes de Paul Duport et Édouard Monnais, dont il écrivit la musique avec Casimir Gide, et qui fut jouée le 18 novembre 1830, avec Volnys, Bouffé, les deux Thénard, Armand, Dubourjal, mesdames Théodore, Déjazet, Génot et Balthazard pour interprètes. Charles Maurice, rendant compte de la représentation des *Trois Catherine*, disait dans son *Courrier des Théâtres :* — « ... Les bons morceaux de musique dont ce drame est orné sont de M. Casimir Gide ; l'inévitable M. Adolphe Adam nous a bercés des autres. Do! do!... » Il est certain, et je le répète, qu'Adam produisait trop pour être toujours heureux. Du 29 février 1830, date de la représentation d'*Henri V et ses compagnons*,

---

[1]. Qu'il ne faut pas confondre avec un vaudeville de Dartois, donné sous le même titre, aux Nouveautés, le 19 novembre 1827.

au 9 juillet 1831, date de l'apparition du *Grand Prix*, c'est-à-dire en moins de dix-sept mois, il avait donné neuf ouvrages ou pastiches, arrangés et écrits seuls ou en collaboration, formant un total d'une vingtaine d'actes! Aussi voyons-nous qu'à part *Henri V* et *la Chatte blanche*, aucune de ces pièces ne fut vraiment heureuse. Et pourtant Adam ne se bornait pas encore à tout cela, et c'est avec une sorte de furie qu'il publiait et multipliait à cette époque une foule de morceaux de piano, qui ne lui coûtaient sans doute pas beaucoup de peine, et qui lui rapportaient toujours quelque argent. Dans un catalogue de musique du temps, je vois, sous son nom, des *Mélanges* sur ses propres opéras : *le Grand Prix*, *Joséphine*, *le Morceau d'ensemble*, *la Chatte blanche*, en même temps que des compositions singulières, fruit des circonstances, et telles que celles-ci : *La Victoire est à nous*, « fantaisie parisienne (!) »; *la Marseillaise*, « fantaisie ( ! ! ) »; *la Parisienne*, variée (!!!); *Mélange* sur des airs nationaux; *Bataille de Prague; Bataille de Marengo*, etc., etc. Tout cela n'était pas bien fameux, et cependant comme ces morceaux, d'une valeur très-secondaire, étaient faits avec adresse, ils plaisaient aux amateurs toujours si nombreux de ce genre de musique.

## V

Les circonstances politiques si graves qui suivirent la révolution de Juillet continuaient d'être fatales aux théâtres, et l'existence de ceux-ci était des plus précaires. Adam, accompagné de sa femme, était allé faire un court voyage à Montpellier, afin de voir sa sœur, mariée à un officier supérieur, le colonel Génot; de retour à Paris au bout de quelques semaines, il trouva l'Opéra-Comique à l'agonie. Il renoua alors ses relations avec les Nouveautés, qui venaient d'engager Damoreau, l'un des interprètes de son premier véritable opéra, *Pierre et Catherine*, et Charles Desnoyers lui offrit le livret d'une pièce en deux actes, *Casimir* ou *le Premier Tête-à-Tête*, dont le rôle principal était justement destiné à Damoreau. Desnoyers avait tiré ce livret d'un drame dont il était l'auteur, et qu'il avait fait représenter précédemment à l'Ambigu sous ce titre : *le Séducteur et son élève*. Cette fois, les Nouveautés se permettaient un bel et bon opéra-comique, sans adjonction d'un seul morceau connu, et l'ouvrage portait hardiment cette qualification. Adam en écrivit la musique avec sa rapidité ordinaire, et *Casimir*, dont, outre Damoreau, les rôles avaient été distribués à Julien Duplan, Masson et Dubourjal, à mesdemoiselles Pougaud et Clorinde, fut joué le 1ᵉʳ décembre 1831 et très-favorablement accueilli, quoi qu'en ait pu dire Charles Maurice dans son *Courrier des Théâtres*. Cet écrivain, dont le *désintéressement* fut, pendant trente ans, le bruit de tout Paris, procéda, à propos de *Casimir*, à un éreintement en règle d'Adam.

Les reproches que le critique, dans son appréciation de la musique de *Casimir*, adresse au compositeur, amènent aujourd'hui sur les lèvres un sourire d'incrédulité, malgré la peine qu'il se donne pour employer maladroitement des termes techniques dont il ne connaît point la valeur, et faire croire ainsi à sa compétence en matière musicale. Le passage qu'on va lire constitue un vrai petit chef-d'œuvre de sottise présomptueuse et de suffisance ridicule : —
« ... On a peine à concevoir vraiment, — dit avec son sérieux ordinaire le rédacteur du *Courrier* — comment un musicien *qui n'a rien de ce qu'il faut pour le théâtre*, que *Danilowa* aurait dû condamner à un éternel silence, que *le Morceau d'ensemble* et *le Grand Prix* ont fait connaître au public

comme un auteur *sans goût, sans méthode* (?) *et sans inspiration,* que M. Adolphe Adam, qui certes peut se compter pour beaucoup dans le discrédit où était tombé l'Opéra-Comique sous l'ancienne direction, revienne encore à la charge. Mieux vaudrait mille fois pour lui et pour sa renommée faire des ouvertures de mélodrame ou des romances à un franc vingt-cinq centimes. Dans *Casimir,* c'est pitié de voir des chœurs tout pleins de phrases de Boieldieu et de pédales (!!) de Rossini. On se fatigue, on s'endort avec la continuelle monotonie de ces chants, qui, tous, sans en excepter un, commencent par un *andante* plus ou moins ralenti (?), et finissent par un *allegro.* On se lasse de ces refrains toujours précédés d'un point d'orgue, qui sautillent d'une manière uniforme et de note en note, à travers un déluge de doubles-croches, appuyés des sourds roulements du tambourin et des sons aigus d'un triangle. » Je ne m'attarderai pas à faire ressortir toute la... naïveté de cette critique au verjus.

Cependant l'Opéra-Comique, dirigé par Ducis, faisait faillite, d'autres théâtres subissaient le même sort, les Nouveautés elles-même se voyaient bientôt obligées de fermer leurs portes, et les acteurs de l'Opéra-Comique, réunis en société, vinrent exploiter la salle de ce dernier théâtre, située place de la Bourse, et dans laquelle le Vaudeville s'installa plus tard, pour y rester pendant plus de trente ans. Voyant à quel point la situation devenait difficile à Paris, Adam, acceptant des conditions qui lui étaient faites d'autre part, se décida bientôt à partir pour Londres :

Mon mariage, dit-il, m'avait raccommodé entièrement avec le frère de ma femme, qui habitait Londres. Il était directeur de Covent-Garden, et codirecteur, avec Cloup et Pélissier, du théâtre français à Londres, dont il était un des acteurs favoris. Il était à Paris pour ses affaires lorsqu'éclata le choléra, au mois de février 1832. Le premier cholérique frappé d'une attaque subite, dans la rue, était un garçon qui sortait du bal masqué, déguisé en Polichinelle, et c'est sous ce costume qu'il fut porté à l'Hôtel-Dieu. Il expira dans le trajet. Les affaires politiques fort sombres en ce moment, le choléra sévissant, n'étaient pas faits pour relever les affaires des théâtres. Laporte me proposa de venir à Londres, m'assurant qu'il pouvait m'être utile et me faire gagner de l'argent. Paris n'était plus possible en ce moment. Ma femme était enceinte. J'acceptai cette proposition. Nous partîmes pour Londres.
Je ne savais pas un mot d'anglais. Je me mis à l'apprendre.... Sitôt que je pus le lire et l'écrire, Laporte me fit un opéra pour son théâtre, Covent-Garden. C'était un poëme en deux actes, sujet militaire, intitulé : *His first Campaign*. Quoique la musique fût d'un Français, elle eut beaucoup de succès. Des couplets chantés par Miss Poole, toute jeune fille qui remplissait le rôle d'un tambour, eurent un succès éclatant. A chaque représentation, il les lui fallait répéter jusqu'à trois fois. Plus tard, je fis traduire ces couplets pour Déjazet, qui leur fit le même suc-

cès dans *la Fille de Dominique*. Laporte se hâta de me faire écrire un autre opéra, en un acte, *the Dark Diamond*. Il eut moins de chance que le premier, et n'eut qu'un petit nombre de représentations. J'ai replacé la musique de ces deux ouvrages dans plusieurs opéras représentés à Paris.

Je retrouvai à Londres deux camarades de collége : de Lavalette et le comte d'Orsay. Ce dernier me présenta à sa belle-mère, lady Blessington, femme distinguée et poëte; elle me donna une ballade de sa composition, *The eolian Harp*. J'en fis la musique, qui fut gravée et eut un succès parmi la haute aristocratie anglaise.

Le séjour d'Adam à Londres fut de neuf mois. Il revint à Paris pour assister à la première représentation du *Pré-aux-Clercs*, et, grâce à l'entremise d'Hérold, put se réconcilier avec sa famille. Pendant qu'il était à Londres, son beau-frère, Laporte, avait pris la direction du *King's Theatre*, et lui avait donné le scenario d'un grand ballet en trois actes, dont il devait écrire la musique à Paris; ce ballet était intitulé *Faust*, et avait pour auteur le danseur Deshayes. Adam y travailla activement, et repartit pour Londres le 21 janvier 1833, avec sa partition terminée. Les répétitions commencèrent de suite, et son *Faust*, qui était dansé et mimé par Albert, Perrot, Coulon, mesdames Pauline Leroux et Montessu, fut joué, je crois, à la fin de février ou au commencement de mars. « Le succès fut très-grand, dit-il, même pour la musique. »

De même qu'il avait apporté à Paris le scenario de *Faust*, Adam avait emporté à Londres, en y retournant, le livret d'un opéra-comique en trois actes, *le Proscrit* ou *le Tribunal invisible*, que lui avaient donné Carmouche et Saintine. C'était un drame noir, dans lequel on eût eu peine à trouver le plus petit mot pour rire. Il revint à Paris avec sa partition commencée, et la termina aussitôt. De son aveu même, l'ouvrage fut loin d'être heureux :

Il me semblait que j'avais réussi. On lut la pièce aux acteurs, qui tous furent satisfaits. Les esprits étaient tournés au drame. Mes interprètes étaient gens de talent, mais leur genre à tous était le véritable opéra-comique : Thénard, Henry, Boullard, mesdames Casimir et Massy. Aussi étaient-ils enchantés. Aux répétitions, je me désillusionnai. Mon poëme et mes acteurs me parurent ridicules. Les artistes étaient en société à cette époque, et tout le monde était maître. La mise en scène s'en ressentit. Chaque acteur voulut avoir un costume de fantaisie. Henry, qui jouait le Proscrit, prétendait qu'il était impossible que ce noble personnage n'intéressât pas davantage avec un costume pesant 500, et parut enveloppé de fourrures comme s'il était en Sibérie ! La scène se passait à Venise... Thénard, membre du Conseil des Dix, était en troubadour ! madame Casimir en chinoise ! Les autres artistes déployèrent le même luxe d'imagination. Il y avait une scène où on apportait un traître, caché dans un bahut. Ce meuble n'était pas au magasin. Fargueil, chargé du rôle du traître, imagina de se fourrer dans un étui de harpe qui servait dans *Adolphe et Clara*. La scène se passait en 1358 ! La pièce, ainsi parodiée, fut représentée le

18 septembre 1833. J'étais fort découragé. La musique eut quelque succès, deux morceaux furent bissés, mais le poëme fut jugé pour ce qu'il valait.

Adam, qui avait le sentiment de la scène à un haut degré, avait vite compris que le genre mélodramatique ne convenait ni aux planches de l'Opéra-Comique, ni à la nature de son talent. Il n'y fut jamais repris, et n'accepta plus de livrets d'un caractère aussi hostile à son tempérament. Cependant la musique du *Proscrit* n'était point sans valeur, et voici ce que Fétis disait (en 1835) à son sujet, dans l'article qu'il consacrait à Adam dans la première édition de sa *Biographie universelle des musiciens :* — « *Le Morceau d'ensemble, le Grand Prix* et quelques autres pièces dont les titres ne sont pas présents à ma mémoire, firent craindre que M. Adam ne fût pas né pour laisser des traces durables de son passage sur la scène lyrique ; mais un nouvel ouvrage qu'il a fait représenter, le 17 septembre 1833, sous le titre du *Proscrit*, prouve que cet artiste peut prétendre à d'honorables succès. Il y a là de la force, du sentiment dramatique, et plus de nouveauté dans les idées que M. Adam n'en avait mis dans ses précédentes productions. »

Toutefois, Adam se garda de retomber dans l'erreur qui lui avait valu un insuccès ; il renonça au drame lugubre, et accepta avec empressement une petite bouffonnerie en un acte, intitulée *une Bonne Fortune*, que venait lui présenter Féréol, l'excellent comédien de l'Opéra-Comique et l'un des auteurs de cette bluette[1]. Il en fit la musique en huit jours, et elle fut aussitôt mise en répétition, ayant pour interprètes Féréol lui-même, Henry, Fargueil, Deslandes, Mesdames Boulanger, Rifaut et Buttel. — « La pièce était fort amusante, dit Adam; Féréol y déployait ses excellentes qualités de grand comédien comique et de bon chanteur; Madame Boulanger, qui prenait définitivement les duègnes, y fut charmante, et Henry plein de verve dans le docteur. La pièce, ainsi jouée, eut un très-grand succès. »

La première représentation d'*une Bonne Fortune* eut lieu le 23 janvier 1834, et ce petit ouvrage fut en effet très-bien accueilli. Aujourd'hui, pourtant, il est bien oublié. Il n'en devait pas être de même de celui qu'Adam allait produire après lui, et nous sommes arrivés au moment où la carrière du compositeur entre dans sa phase brillante. L'année 1834 marque une date dans l'existence artistique d'Adam, car c'est celle de l'apparition du *Chalet*, qui suivit de près *une Bonne Fortune*. Le musicien est désormais maître de lui, il a conquis l'expérience et l'autorité, et nous allons le voir, dans un espace de dix

---

[1] Le livret imprimé d'*une Bonne Fortune* porte pour noms d'auteurs MM. \*\*\*, A. Féréol et Édouard.

années, donner toute une série d'ouvrages aimables et charmants, parmi lesquels on remarquera surtout *la Marquise*, *la Fille du Danube*, *le Postillon de Lonjumeau*, *le Brasseur de Preston*, *la Reine d'un Jour*, *Giselle*, *la Jolie Fille de Gand*, *le Roi d'Yvetot* et *Cagliostro*. — Mais ne marchons pas plus vite que lui ; nous aurons encore assez de peine à le suivre.

# VI

L'existence du *Chalet* se lie à celle d'*une Bonne Fortune*, comme on va le voir d'après les notes d'Adam lui-même :

Quelques jours après la représentation d'*une Bonne Fortune*, madame Boulanger donna à l'Odéon une grande représentation à son bénéfice. On y joua des chefs-d'œuvre. Madame Damoreau s'y montra sous les traits de Chérubin dans *le Mariage de Figaro*. Je fus assez heureux pour qu'*une Bonne Fortune* fût choisie par la bénéficiaire pour figurer dans ce beau programme. Scribe assistait à ce spectacle ; il fut enchanté de ce petit ouvrage, se rappela la promesse qu'il m'avait faite et vint me proposer *le Chalet*, qu'il me confia malgré Mélesville et avec les conditions que j'ai déjà dites.

Ces conditions étaient assez dures. Adam dit ailleurs, en effet : « J'avais déjà donné plusieurs ouvrages à succès, lorsque Scribe consentit, sur les instances de Crosnier, à me confier le poëme du *Chalet*. Mélesville ne voulait pas y consentir ; aussi me fut-il imposé comme condition que je ne toucherais qu'un tiers, au lieu de moitié, des droits d'auteur! » Ainsi, pour son ouvrage le plus populaire, pour celui qui a obtenu le plus grand nombre de représentations et qui n'a jamais quitté le répertoire, pour celui qui a fondé sa réputation et qui est l'un de ses meilleurs titres à l'estime des artistes et à la reconnaissance du public, Adam s'est vu, on peut le dire, frustré d'une partie de ses droits! En gardat-il rancune à Mélesville? ce qui serait d'ailleurs concevable. Je ne sais; mais ce que je puis constater, c'est que ce fut la dernière fois qu'il collabora avec lui. Toutefois, ce qu'Adam néglige de dire, c'est que l'appui de l'excellent vaudevilliste Dupeuty fut loin de lui être inutile en cette circonstance. Son ancien collaborateur Dupeuty, avec qui il avait fait *Monsieur Botte, le Hussard de Felsheim, les trois Cantons, l'Anonyme*, était devenu l'associé de Crosnier dans la direction de l'Opéra-Comique, et ses instances en faveur d'Adam ne furent pas étrangères à la détermination de Scribe, que le succès d'*une Bonne Fortune* vint accélérer. C'est donc en partie à cet ami dévoué et désintéressé, qui avait foi dans son talent et dans son avenir, qu'Adam fut redevable de ce qu'on pourrait appeler son premier triomphe. — Laissons-lui maintenant la parole :

J'acceptai la pièce avec empressement, parce qu'elle me semblait musicale, mais j'étais loin d'en sentir la valeur et de prévoir le succès qu'elle aurait un jour. Déjà plusieurs fois on avait tenté de mettre au théâtre ce sujet, qui appartenait à Gœthe, et jamais on n'y avait réussi [1]. Par un hasard singulier, le premier air que j'avais composé pour le théâtre avait été écrit pour un vaudeville joué sans succès au Gymnase, sur le même sujet que le *Chalet*. Un mauvais souvenir m'en était resté, et je ne compris pas à la lecture l'extrême habileté avec laquelle Scribe avait sauvé le danger de la situation. Dans la pièce de Gœthe, c'est un amant rebuté qui vient s'installer chez la jeune fille, et qui brise tout pour lui faire comprendre le danger de l'isolement. En faisant de l'amant le frère de la jeune fille, Scribe allait au devant des scrupules du public français.

Si Adam ne comprit pas, de prime abord, tout le parti qu'il y avait à tirer du livret du *Chalet* au point de vue musical, il ne fut pas plus heureux, dans le premier moment, sous le rapport de l'inspi-

[1]. La pièce de Gœthe est intitulée *Jery und Bœtely*. On croit généralement que ce petit ouvrage avait été écrit par le grand homme sous forme de comédie, ce qui est une erreur. La pastorale de *Jery und Bœtely* est un véritable petit opéra-comique, écrit par l'illustre auteur de *Faust* pour son ami le compositeur Kaiser. Depuis lors il a été mis en musique en Allemagne par un grand nombre de compositeurs, et récemment encore il a inspiré madame Ingeburge de Bronsart, qui a fait jouer son ouvrage sur le théâtre de Weimar. Mais — et il s'en faut de tout — aucune des partitions écrites sur le texte même de Gœthe n'a eu et ne méritait le succès du *Chalet*. Ajoutons que quelques années avant l'apparition de ce dernier, le 7 juillet 1829, le théâtre des Nouveautés donnait, sous forme de vaudeville, une « pastorale en un acte, » *la Tyrolienne*, qui était imitée de la pièce de Gœthe, et qui avait pour auteurs MM. Adolphe et Charles (?).

ration. Jamais pièce ne fut, pour lui, si difficile à mettre sur le métier, et il trouvait son imagination si rebelle qu'il désespérait d'en venir jamais à bout. Ce ne fut, heureusement, que l'affaire de quelques jours ; mais il est curieux de lui voir faire lui-même l'aveu de son impuissance momentanée :

.... Après la lecture au théâtre, je rentrai chez moi et je me mis au piano. Peut-être voulais-je trop bien faire. Ce qu'il y a de certain, c'est que pendant trois jours je ne pus accoucher de la plus misérable idée. Le soir du troisième jour, je me couchai, pleurant comme un enfant, persuadé que c'en était fait de ma carrière de compositeur, et que j'avais dépensé toute la somme d'idées que le ciel m'avait départie. Cependant je savais que Crosnier, qui venait de prendre la direction, était pressé de faire débuter Inchindi, qu'il payait fort cher. En me confiant ce poëme, il m'avait dit : — « Dépêchez-vous ! » Je me levai le lendemain, plus désespéré que la veille. « Allons ! me dis-je. Essayons encore. Fouillons dans ce que j'ai fait et qui n'est pas connu à Paris ; peut-être y trouverai-je quelque chose. » Mes regards tombèrent alors sur le manuscrit de mon ballet de *Faust*. Une danse de démons pouvait convenir à un chœur d'orgie. J'essayai d'adapter la musique aux paroles, elles n'allaient pas. J'en fis d'autres, et je composai ces deux vers ridiculement célèbres, et qu'on a tant reprochés à Scribe :

> Du vin, du rhum, et puis du rac,
> Ça fait du bien à l'estomac.

Je trouvai dans ma scène d'*Ariane* des fragments de mon introduction. A partir de ce moment, tout alla comme par enchantement. Je fis dans la même journée les couplets : *Dans le service de l'Autriche*, et terminai le grand morceau dans la soirée. Le lendemain, grâce au souvenir de quelques airs nationaux que j'avais rapportés de Suisse, j'écrivis l'introduction de l'ouverture et les couplets : *Dans ce modeste et simple asile*. Mon imagination s'était échauffée, je n'eus plus besoin d'aller chercher dans mes œuvres passées, oubliées ou inconnues, et le quinzième jour ma partition était terminée, instrumentée et remise à la copie.

Surtout si l'on prend en considération les tâtonnements et les hésitations du premier moment, c'était aller bon train que d'écrire complétement une partition de cette importance dans l'espace de quinze jours. Cela revient à dire que ceux qui ont si aigrement reproché à Adam la rapidité avec laquelle il produisait, n'ont pas tenu compte de son tempérament. Qu'il réussît ou non, qu'il fît bien ou mal, il lui fallait écrire vite, et écrire toujours. Il eût pâli six mois sur un ouvrage qu'il ne l'eût pas fait meilleur, au contraire. Ce qui le prouve, c'est que ses partitions les plus estimées et les plus dignes de l'être, **le Chalet, Giralda, le Toreador, Si j'étais Roi**, pour n'en citer que quelques-unes, ont été écrites en courant, tout comme leurs sœurs moins fortunées. Et cependant, peut-on dire que celles-là ne paraissent pas bien travaillées, et bien polies ? Elles ne l'étaient pourtant pas plus que les autres; et nous en avons une preuve ici ; elles étaient mieux venues, voilà tout. Adam était un peu de la race de ces grands improvisateurs italiens, pour lesquels la production incessante était une sorte de nécessité, de besoin de nature, et qui, par ce fait, n'étaient pas toujours inspirés d'une façon également heureuse. Il faut pardonner leurs faiblesses aux artistes ainsi doués, et les accepter comme ils sont. Si, en tout état de cause, certaines de leurs œuvres sont imparfaites, ils nous procurent, avec les autres, assez de jouissances pour que nous ne nous croyions pas tenus de leur jeter la pierre et de pester après eux plus que de raison[1].

Mais revenons au *Chalet*. Comme Adam termi-

1. Adam lui-même a fait plus d'une fois sa confession à ce sujet. Je ne prétends pas excuser la rapidité avec laquelle il travaillait, mais je maintiens que c'était là, chez lui, une affaire de tempérament. On en peut prendre pour preuve les lignes suivantes, qu'il publiait dans son feuilleton du *Constitutionnel* (4 janvier 1855), en parlant de la première représentation du *Muletier de Tolède* :

« J'arrive bien tard pour parler du *Muletier de Tolède*, et il me sera difficile de dire autre chose que ce qui a déjà été dit. Je parlerai peu de la musique; les uns ont prétendu que c'était un de mes meilleurs ouvrages, d'autres l'ont jugé comme un de mes plus faibles : je ne sais trop que penser. Je dois déclarer, qu'à bien peu d'exceptions près, les meilleurs comme les plus faibles ont été écrits avec le même soin et la même conscience; il y a eu plus ou moins de bonheur, voilà tout. Et puis, je suis bien embarrassé avec les critiques; presque tous m'accusent de travailler trop vite, et souvent me reprochent de faire moins bien que dans certains de mes ouvrages qu'ils me citent et qui sont précisément ceux que j'ai écrits le plus rapidement. J'ai composé *le Chalet* en naît sa partition, son cher maître, notre immortel Boieldieu, revenait d'Italie, où il avait été faire un voyage que nécessitait l'état bien chancelant de sa santé. Ce voyage n'avait pas eu, malheureusement, l'heureux résultat qu'on en espérait, et l'illustre artiste revenait presque aussi malade qu'à son départ. « Son affection de larynx était augmentée, nous dit Adam; il ne pouvait parler, et écrivait sur une ardoise. Sitôt ma partition terminée, je me rendis à Jarcy, jolie campagne qu'il s'était plu à embellir, et qu'il habitait. Je lui jouai tout mon *Chalet*. Il en fut si content qu'il m'écrivit : *J'irai à la première!* Je n'osais l'espérer. Je le voyais si malade! Les répétitions allaient grand train, l'exécution ne laissait rien à désirer. La première représentation

quinze jours, *le Toreador* en huit, *Giselle* en trois semaines et *Si j'étais Roi* en deux mois; sont-ce mes plus faibles ouvrages? Je ne le crois pas. D'autres, qui m'avaient coûté beaucoup plus de temps et de peines ont moins réussi. Quel système dois-je adopter? c'est fort embarrassant. D'ailleurs, je veux faire ma profession de foi. Je n'ai guère d'autre ambition, dans ma musique de théâtre, que de la faire claire, facile à comprendre et amusante pour le public. De mes confrères les musiciens, je ne m'en occupe pas le moins du monde; ils ont des partis pris dont ils ne démordront jamais. Je ne puis faire que de petite musique, c'est convenu; je ferais le morceau le plus sérieux, qu'on ne l'accepterait pas comme tel. Je me contente donc de faire comme je puis, comme je sais, et j'attends que le public se lasse de moi pour cesser d'écrire. Le jour où il m'abandonnera, je le quitterai, à mon grand regret, je l'avoue, mais je n'essayerai même pas de lutter contre son indifférence. »

eut lieu le 25 septembre 1834. Boieldieu y assista. Ce fut sa dernière sortie! Après la pièce, j'allai à lui. Il m'embrassa, et me traça sur son ardoise ces mots qui se sont gravés dans ma mémoire comme le plus bel éloge que j'aie jamais reçu : *Je voudrais que cette musique fût de moi. Merci, ami, de cette bonne soirée*[1]. »

Il m'est arrivé d'entendre certains artistes, d'ailleurs fort estimables et très-distingués, traiter *le Chalet* avec sans-façon et lui appliquer l'épithète dédaigneuse d'*opéra-pont-neuf*. Opéra-pont-neuf! Pourquoi, s'il vous plaît? Parce qu'Adam, obéissant à son inspiration, se laissant doucement porter sur les ailes de son imagination, particulièrement généreuse en ce moment, n'a pas jugé à propos de lutter contre elle, a laissé sans scrupule les motifs, les idées se succéder et s'accumuler, sans prendre la peine de les travailler plus que de raison, de les habiller d'un vêtement plus ou moins fugué, de les envelopper de contre-points et de les surcharger d'imitations? Mon Dieu, il nous donnera plus tard des preuves suffisantes de son savoir sous ce rapport, et pour n'en prendre qu'un exemple je citerai *le Toreador*, qui est assurément l'un des plus jolis modèles qu'on puisse trouver de musique à la fois inspirée, élé-

---

1. Boieldieu expirait quinze jours plus tard, le 8 octobre 1834.

gante et, sinon scolastique, du moins très-*travaillée*. Il n'a pas visé si loin ni si haut, il est vrai, dans *le Chalet*, et s'est contenté d'écrire un ouvrage charmant, mélodique d'un bout à l'autre, d'un excellent sentiment scénique, orchestré avec une rare finesse, et d'une facture après tout très-honorable. Et quant aux détails, j'exprimerai l'avis qu'on rencontre encore dans *le Chalet* certaines qualités qui ne paraissent point si communes, et ne sont pas le fait du premier venu : il me semble que l'air de Max est écrit avec un grand style et prend, dès le début du récitatif, je devrais dire dès la ritournelle, une allure très-mâle et très-caractéristique; que les chœurs sont traités de main d'ouvrier, et déploient une rare sonorité; que certains fragments, entre autres le duo de Daniel et de Bettly, sont empreints d'une émotion très-pénétrante et qu'Auber lui-même n'a jamais connue... N'est-ce donc rien que tout cela, et si l'on y joint, avec la verve qui le caractérise de l'un à l'autre bout, cette sève vigoureuse d'inspiration que quelques-uns lui reprochent d'une façon si singulière, n'a-t-on pas le droit de conclure que *le Chalet* est une œuvre vraiment remarquable, d'une valeur toute particulière, et qui a bien mérité le succès qui depuis quarante ans ne l'a pas abandonnée ?

On pourrait, d'ailleurs, répondre aux renchéris

qui font fi du *Chalet*, avec ce mot de Boieldieu :
« Je voudrais que cette musique fût de moi. » Mais
les ultra-difficiles mettraient peut-être Adam et
Boieldieu dans le même sac. Ils sont ainsi faits, nos
jeunes dédaigneux. J'opposerai cependant à leur dédain l'opinion d'un maître qu'ils auront moins de
raisons de récuser, car ils ne pourront pas dire
de celui-là que ce n'était pas un artiste réfléchi,
qui se laissait entraîner sans vergogne à l'intempé-
rance de son imagination. Je veux parler d'Halévy,
— et l'on voudra bien croire qu'en en parlant ainsi
que je le fais, je n'agis pas moi-même en vue
d'amoindrir son immense valeur ; je suis seulement
de ceux qui admettent qu'on peut faire de bonne
musique de diverses façons, et que dans cet art,
pas plus que dans les autres, les génies ne sont
pas tous semblables. Or, on n'a qu'à lire la notice
qu'Halévy écrivit sur Adam en sa qualité de secré-
taire-perpétuel de l'Académie des Beaux-Arts pour
connaître son sentiment à l'égard de l'artiste, au
point de vue général, en même temps que son opinion sur *le Chalet*, au point de vue particulier.

Halévy, lui, ne méprisait ni Boieldieu, ni Adam,
ni même la mélodie ; témoin ce passage de sa notice :
— « ... Ce qui est bizarre, dit-il en parlant de la
jeunesse d'Adam, c'est qu'Adam, dont le talent naturel et gracieux avait dévié sous l'influence d'études

mal commencées et mal dirigées, ne se plaisait alors qu'au milieu des modulations les plus obscures, et les plus tourmentées. Boieldieu le dégagea du labyrinthe où il s'était égaré, et le ramena à la mélodie, qu'il avait méconnue. Il l'initia à son goût et à ses préférences. Il fut son maître, son guide et son ami. Certes, Adam avait l'instinct du théâtre, et il aurait toujours retrouvé la route qu'il avait perdue ; mais Boieldieu lui évita de plus longs détours ; il ranima l'inspiration languissante, étouffée ; il le rendit à lui-même. Quelque indépendant, quelque spontané que puisse être le talent, il est toujours un peu le fils du maître ; l'esprit, la grâce peuvent se transmettre par une sorte d'hérédité ; on ne copie pas le maître, mais on l'aime ; on ne le suit pas, on marche à ses côtés. On trouve dans plus d'une œuvre d'Adam, non point des traces d'une imitation timide, qui se déguise sans pouvoir se cacher, mais d'heureux témoignages d'une filiation avouée qui se montre au grand jour. Le génie qui dicta *la Dame blanche* protégea souvent d'un regard favorable le jeune et brillant auteur du *Chalet*. »

Plus loin, après avoir parlé du voyage d'Adam en Angleterre, Halévy ajoute : « Il revint en France, écrivit plusieurs ouvrages avec la facilité qui lui était naturelle, et donna enfin, en 1834, l'ouvrage charmant qui devait assurer sa réputation, *le Chalet*, toujours au répertoire, toujours en possession de la faveur du public et qu'on entendra toujours avec ce plaisir qui ne s'épuise pas, que donne la musique vraie, naturelle, expressive. L'effet de cet ouvrage fut spontané, et *le Chalet*, dès son apparition, fut classé parmi les meilleurs ouvrages du genre. — Il y a dans le domaine de la musique de riantes et fraîches vallées, où se plaît la muse des accords tempérés. C'est cette muse qui inspirait Adam, et lui dictait des chants gracieux, de joyeuses mélodies et des rhythmes légers. *Le Chalet* résume cette heureuse inspiration. Il est resté le type du génie d'Ad. Adam, et si l'on dit souvent « l'auteur du *Chalet* », ce n'est pas qu'on soit injuste, ingrat, peu soucieux de ses nombreux travaux, mais c'est par une sorte d'ellipse, et pour concentrer en un seul mot le charme, la grâce, l'esprit du musicien. C'est un hommage rendu à sa mémoire, et l'éloge du *Chalet* devient ainsi l'éloge de l'œuvre tout entier. »

A moins qu'on ne veuille découvrir dans ces lignes le sens d'une ironie assurément bien subtile et bien cachée, — d'une ironie qui d'ailleurs aurait singulièrement répugné au caractère loyal d'Halévy, — on conviendra qu'il est difficile de trouver une louange plus sincère et plus complète. Je termine ces citations par un joli mot, relatif encore au *Chalet*. Halévy parle du voyage qu'Adam, en 1840, fit en

Russie et en Prusse, des deux ballets qu'il écrivit expressément pour les deux théâtres de Saint-Pétersbourg et de Berlin, et de son retour en France : — « Heureux des bons souvenirs qu'il emportait, dit-il, de deux succès nouveaux, du suffrage de deux monarques, il revint à Paris, où l'on ne parlait plus de lui, mais où l'on jouait toujours *le Chalet*. »

J'en ai dit assez pour faire connaître l'opinion d'Halévy sur *le Chalet*, et je l'espère, pour justifier la mienne.

Chose singulière, pourtant ! *Le Chalet*, malgré son succès, eut de la peine à trouver un éditeur. Adam le constate, avec un étonnement d'ailleurs assez naturel :

> Troupenas, l'éditeur à la mode, refusa de m'acheter ma partition. Tout le commerce de musique semblait s'être donné le mot. J'étais désespéré ! Un jeune homme, qui commençait, eut la hardiesse de m'offrir 4,000 francs, payables dans un an, *si la vente allait bien*. J'allais conclure ce marché, me rappelant mon pauvre Hérold acceptant de Meissonnier 3,000 francs de la ravissante partition de *Marie*, et cela comme une grâce, pas un éditeur n'ayant voulu la graver ! Enfin, le matin du jour où je devais signer, Schonenberger, qui avait entendu la veille *le Chalet* pour la seconde fois, arriva chez moi, ayant pris une grande résolution, et m'acheta ma partition 5,000 francs ! Je crois qu'il ne perdit pas dans cette affaire, et que son *courage* fut payé.

Je crois aussi que Schonenberger ne fit pas un

mauvais marché. Mais avouons en même temps qu'une somme ronde de cinq mille francs, pour un acte — et pour l'époque — constituait un assez joli denier. C'est donc le cas de dire : « Tout est bien qui finit bien [1]. »

Quelques jours après la représentation du *Chalet*, MM. de Saint-Georges et de Leuven proposèrent à Adam le livret d'une petite pièce en un acte, qu'ils désiraient voir jouer par les mêmes artistes : *la Marquise*. Inchindi seul se montra satisfait de son

---

[1]. Un dernier détail : « Je dédiai *le Chalet* à la princesse Marie, la seule artiste de la famille royale, dit Adam. Lorsque j'allai lui remettre ma partition, elle m'accueillit en artiste. Je n'oublierai jamais cette gracieuse femme. Au bout de dix minutes, nous causions art comme deux camarades. Je négligeais de l'appeler *Altesse*; elle n'y prenait pas garde. Ce fut moi qui me levai le premier pour prendre congé ; elle me tendit la main, et me remit une tabatière que je n'ai jamais quittée. Elle me promit de faire jouer *le Chalet* à la Cour, et elle tint sa promesse. Quelque temps après, on le représenta à Fontainebleau. »

Je ne quitterai pas *le Chalet* sans faire remarquer que l'Opéra-Comique a donné, le 18 janvier 1873, la *millième* représentation de cet ouvrage. En dehors de *la Dame blanche* et du *Pré aux Clercs*, je ne sache pas, dans le répertoire lyrique français du dix-neuvième siècle, d'autre opéra qui ait atteint ce chiffre vraiment exceptionnel de représentations. Boieldieu, Hérold et Adam ont donc, sous ce rapport, primé Auber lui-même, l'artiste éternellement heureux.

A ce propos, je ferai remarquer que, dans la première semaine de janvier 1873, l'Opéra-Comique donnait la 489e représentation du *Postillon de Lonjumeau*, la 506e de *la Fille du Régiment*, la 831e du *Domino noir*, la 997e du *Chalet*, et enfin la 1082e du *Pré aux Clercs*.

rôle. Il fut donc convenu que Couderc serait remplacé par Thénard, et madame Pradher par mademoiselle Fargueil, qui ferait ses débuts dans la pièce nouvelle, le second rôle de femme devant servir à ceux de Mademoiselle Annette Lebrun, fille du compositeur Lebrun, l'auteur du *Rossignol*. « La première représentation de *la Marquise*, dit Adam, eut lieu le 28 février 1835. J'eus un joli succès. Annette Lebrun y chantait fort bien. Mademoiselle Fargueil n'y chantait pas, mais y était si jolie [1] ! Inchindi et Thénard y remplissaient leurs rôles, l'un en grand chanteur, l'autre en comédien consommé... »

Le succès de *la Marquise* fut complet en effet. Bien que ce petit ouvrage ne puisse être classé parmi les meilleurs d'Adam, la partition n'en était pas moins fort agréable et méritait l'accueil flatteur qui lui fut fait par le public. On le reprit quatorze ans plus tard, pour les débuts de mademoiselle Meyer, depuis madame Meillet, et qui sortait alors du Conservatoire. Adam fit pour sa nouvelle interprète un morceau nouveau, et voici comment lui-même le fit savoir en rendant compte de cette

---

1. Mademoiselle Anaïs Fargueil, devenue depuis lors l'une de de nos plus admirables comédiennes, se destinait à cette époque à la carrière lyrique, que l'insuffisance de sa voix ne lui permit pas de continuer. Elle sortait alors du Conservatoire, où elle avait obtenu, en 1833, un second prix de solfége, et en 1834, les deux premiers prix de solfége et de vocalisation.

reprise : — « On a repris *la Marquise* avec mesdemoiselles Meyer, Lemercier, et MM. Ponchard fils et Bussine. La pièce de Saint-Georges et Leuven, est extrêmement fine et demande beaucoup d'habileté de la part des interprètes. La musique étant de moi, je demanderai la permission de n'en parler que pour signaler un changement que j'y ait fait. Le rôle de la marquise ne se compose que d'un duo et d'un air. Dans le duo, la partie de soprano est très-secondaire, et l'air était détestable; vous me demanderez comment, trouvant cet air si mauvais, j'avais pu le laisser. Hélas! c'est que je n'avais pas pu le faire meilleur : le rôle de la Marquise servit aux débuts de mademoiselle Fargueil, charmante enfant alors, qui avait un très-vif instinct de comédie, mais qui n'avait rien de ce qu'il faut pour constituer une chanteuse. J. Janin disait d'elle en signalant son début : « C'est un buisson de roses d'où sort un filet de vinaigre. » Cette fois le rôle de la marquise étant confié à mademoiselle Meyer, jeune débutante dont les progrès commencent à être remarqués à l'Opéra-Comique, je devais à sa jolie voix de ne pas lui laisser chanter l'air écrit dans des conditions si défavorables; et mademoiselle Meyer a fort bien exécuté la cavatine que j'ai substituée à la première version[1]. »

1. Feuilleton du *Constitutionnel* du 22 mars 1849.

Après *la Marquise*, Adam s'occupa d'une autre pièce en un acte, *Micheline* ou *l'Heure de l'esprit*, dont le livret — qui n'était pas fameux — avait été écrit par Saint-Hilaire, Masson et de Villeneuve. Les rôles en étaient distribués à Mesdames Lemesle et Pradher, à Couderc, à l'excellent Féréol et au non moins excellent Riquier, qu'on avait coutume d'appeler à l'Opéra-Comique « le vieux » Riquier. La pièce fut mise en répétition sous le titre provisoire de *la Vassale*, et parut le 29 juin 1835 sous son véritable titre : *Micheline*. De l'aveu même d'Adam, *Micheline* ne fut point heureuse : — « Le succès fut médiocre. La pièce était mauvaise (oh ! oui). Couderc avait un bon air à chanter, que Nourrit lui avait fait travailler avec soin. Rossini assistait à cette première. Il me fit pourtant des compliments et des observations qui me prouvèrent qu'il avait bien écouté ma musique, et j'en fus très-heureux[1]. »

---

1. Entre la représentation de *la Marquise* et celle de *Micheline* se place un événement important dans la vie d'Adam : sa rupture avec sa première femme, dont il se sépara après lui avoir constitué une rente de 3,000 francs. Si l'on met de côté les procédés un peu trop fantaisistes qu'elle employa pour obliger Adam à lui donner son nom, il faut constater que cette pauvre femme se conduisit honorablement avec lui. Elle l'aimait, paraît-il, et c'est là ce qui donne sinon l'excuse, du moins l'explication de ses façons d'agir pour obtenir le mariage ; mais Adam, qui n'avait point d'amour pour elle, ne lui pardonna jamais de l'avoir circonvenu, et comme elle était, non-seulement fort jalouse, mais douée d'un détestable caractère, leur ménage était devenu un enfer. Quoi qu'il en soit,

A partir de *Micheline,* nous trouvons une période de quinze mois, pendant laquelle Adam n'occupe point les théâtres lyriques de sa personne. C'est le seul exemple que nous ayons d'un silence aussi prolongé dans le cours de sa carrière, si active et si féconde. Il est vrai que s'il ne fait point parler de lui, il n'en travaille pas moins, et qu'il prépare les éléments de ses futurs succès. Il faut dire aussi qu'il perdit un certain temps après une pièce dont il ne put venir à bout, et qu'il fut obligé de rendre à son auteur : je veux parler de *l'Éclair,* qu'Halévy n'eut que de seconde main, et sur le refus motivé d'Adam. — « Planard, dit-il, m'avait confié un fort joli poëme en trois actes, une comédie sans chœurs, pour quatre personnages : *l'Éclair* ! Je commençai le premier morceau, mais il était mal réussi ; plus j'étudiais la pièce, moins je trouvais d'idées... Décidément, je ne pouvais trouver d'inspiration pour cet opéra, et je ne savais comment m'en tirer, lorsque Brunswick et de Leuven vinrent me proposer *le Postillon de Lonjumeau.* Cette fois, ce sujet gai et musical me séduisit. Je le pris, et je rendis à Planard *l'Éclair,* en lui disant qu'Halévy était seul capable de faire une musique adaptée à sa pièce. Planard m'en voulut

Sara, qui était une femme fort économe (peut-être même un peu plus qu'économe), avait amené l'ordre dans la maison et bien organisé son ménage. Des discussions sans cesse renouvelées finirent, néanmoins, par aboutir à une rupture. Sara mourut en 1850.

d'abord, mais il dut bien me remercier. Halévy fit un chef-d'œuvre de *l'Éclair*, et je reste toujours convaincu que j'aurais manqué cette musique. »

Nous voyons donc qu'Adam perdit quelque temps sur cet ouvrage. Il se mit ensuite à travailler au *Postillon* ; mais l'apparition de celui-ci fut retardée par un différend qui s'éleva entre les auteurs du livret et la direction du théâtre du Palais-Royal, différend dont on connaîtra la cause par la note suivante, que publiait alors une feuille musicale. — « Nous avons annoncé une partition nouvelle de M. Ad. Adam sur un ouvrage en trois actes, intitulé : *Une Voix*, ou *le Postillon*. Il vient, dit-on, de s'élever contre la représentation de cette pièce, une difficulté, heureusement assez rare dans les fastes dramatiques. Il paraît que les auteurs du poëme, avant de le porter à l'Opéra-Comique, l'avaient fait recevoir, sous forme de vaudeville, au théâtre du Palais-Royal, qui réclame maintenant les droits de cette réception, en vertu du traité qu'il a passé avec la commission des auteurs. « Les choses s'arrangèrent, mais on comprend les retards qui résultèrent de cette situation fausse. Tout ceci nous fait comprendre la cause du silence apparent d'Adam, qui d'ailleurs ne flânait point et qui déjà travaillait à son premier ballet pour l'Opéra, *la Fille du Danube*.

Nous le voyons par une lettre qu'il adressait à

son frère, voyageant alors en Italie, lettre dans laquelle il parle de ces deux ouvrages et relate quelques incidents qui ne sont pas sans intérêt :

Paris, 7 avril 1836.

Mon cher Hippolyte,

Je veux tenir ma promesse, et, pendant ton séjour en Italie, te mettre au courant de ce que je fais. Mes affaires de théâtre t'intéressent, et je t'en remercie. Je te dirai donc tout, sachant combien tu comprends cette vie active d'artiste, la seule qui nous fait vivre. Je compte bien que, de ton côté, tu vas me faire le récit de tes impressions et de tes travaux. Avec un compagnon comme Bertini, tu ne peux t'ennuyer un moment.

Tu es parti, me laissant heureux, parce que j'ai beaucoup à travailler : un ballet en perspective — car le père Taglioni m'en a encore parlé hier — et ma pièce en trois actes à l'Opéra-Comique, qui porte le titre provisoire de *une Voix*, mais qui s'appellera *le Postillon de Lonjumeau*. Ton départ t'a empêché d'assister hier à la première représentation d'Auber, *les Chaperons blancs*. C'est une chute, par la faute du poëme, qui est exécrable et ridicule sur la petite scène de l'Opéra-Comique[1]. La musique en est pourtant ravissante, l'ouverture remarquable ; c'est la seule chose qui fit de l'effet. Cette chute m'a rendu triste, car la musique du *Postillon* ne vaut pas celle-là, j'en suis bien sûr ; elle est moins riche de mélodies, d'orchestration et de brillant ; ma pièce est fort gaie, mais manque peut-être d'intérêt, et mes interprètes seront les mêmes

1. L'Opéra-Comique occupait alors la salle de la place de la Bourse, qui servit depuis au Vaudeville, et où la scène était très-petite.

que ceux des *Chaperons blancs* : Chollet, Henri et mademoiselle Prévost. Eh bien ! j'ai peur de ne pas réussir. Heureusement, j'aurai mon ballet de *la Fille du Danube* avant, et, avec Taglioni, le succès est certain.

J'ai eu dans le foyer une discussion assez vive avec Jules Janin, au sujet de la musique, qu'il trouve pitoyable, ainsi que l'orchestre et les chanteurs. L'injustice me révolte, même quand elle s'attache à mes rivaux. Je ne devrais pas être enchanté des succès d'Auber, mais je trouve infâme qu'on lui refuse la justice qu'il mérite, et j'ai chaudement pris son parti. La discussion s'est échauffée; on faisait cercle autour de nous. Janin a battu en retraite, et j'ai reçu beaucoup de félicitations. Cela m'a fait d'autant plus de plaisir qu'en défendant ainsi Auber, je faisais œuvre de bon camarade, et qu'il est peut-être peu d'auteurs qui en eussent fait autant à ma place.

En attendant, me voilà brouillé avec Janin, et je ne risque rien ; il tombera sur moi quand il en trouvera l'occasion.

Meissonnier est venu me demander de la part de Loïsa Puget de lui donner des leçons pour orchestrer son opéra[1]. Il paraît qu'elle ne se doute pas de ce travail. Il voulait que je fixasse un prix. Loïsa Puget est trop artiste pour lui faire payer mes conseils ; j'ai dit à Meissonnier que c'était avec plaisir que je la ferais travailler, et rien de plus. J'ai promis d'y aller demain.

Le père Taglioni m'a envoyé son scenario de ballet. Je n'y comprends absolument rien, mais je vais le faire bien vite ; les répétitions doivent commencer bientôt. J'aime, comme tu le sais, à être pressé ; c'est un moyen pour moi de réussir.

Mon père et ma mère vont très-bien.

Bien à toi, AD. ADAM.

---

1. *Le Mauvais Œil*, petit ouvrage en un acte qui fut représenté à l'Opéra-Comique.

Quelques semaines plus tard, *la Fille du Danube* était bien avancée, *le Postillon* était prêt, et tout en donnant ses leçons à madame Loïsa Puget, Adam songeait à écrire un opéra de genre pour Nourrit, qui le lui avait demandé. Il nous apprend tout cela dans une nouvelle lettre à son frère :

Paris, 1<sup>er</sup> juin 1836.

Mon cher Hippolyte,

Je suis tellement occupé que je te néglige un peu, et pourtant j'en ai bien long à te raconter. J'ai presque terminé mon ballet. Taglioni en est satisfait ; mais les répétitions ne sont pas commencées. Aussi, hier, à l'Opéra, je vis Duponchel, qui m'emmena dans son cabinet, et nous eûmes une longue conversation relative au ballet..... J'espère que cela va marcher.

En quittant Duponchel, je redescendis sur le théâtre, où je trouvai Halévy, qui me demanda pourquoi je ne me mettais pas sur les rangs pour l'Institut, me disant que j'avais tort de ne pas le faire, que cela me donnait droit pour une autre fois. Moi, je proteste, et je fais bien. Je conçois qu'Halévy aime mieux l'emporter sur moi, que d'être nommé sans concurrent ; mais moi, je préfère ne pas entrer en lice avec lui, quand il est sûr de triompher[1]. Adolphe Nourrit est venu aussi causer avec moi ; il voudrait que je lui écrivisse un rôle dans le genre du *Philtre*. Moi, je ne demanderais pas mieux.

J'ai fini ma soirée à l'Opéra-Comique. On dit que le petit acte que Monpou a fait pour madame Damoreau est charmant, que c'est plus simple et plus chantant que *les*

---

1. On sait qu'Halévy fut nommé en effet, en remplacement de Reicha.

*deux Reines* [1]. Il y a quelque chose chez ce garçon-là ; s'il n'avait pas cette manie d'originalité qui le mène souvent au baroque, et s'il consentait à écrire des phrases carrées, il irait fort bien..... Halévy fait aussi un acte pour Chollet et Jenny Colon. S'il est prêt dans un mois, cela serait joué avec *le Postillon*.

Je t'ai parlé des leçons que Meissonnier est venu me demander pour Loïsa Puget. J'y suis allé ; elle m'a fait entendre son opéra : il y a de fort jolies choses. La pièce me paraît stupide ; mais elle sera chantée par madame Damoreau et Ponchard.

Loïsa ne se doute pas de l'instrumentation ; mais elle est d'une intelligence remarquable. Les leçons ne m'ennuient pas ; elle comprend facilement. On ne manquera pas de dire que j'ai instrumenté sa pièce ; mais je te jure qu'elle va tellement bien, que je l'aiderai fort peu. Elle ne me fait pas l'effet d'une femme ; il me semble que je fais travailler un garçon.

J'ai rendu notre père très-heureux ; j'ai intercalé dans mon ballet tout un rondo d'une de ses sonates. Orchestré, cela fera très-bon effet. Je voulais lui en faire la surprise, et, sans y penser, dimanche, comme ma mère me demandait de lui jouer quelques airs de danse, j'ai joué sa sonate ; mon père a été sensible à cette attention, et cela m'a fait plaisir. J'ai dit que j'allais t'écrire. Tout le monde t'embrasse.

Ton frère,<br>AD. ADAM.

C'est pendant l'enfantement de *la Fille du Danube* et du *Postillon*, qu'Adam se vit nommer che-

---

1. **Adam parle ici du *Luthier de Vienne*, qui était alors en répétitions, et qui fut donné un mois plus tard, le 30 juin 1836.**

valier de la Légion d'honneur. — « Je n'étais pas décoré, dit-il. Je désirais cette récompense; mais, peu intrigant, je n'avais encore rien obtenu. En 1830, lorsqu'on organisa la garde nationale, je m'étais mis dans la musique ; de *triangle*, j'étais arrivé à être sous-lieutenant. Je faisais mal mon service, mais j'avais les bonnes grâces du colonel Chapuis, parce que je composais des marches pour ma légion [1]. Il pardonnait à l'artiste les fautes de discipline du sous-lieutenant. On accordait facilement les croix à la garde nationale ; on m'offrit de me faire avoir la décoration : je refusai cet honneur, ne voulant être décoré que pour mon talent. Il était pourtant écrit que ce serait par le militaire que j'aurais la croix ; car ce fut le maréchal Maison, alors ministre de la guerre, qui la demanda et l'obtint pour moi — comme compositeur, bien entendu. Il aimait la musique ; il m'offrit sa protection, que j'acceptai, et je fus nommé chevalier de la Légion d'honneur le 1$^{er}$ mai 1836 [2]. »

---

1. De plus, Adam avait été chargé, en 1834 et 1835, conjointement avec le fameux clarinettiste Berr, alors directeur du Gymnase musical militaire, de l'organisation du grand concert d'instruments à vent qui avait lieu le 29 juillet de chaque année, dans le jardin des Tuileries, pour l'anniversaire de la révolution de 1830. C'est pour le concert de 1834 qu'il orchestra *la Marseillaise* pour musique militaire, avec solos de piston pour Dufresne, le « roi des pistons. »

2. En même temps qu'un autre compositeur, Gomis, pour lequel

Enfin, Adam charmait les demi-loisirs que lui laissait le théâtre en écrivant ses premiers articles. Il avait fait ses débuts comme littérateur en donnant à la *Gazette musicale*, le 23 novembre 1834, un compte-rendu de la fête funèbre qui venait d'avoir lieu à Rouen en l'honneur de Boieldieu. Encouragé par cet essai, il publia dans le même journal, le 24 mai 1835, le joli petit fragment intitulé : *la Répétition générale d'Iphigénie en Tauride*, et le 27 décembre suivant un travail semi-historique très-amusant, *un Début en province*, qui, sous forme humoristique, faisait connaître les commencements de la carrière artistique de Chollet, l'excellent chanteur qui devait l'aider si puissamment, peu de mois après, dans le succès de son *Postillon*. C'est ainsi qu'Adam préluda aux succès très-réels et très-mérités qu'il obtint, plus tard, comme écrivain spécial et comme critique d'art. Il commençait, sous ce rapport, en même temps et aux côtés d'Halévy, qui était son collaborateur à la *Gazette musicale*. Tous deux furent même obligés, sans doute pour ne point se faire de tort auprès de l'administration de l'Opéra-Comique, qui leur attribuait probablement certains articles malveillants dont ils n'étaient point les au-

Berlioz, qui n'était pas tendre à l'égard de ses confrères, professait une grande estime, et qui donna à l'Opéra-Comique plusieurs ouvrages : *le Diable à Séville, le Portefaix* et *Rock le Barbu.*

teurs, de faire insérer dans ce journal une note ainsi conçue : — « MM. Adam et Halévy nous prient d'annoncer qu'ils sont complétement étrangers à la rédaction des articles sur l'Opéra-Comique, qui ont été et qui seront encore insérés dans la *Gazette musicale* [1]. »

[1]. Numéro du 8 mai 1836. — Parmi les jeunes compositeurs qui commençaient leur carrière d'une façon brillante, Adam et Halévy n'étaient pas les seuls à écrire dans la *Gazette musicale*. Berlioz était leur collaborateur à ce journal. Chose à remarquer, le talent de chacun de ces trois artistes était aussi tranché, aussi différent, comme écrivain que comme musicien.

## VII

Nous allons voir maintenant Adam débuter à l'Opéra dans un genre qui devait lui faire produire de véritables chefs-d'œuvre, où il était appelé à conquérir une renommée exceptionnelle, légitime et que nul n'a songé à lui contester : celui du ballet.

Le ballet, lorsqu'il est le fruit d'une heureuse association, l'œuvre intelligente d'un véritable poëte et d'un musicien inspiré, produit un spectacle adorable, véritable joie de l'esprit et des yeux, qui fait naître des sensations particulières, délicieuses, multiples, et sans analogues dans le domaine des arts. La rêverie, la grâce et la poésie, après s'être donné rendez-vous dans le cerveau du poëte et du musicien, se réunissent pour enchanter le spectateur ; la fiction prend corps sur la scène, se matérialise en quelque sorte, sans rien perdre pourtant de son caractère particulier, et le transporte, sans qu'il en ait conscience pour ainsi dire, dans un monde imaginaire et merveilleux, où la fantaisie, dans ce qu'elle a de plus idéal, de plus vaporeux, de plus exquis, peut librement se donner carrière, aidée qu'elle est de toutes les ressources que l'art humain peut lui prêter, aussi bien en ce qui concerne l'illusion des yeux que le charme de l'oreille. L'action dramatique, la beauté plastique, la poésie, la peinture, la musique et la danse, tout — la parole exceptée — tout concourt à cet enchantement, tout se réunit pour présenter dans un ensemble unique, incomparable, le spectacle à la fois le plus complet, le plus aimable, le plus riche et le plus naturel qu'il soit donné à l'homme d'admirer.

On conçoit que de telles et si nombreuses conditions d'excellence sont difficiles à rencontrer. Aussi un bon ballet est-il chose fort rare, même sur nos plus grandes scènes, même à l'Opéra, qui depuis bien des années déjà est le seul de nos théâtres où ce genre de productions dramatiques soit resté en honneur. En ce qui concerne la musique, ceux de nos artistes qui depuis un demi-siècle ont brillé dans le ballet d'une façon particulière, exceptionnelle, sont au nombre de trois seulement : Schneittzhœffer, Hérold et Adam; mais il est juste de dire que tous trois ont produit des chœfs-d'œuvre. Schneittzhœffer, le premier en date, a écrit les partitions de *Proserpine*, du *Séducteur de Village*, de *Zémire et Azor*, de *Mars et Vénus*, de *la Sylphide* et de *la Tempête;* nous devons à Hérold celles d'*Astolphe et Joconde,* de *la Fille mal gardée,* de *la Somnambule* et de *la Belle au bois dormant;* Adam s'est montré digne de ses deux devanciers en donnant successivement *la Fille du Danube, Giselle, la Jolie Fille de Gand, le Diable à quatre, Griseldis* ou *les cinq sens, la Filleule des Fées, Orfa* et *le Corsaire* [1].

Adam adorait le travail du ballet, qui fatiguait moins que tout autre son imagination infatigable, et par lequel il se laissait en quelque sorte enivrer. Il sentait d'ailleurs son incontestable supériorité dans ce genre, et, s'en expliquant un jour avec un ami, il s'exprimait en ces termes :

.... Rien ne me plaît davantage que cette besogne qui consiste, pour trouver l'inspiration, non à compter les rosaces d'un plafond ou les feuilles des arbres du boulevard,

---

[1]. Dans un rang distingué, mais au-dessous de ces trois artistes, il faut citer, comme compositeurs s'étant fait particulièrement remarquer à l'Opéra dans la musique de ballet, Casimir Gide, Théodore Labarre, Pugni, ainsi que MM. Benoist et Deldevez. Le dernier venu, M. Léo Delibes, élève d'Adolphe Adam, ne semble pas le moins bien doué et paraît vouloir se rendre digne, sous ce rapport, de recueillir la succession de son maître ; la partition de *la Source*, écrite par lui de compte à demi avec un jeune compositeur russe, M. Minkous, contient des pages charmantes signées de son nom, et celle de *Coppelia*, due à lui seul, est une merveille de grâce, d'entrain, de distinction et d'abondance mélodique. On en peut dire autant de *Sylvia* ou *la Nymphe de Diane*, le dernier ouvrage écrit en ce genre par M. Léo Delibes.

mais à regarder les pieds des danseuses. On me blâme, (et vous savez en quels termes de dédain peu ménagés ! la grande critique, voulant se grandir encore, se croit tenue de prendre l'escalier de la colonne Vendôme pour jeter de plus haut des pierres à une valse et à un pas de trois), on me blâme d'user le temps de la jeunesse et du printemps de la production à ce travail de manœuvre chorégraphique. Travail de manœuvre, soit ; mais le travail est ma muse et ma vie. Tout est plaisir pour moi, d'ailleurs, dans celui qu'on fait état de mépriser. Point d'effort et nulle responsabilité.

J'écris les idées qui me viennent, et elles viennent toujours, les aimables filles ! et pour se presser si fort, au risque de chiffonner leur toilette, elles ne me sourient pas moins, et il m'arrive, tout harcelé que je sois par le maître de ballets, de les trouver fraîches et jolies. Il ne s'agit plus de se dire, en se grattant le front : Voilà une *idée* qu'il me semble avoir saluée déjà, chez moi ou ailleurs ! ce *motif* est-il suffisamment original ? cette *harmonie* n'est-elle point trop plate ? cette chanson est-elle assez *gaie ?* ce finale est-il assez dramatique ? Tiens-toi bien, mon cher compositeur ! le directeur trouve que tu baisses, la *prima donna* n'est pas satisfaite de sa cavatine, le public se dit que tu le déranges bien souvent, et un feuilletoniste influent, embusqué au coin de sa dernière colonne, te guette et n'attend qu'un faux pas pour t'appeler « l'auteur du *Chalet.* » Tu as fait *le Chalet,* malheureux ! c'est-à-dire que tu n'as rien fait de plus, et que tu ne feras plus rien...

Faire un ballet, au contraire, c'est oublier tout cela et être oublié de chacun ! On ne travaille plus, on s'amuse. Ce n'est plus l'humiliation de se sentir inférieur à son œuvre ; c'est l'orgueil de se savoir au-dessus de sa besogne et de se dire : « Voilà des choses charmantes ! Je les pourrais garder pour mon opéra... Mais bah ! Soyons bon prince avec le public; Buckingham, à la cour du roi de France, ne daignait pas ramasser les diamants qui, se détachant de son manteau, roulaient sur le tapis. Imitons-le... »

Il n'est besoin de rien ajouter à ces réflexions pour faire comprendre toute la supériorité d'Adam en ce qui concernait la musique de ballet. Il débuta dans ce genre, à l'Opéra, par un grand succès. Il est vrai de dire qu'il avait acquis un peu d'expérience déjà sous ce rapport, puisqu'il avait écrit naguère pour les Nouveautés *la Chatte blanche*, le ballet de *Faust* pour le King's Théâtre de Londres, et que ces deux ouvrages avaient été accueillis avec la plus grande faveur. « Il s'agissait, dit-il dans ses *Mémoires*, de bien terminer l'année. Il me fallait un beau et bon succès. Duponchel venait de prendre la direction de l'Opéra. Je lui fis part du désir que j'avais d'écrire un ballet. Eugène Desmares, un de mes amis de collége, très-lié avec mademoiselle Taglioni, m'avait lu un *scenario* qui me plaisait. Duponchel nous en demanda la lecture, trouva le sujet bien, et l'on me confia ce ballet, qui devait être la dernière création de mademoiselle Taglioni en France. *La Fille du Danube* était un sujet poétique et convenait au merveilleux talent de Marie Taglioni. Je me mis au travail avec ardeur. »

La première représentation de *la Fille du Danube*

eut lieu le 21 septembre 1836. L'idée de ce ballet était tirée d'une gracieuse et jolie légende allemande; mademoiselle Taglioni s'y montrait adorable, la musique était charmante et d'une rare distinction, et l'on y remarquait surtout un pas de quatre et un pas de cinq d'un excellent effet musical. L'ouvrage fut fort bien accueilli, et le soir même de la première représentation, l'éditeur Troupenas se rendait acquéreur de la partition[1].

Adam avait mené simultanément le travail de *la Fille du Danube* et celui du *Postillon de Lonjumeau*. Ce dernier était déjà en pleines répétitions

---

[1]. *La Fille du Danube* était en deux actes et quatre tableaux. Le scenario fut publié non sous le nom d'Eugène Desmares, mais sous celui du chorégraphe Taglioni, qui l'avait adapté à la scène. Ce n'était pas d'ailleurs un scenario proprement dit, et ce livret reproduisait scrupuleusement la chronique allemande, l'auteur s'étant contenté de placer en marge de simples indications qui mettaient le spectateur à même de suivre, acte par acte, tableau par tableau, la mise en scène de cet épisode, respecté jusque dans ses moindres détails.

On lisait dans *le Ménestrel* du 4 septembre 1836 : — « *La Fille du Danube*, tel est le titre définitif du ballet que l'Académie Royale monte en ce moment pour mademoiselle Taglioni. Le titre et le sujet de cette œuvre chorégraphique ont été empruntés à la gracieuse ballade que *le Ménestrel* a publiée dans son dernier numéro. L'admirable talent de mademoiselle Taglioni achèvera de populariser chez nous une tradition germanique qui a donné naissance au *Donauweilbehen*, pièce jouée avec succès sur tous les théâtres de l'Allemagne. » Les auteurs de cette ballade, dédiée à mademoiselle Taglioni, étaient précisément Eugène Desmares pour les paroles, Adolphe Adam pour la musique.

à l'Opéra-Comique lorsque la première fit son apparition à l'Opéra, et il la suivit de près, à trois semaines seulement de distance. Pourtant la mise à la scène du *Postillon* fut loin d'être facile, par suite de circonstances particulières, et cette petite histoire est assez étrange pour mériter d'être rapportée, d'après Adam lui-même. Je lui laisse donc encore la la parole :

Mon ballet bien lancé, je m'occupai sérieusement et uniquement des répétitions du *Postillon de Lonjumeau*. Les gens du monde, qui nous jugent si sévèrement et si légèrement, ne se doutent guère des ennuis, des tracas que nous donnent les répétitions d'un opéra. Le travail est un plaisir, c'est le paradis ; les répétitions, c'est l'enfer. Il faut être soumis aux caprices des artistes, et subir non-seulement leurs exigences artistiques, mais encore les chances des passions. — Quand la distribution des rôles du *Postillon* fut faite, Chollet et mademoiselle Prévost vivaient ensemble et d'un parfait accord ; mais hélas ! avant les répétitions, un incident, sous les traits de la charmante Jenny Colon, avait bouleversé le ménage ! Chollet avait quitté sa maison, et le désespoir de mademoiselle Prévost était tel que l'on crut qu'elle ne pourrait jamais jouer avec lui. De Leuven et Brunswick voulaient lui reprendre le rôle pour le donner à Jenny Colon. Crosnier, voulant conserver cette dernière pour *l'Ambassadrice*, qui allait entrer en répétitions, voulait que madame Casimir jouât Madelaine. Moi seul, je résistais. J'aimais beaucoup Prévost ; ce rôle, fait pour elle, je ne doutais pas qu'elle y tînt, et il me semblait cruel d'enlever en même temps à cette pauvre femme l'homme qu'elle adorait et un beau rôle sur lequel elle comptait. — Je fus donc la trouver, je lui demandai si elle aurait le courage de jouer avec Chollet un rôle presque analogue à sa position. — « Oui, mon ami, me dit-elle, j'aurai ce courage ! Je veux que ce soit ma plus belle création. Et qui sait ? Chapelou revient à Madelaine... — Oui, mais après dix ans ! — Eh bien, j'attendrai ! Je vous promets d'être forte. Votre ouvrage ne souffrira pas de ma douleur. »

La pauvre femme eut en effet beaucoup à souffrir. Et nous, donc ! mais dans un autre genre. Jenny Colon ne quittait pas Chollet, et arrivait aux répétitions avec lui. Prévost avait une attaque de nerfs en voyant sa rivale ! C'était presque tous les jours la même scène, et c'était fort ennuyeux et fort triste. Pourtant, je dois avouer à la louange de Chollet et de Prévost que les études n'en souffraient pas et se poursuivaient avec zèle. Mais je jurai bien que je ne ferais plus d'ouvrage sans être bien certain des sentiments de mes interprètes. On verra cependant plus tard que j'y fus pris une seconde fois...

La première représentation eut lieu le *vendredi 13 octobre*. J'avais choisi ce jour et cette date, persuadé que cela me porterait bonheur. Le succès dépassa mon attente. Ce fut un véritable triomphe. Certes, le public, en voyant Chapelou et Madelaine, ne pouvait se douter qu'il y eût désunion entre eux. Chollet, qui se sentait dans son tort, et qui au fond n'était pas méchant, mais faible, avait avant la représentation encouragé la pauvre Prévost, et après le premier acte elle avait trouvé dans sa loge un beau bracelet envoyé par lui, avec la date de la représentation. Cette attention lui avait donné espoir et courage.

Chacun sait, en effet, combien fut brillant le succès du *Postillon*, succès qui visait à la fois les auteurs, le compositeur et les interprètes. La pièce était vraiment amusante et gaie, avec un grain de vulgarité, et la partition, pleine de verve, d'entrain, de bonne humeur, se rapprochait d'elle par ce dernier côté. Il y a en effet dans la musique du *Postillon* certaines pages qui pèchent par la distinction et qui font disparate avec des morceaux charmants, des inspirations pleines de finesse, de grâce et d'élégance. Il en résulte un certain ton d'inégalité qui choque parfois, comme lorsqu'on entend, par exemple, la ronde commune du Postillon de Lonjumeau :

Oh! oh oh oh! qu'il était beau...

après l'adorable rondeau de Madelaine : *Mon petit mari...* qui se fait remarquer par son accent si plein d'abandon, de gentillesse et de câlinerie. Mais il n'en est pas moins vrai que la partition tout entière du *Postillon* brille par des qualités solides qui, à la scène, feront toujours pardonner bien des torts à un musicien : l'inspiration, le mouvement et la vie, et qu'elle méritait à beaucoup d'égards l'accueil sympathique que le public n'a jamais cessé de lui faire.

Toute la scène du mariage, qui forme l'introduction du premier acte, est alerte, vive, enjouée, pétillante d'esprit et de gaîté. Le duo de Chapelou et de Madelaine, dans lequel les deux jeunes époux se racontent qu'ils ont été, chacun de leur côté, consulter un sorcier pour savoir si leur union serait heureuse, est un excellent morceau de facture, fertile en idées charmantes, bien travaillé, bien conduit, accompagné par un orchestre coquet, léger, aimable et varié. La ronde dont je viens de parler, franche d'allure assurément, trop franche même, me paraît populaire dans le mauvais sens du mot, et le rhythme vulgaire du refrain m'a toujours semblé fâcheux. Mais le trio des hommes, qui vient ensuite, est un épisode intéressant, et les plaintes de Madelaine amènent un chœur en canon rigoureux qui est certainement un des morceaux les plus vifs, les plus scéniques et les mieux réussis de la partition.

Je ferai bon marché de l'air de bravoure de Madelaine qui ouvre le second acte, et qui semble une concession faite à la virtuosité d'une cantatrice. Les morceaux de ce genre sont au moins inutiles,— et l'on commence à le comprendre, — lorsqu'ils sont uniquement destinés à faire briller la légéreté de gosier d'un artiste ambitieux. Comme tous les autres fragments d'une partition, l'air doit faire partie intégrante de l'action, sans quoi il la refroidit, l'interrompt sottement sans utilité, et n'a par conséquent aucune raison d'être. Si je cite l'air admirable et merveilleusement en scène du premier acte des *Mousquetaires de la Reine :* « Bocage épais..., » j'aurai donné, je crois, le meilleur exemple des conditions dans lesquels un morceau semblable doit se présenter.

Dans le grand épisode musical de la répétition, je trouve quelques jolis passages, mais aussi certaines phrases un peu vulgaires d'accent — je ne dis point banales — qui gâtent parfois l'ensemble. Mais il faut passer sur ces imperfections pour louer comme il convient l'air bouffe de Biju,

> Oui, des choristes du théâtre,
> Je suis vraiment la fine fleur;

écrit de main de maître, dans le vrai style qui lui convient, et qui est d'un sentiment très-comique, d'une allure très-franche, d'un caractère plein d'entrain, de rondeur et d'originalité.

Le duo de Chapelou et Madelaine, devenus Saint-Phar et madame Latour, me laisse absolument froid, malgré quelques phrases aimables et quelques jolies échappées; le ton en est précieux sans être vraiment élégant, et l'ensemble manque de chaleur.

Mais au troisième acte, nous trouvons deux morceaux achevés. D'abord le trio syllabique devenu si rapidement fameux, et qui fut l'un des succès de l'ouvrage :

> Pendu! pendu! pendu! pendu!

D'un accent très-comique, d'un ton très-vif, bien en

situation, bien conçu, bien en scène, écrit sur un rhythme cursif et serré, aidé par un orchestre qui renforce à point les voix sans jamais les violenter, on peut dire de ce trio qu'il est excellent et parfait d'un bout à l'autre. Le second morceau est le finale, qui commence par un duo charmant entre les deux époux, et qui se termine par un épisode très-mouvementé, très-varié, dans lequel le compositeur a fait preuve de beaucoup d'esprit, d'adresse, de verve et d'expérience. C'est là du bon Adam, de l'Adam des meilleurs jours, avec sa grande sûreté de main, sa connaissance du théâtre et sa générosité d'inspiration.

En résumé, la partition du *Postillon*, malgré son inégalité, malgré ses imperfections, malgré ses côtés faibles, reste une œuvre très-intéressante, singulièrement vivace, tout à fait charmante dans quelques-unes de ses parties, qui brille surtout, comme je l'ai dit, par la vie, par le mouvement, par la verve scénique, et qui justifie, par ces qualités toutes particulières, l'exagération même du succès qu'elle a obtenu. Si, pour ma part, et tout en reconnaissant sa valeur, je lui préfère *Giralda* et même *Si j'étais Roi*, je ne puis m'empêcher de comprendre ce succès et de le trouver fort explicable.

Il fut tel, d'ailleurs, qu'Adam, qui y comptait bien un peu, fut étonné des proportions qu'il prit dès la première soirée. On le verra par ce fragment d'une lettre écrite par lui au sortir même de la représentation :

.... Jamais je n'ai eu un succès aussi décidé et aussi unanime : c'est *le Chalet* en trois actes. Tu devines l'état où j'étais au commencement de la pièce. Leuven était malade de peur : il est resté tout le temps dans le foyer, sans oser mettre le pied sur le théâtre. Moi, j'étais bien tranquille sur la pièce... Je craignais un peu pour Zoé, qui cependant avait été fort bien à la répétition. Je la vis descendre rayonnante; elle me prit dans un petit coin, et me dit : « Je suis bien heureuse, mon Chollet vient de venir dans ma loge, et il m'a encouragée et embrassée... » Allons, lui dis-je, il ne faut plus songer qu'à notre pièce ; comment vous sentez-vous? — Très-bien, répondit-elle ; vous allez voir. » Un instant après elle entre en scène, et chante son petit air avec rondeur et franchise : cela dispose bien le public, qui l'applaudit beaucoup. Elle est très-maigrie, et son costume lui va fort bien. Son duo avec Chollet plaît aussi beaucoup; puis viennent les couplets du *Postillon*, que Chollet dit à merveille et qui sont enlevés. La pièce commence à intéresser, et le finale achève le succès du premier acte. Les chœurs vont à merveille, et l'orchestre également.

L'entr'acte du premier au deuxième est un peu long, parce qu'il faut changer de costumes. Je craignais la poudre pour Zoé ; elle lui va à ravir et son costume est charmant. — « Allons! voilà votre air, lui dis-je, il faut vous distinguer. — Oh! me dit-elle, je voudrais bien que Chollet me vît auparavant ; cela me donnerait du courage. » Je vole à la loge de Chollet, et je l'amène sur le théâtre. On commence, et elle chante fort bien son air. Le chœur, et surtout les couplets de la tourterelle, font grand plaisir. Puis, vient ce petit air que j'ai fait pour Henry, et sur lequel je comptais à peine : c'est un succès fou : on le fait recommencer, et l'on applaudit à quatre reprises. Le grand duo qui suit souffre un peu de l'effet du morceau précédent, mais n'a pas moins de succès. Le finale va bien aussi.

De ce moment-là nous étions sauvés, car le troisième acte est le plus fort. L'air de Chollet, qu'il chante fort bien, fait grand plaisir. Mais rien ne peut te donner une idée de l'effet du trio : *Pendu*; ce sont des trépignements, du délire. Il y a ensuite une scène charmante, que Zoé joue comme un ange; elle est couverte d'applaudissements. Le petit duo où elle fait les deux rôles a aussi assez de succès, et le chœur final, où l'on reprend l'air du *Postillon*, achève notre triomphe. Le mot n'est pas de trop, car ce n'était pas que les claqueurs, c'était toute la salle, galeries, loges, stalles, qui applaudissaient. Chollet vient nommer les auteurs, et tu penses si nos noms furent applaudis.....

*Le Postillon* a été constamment heureux à la scène. Il a atteint, à l'Opéra-Comique, sa cinq-centième représentation. Dans la plupart de nos villes de province, il se maintient toujours au répertoire, et se joue fréquemment. Enfin c'est, en Allemagne, l'opéra populaire par excellence; il fut traduit en allemand et représenté à Berlin peu de mois après son apparition à Paris, et la partition en fut dédiée par Adam au roi de Prusse Frédéric-Guillaume III[1].

---

1. M. Wachtel, artiste fameux en Allemagne, adopta le rôle de Chapelou du *Postillon*, dans lequel il fit véritablement fureur, et

La vogue de l'ouvrage ne s'est jamais ralentie chez nous, et un écrivain, qui est un véritable artiste en même temps qu'un lettré délicat, M. Charles Monselet, expliquait ainsi cette vogue dans un charmant article publié au lendemain d'une des dernières reprises qui en furent faites :

On revient beaucoup depuis quelque temps à Adolphe Adam. Les wagnéristes diront : « La réaction lève la tête ! » Ils pourraient ajouter que le signal de cette réaction a été donné cet hiver par M. Pasdeloup lui-même, avec la reprise du *Brasseur de Preston;* — on n'est jamais trahi que par les siens ! — Puis est réapparue *la Poupée de Nuremberg.* Aujourd'hui, voici *le Postillon de Lonjumeau.* Tout à l'heure, à l'Athénée, nous nous trouverons en face du *Sourd ou l'Auberge pleine.* — Adolphe Adam, *for ever!*

Oh! ce *Postillon de Lonjumeau!* quelle place il tient dans nos oreilles et dans nos souvenirs d'enfance! C'était le réalisme naissant et le dix-huitième siècle expirant! L'alliance entre le village et la cour! Le catogan et la coiffure à l'oiseau royal! La soupe aux choux et la poudre à la maréchale! — « Oh! oh! qu'il était beau! » en effet, ce postillon qui remplaçait du premier bond les Richelieu, les Don Juan, les Lovelace, ou plutôt qui les résumait tous sous sa veste galonnée! Comme il savait mener rondement l'amour à coups de fouet! Toute la France d'alors a fredonné ces fredons grivois, absous par une élégance moyenne. C'était bien la littérature et la musique qui convenaient au gouvernement bon enfant de Louis-Philippe I<sup>er</sup>. « Oh! oh! qu'il était beau! »

qui lui valut une bonne partie de sa renommée. Il le jouait, en 1868, pour la *millième* fois !

On raille cette musique à présent ; on voudrait même la railler davantage, mais on se sent arrêté par des traditions, des souvenirs, des choses sinon sacrées, du moins consacrées. Détruire Adam, ce serait entamer Boieldieu. Entamer Boieldieu, dame! ce serait battre en brèche toute une école française : Berton, Lesueur, Dalayrac, Grétry. Grosse affaire! On écornerait du même coup Auber, — un dieu vivant! la plus dangereuse espèce de dieux! — Ce serait ériger l'anarchie en principe. On se résigne dans cette occurrence; on tolère Adolphe Adam; on se rejette sur celles de ses œuvres qu'on joue le plus rarement, sur *Giselle* (pas dégoûté!) et sur *les Pantins de Violette*, son dernier soupir.

Je reconnais que la nouvelle école musicale, à travers des exagérations qui iront s'affaiblissant d'elles-mêmes, poursuit un but très-louable : restreindre les concessions à un public ignorant et matérialiste, diminuer les ponts-neufs, limiter les motifs trop faciles, mettre enfin un peu plus d'art dans l'art. Je suis le premier à applaudir à ces réformes heureuses, nécessaires, indiquées naturellement par la loi du temps et le travail graduel des esprits. Mais je ne vois pas là un prétexte à révolution. Tout le monde est d'accord sur des améliorations, — et même des innovations. Dès lors, à quoi bon des haches et des torches?

Le progrès réclamé par les révolutionnaires s'accomplit lentement peut-être, mais il s'accomplit, et plus efficacement que par la violence. Gounod, Ambroise Thomas, Verdi, ont cédé à ces influences venues d'Allemagne. Rossini s'en préoccupait plus qu'il ne voulait le laisser paraître. Les anarchistes, quelque impuissants qu'ils soient, ont cela de bon qu'ils forcent les maîtres à se surveiller, à s'interroger, à se corriger.

En résumé, *le Postillon de Lonjumeau* est une douce et

frivole musique, qui ne cherche qu'à distraire et à charmer [1].

Après *le Postillon*, Adam, toujours infatigable, se remit au travail avec une nouvelle ardeur, et commença simultanément trois ouvrages nouveaux ; je dis bien, *trois*, tous trois de grande importance, et de genres absolument différents : un opéra-comique en trois actes, *le Fidèle Berger* ; un ballet en deux actes, *les Mohicans* ; et une messe solennelle, sa première messe, dédiée au pape Grégoire XVI. Il allait vraiment trop vite en besogne, et il ne devait pas tarder à s'en repentir.

C'est sa messe qui fut offerte la première au public. Exécutée dans l'église Saint-Eustache le 26 mars 1837, jour de Pâques, elle produisit une très-bonne impression, justifiée par des qualités très-réelles. Les *soli* principaux de cette importante composition étaient chantés par Jansenne et Alizard, et l'auteur en personne tenait l'orgue le jour de l'exécution. Quoique d'un style un peu mondain peut-être, et d'une valeur relative au point de vue de l'élévation du sentiment religieux, la messe dédiée au pape Grégoire n'en est pas moins une œuvre fort distin-

---

1. Feuilleton de *l'Étendard* du 5 avril 1859.
Le succès du *Postillon* provoqua nécessairement des imitations. Le livret fut traduit en italien et mis en musique par Coppola.

guée, heureusement inspirée, et restera l'une des bonnes productions d'Adam[1].

Quelques mois après, le 5 juillet 1837, *les Mohicans* faisaient leur apparition. « On avait, dit Adam, engagé à l'Opéra un danseur nommé Guerra, qui devait monter un ballet. Son engagement était court, il fallait se hâter. Duponchel me proposa d'écrire la musique. *Les Mohicans* n'eurent aucun succès. Je puis même dire que ce fut une lourde chute. A qui la faute? L'Opéra était gâté ; il lui fallait mademoiselle Taglioni, et mademoiselle Nathalie Fitz-James, quoique gracieuse, n'était pas de force à soutenir un ballet. Puis, le ballet était-il de force à soutenir la danseuse? » — Et la musique? était-elle de force à soutenir le ballet et la danseuse? C'est ce dont il est permis de douter en présence du résultat obtenu, car *les Mohicans* ne purent aller au delà de leur troisième représentation.

Mais *il Postiglione di Lonjumeau*, donné à Milan en 1838, fit un *fiasco* complet et ne put même atteindre sa troisième représentation.

1. Une seconde exécution de cette messe eut lieu le 15 août suivant, jour de l'Assomption, et une troisième le 24 décembre de la même année, avec adjonction d'un motet nouveau. Cette œuvre importante a été publiée telle quelle fut exécutée alors, avec accompagnement d'orgue, violoncelles, contrebasses, trombones, ophicléides et cornets à pistons. Plus tard, Adam la récrivit pour orchestre complet; mais je ne crois pas que jusqu'à ce jour elle ait jamais été exécutée ainsi. La partition autographe de cette seconde version est restée entre les mains de madame veuve Adam.

Venait le tour du *Fidèle Berger*. Si la messe avait reçu un accueil flatteur, nous venons de voir qu'il n'en avait pas été de même du ballet des *Mohicans*; le *Fidèle Berger*, par des raisons analogues, devait subir un sort à peu près semblable à celui de ce dernier ouvrage. Le poëme, signé Scribe et de Saint-Georges, était loin, fort loin d'être bon ; la musique, il faut l'avouer, n'était guère meilleure ; et quant à l'interprétation, confiée pour les principaux rôles à Chollet, à mesdemoiselles Jenny Colon et Rossi, elle n'était satisfaisante que du côté de Chollet. L'ouvrage, représenté le 6 janvier 1838, fut si mal reçu qu'il se termina au milieu du tumulte et des sifflets, et que c'est à peine si Chollet, à la fin du spectacle, put faire entendre les noms des auteurs au public peu satisfait. « Une cabale de confiseurs le fit tomber, » dit Adam. Je crois que son peu de valeur suffisait à ce résultat, car, aussi bien en ce qui concerne le livret que la partition, il est commun, trivial et de mauvais goût [1]. Cette fois encore Adam s'était trop

---

1. Voici cependant la bien jolie *réclame* que l'administration de l'Opéra-Comique faisait publier, dans tous les journaux, après la seconde représentation : — « Un événement assez curieux est arrivé à l'Opéra-Comique : une cabale organisée à la première représentation du *Fidèle Berger* avait essayé de protester contre le succès de cette pièce, l'une des plus franchement gaies qu'on ait jouées depuis longtemps à ce théâtre. La même cabale est revenue à la deuxième représentation, et personne ne pouvait deviner la cause d'une malveillance aussi maladroite qu'elle était

pressé, et son travail hâtif n'avait rien produit de bon. Un journal, à ce propos, le gourmandait en termes assez peu ménagés : — « Voilà une nouvelle preuve du triste résultat que l'ambition de produire vite et beaucoup amène tôt au tard. Les directeurs de théâtre ont le grand tort de favoriser, d'exciter même quelquefois cette tendance de certains artistes à traiter leur art cavalièrement ; mais ils doivent convenir aujourd'hui qu'en fait de spéculations, celle-là est évidemment une des plus mauvaises. Considérée comme branche d'industrie, comme objet de commerce, comme denrée théâtrale, la musique ne devrait être mise en circulation que lorsqu'il serait prouvé qu'elle a réellement pu être bien et dûment confectionnée. En suivant le système contraire, on arrive à la soupe économique et aux souliers de carton. C'est encore à l'Italie que nous

évidente. Mais au troisième acte on a trouvé le mot de l'énigme. Le public, impatienté d'être ainsi troublé dans ses plaisirs, a demandé l'expulsion d'un des siffleurs les plus obstinés. C'était le chef de l'émeute. Il a été arrêté. *C'était un confiseur*. La troisième représentation est annoncée pour ce soir lundi. Il faut espérer que *le Fidèle Berger* ne sera plus troublé dans ses fonctions par la susceptibilité de ses collègues. »

On sait que *le Fidèle Berger* est une enseigne qui personnifie en quelque sorte la confiserie parisienne, assez ridiculisée dans la pièce de l'Opéra-Comique. La malice de la direction de ce théâtre était, on peut le dire, cousue de fil blanc. Elle ne réussit pas à faire prendre le change au public, qui ne revint point sur sa première impression.

devons ce bel exemple. Les *maestri* modernes, comme leurs devanciers, ne comptent leurs opéras que par vingtaines ; ils en inondent leur pays et l'Europe entière : tel compositeur, ou soi-disant tel, a écrit cent cinquante partitions ; tel autre se croirait *ruiné* s'il n'en n'écrivait au moins trois ou quatre par an. On gaspille ainsi ses idées, quand on en a ; on se fait un nom, il est vrai, qui n'est quelquefois pas sans éclat ; on arrive à la fortune et aux honneurs, mais on meurt enfin ; et, au bout d'un petit nombre d'années, l'œuvre et l'ouvrier tombent ensemble dans l'oubli le plus profond et le plus mérité[1]. »

Ces observations sont assurément justes ; mais j'ai déjà dit qu'il fallait tenir compte du tempérament d'Adam. Je ne cherche point à l'excuser ici, ni même à plaider les circonstances atténuantes en faveur de ses mauvaises partitions. Je répète seulement qu'il ne pouvait travailler autrement qu'il le faisait, et qu'en passant un an sur une pièce au lieu de l'écrire en deux ou trois mois, il ne l'eut point faite meilleure, — au contraire. Mais le malheur, c'est qu'avec sa nature particulière et son amour du travail, Adam en arrivait à faire tort à ses confrères. A partir du *Postillon*, lorsqu'il fut *arrivé* et sûr de lui, il acca-

---

1. *Gazette musicale* du 14 janvier 1838.

para en quelque sorte et pendant plusieurs années l'Opéra-Comique, où Auber et Halévy tenaient de leur côté une place importante, et barra le chemin aux jeunes compositeurs. Des plaintes s'élevaient de divers côtés à ce sujet, mais il s'en souciait médiocrement, et, pour me servir d'une expression vulgaire et pittoresque, il n'en continuait pas moins son petit bonhomme de chemin.

J'en reviens au *Fidèle Berger*, cause et objet de ces réflexions, pour constater qu'Adam en appela plus tard du jugement sévère rendu sur cet ouvrage. — « ... J'eus un profond chagrin, dit-il, car j'étais persuadé d'avoir réussi cette partition. Aussi je fus heureux d'apprendre qu'à Berlin, où les confiseurs sont mélomanes (épigramme inoffensive à l'adresse des confiseurs parisiens), ma musique et la pièce du *Fidèle Berger* avaient eu un grand succès. Quinze ans plus tard, Couderc, étant à Bruxelles, eut l'idée de faire monter cet opéra. Lui et mademoiselle Adèle Guichard y eurent un immense succès, et la pièce fit beaucoup d'argent. Aussi, lorsque Couderc revint à l'Opéra-Comique, il mit dans son engagement qu'il jouerait *le Fidèle Berger*. Il fit revivre mon opéra, — je lui dois de la reconnaissance pour cette résurrection — secondé par mademoiselle Meyer, devenue plus tard madame Meillet. » Tout cela ne fait pas que l'ouvrage soit resté au répertoire,

Il est aujourd'hui bien oublié, et probablement pour toujours [1].

1. C'est le 20 juillet 1851 qu'eut lieu la reprise du *Fidèle Berger*, avec des changements assez considérables dans le poëme et dans la musique.

## VIII

Adam fut plus heureux avec l'ouvrage qu'il fit succéder au *Fidèle Berger*, et dont il devait le livret à MM. de Leuven et Brunswick, ses deux collaborateurs pour *le Postillon*. Il s'agissait cette fois du *Brasseur de Preston*, qui fut mis sur le chantier dès les premiers mois de 1838, à l'époque même où Donizetti venait d'arriver à Paris et où le hasard mettait aussitôt en relations les deux compositeurs, ainsi qu'Adam le fait connaître dans ses Mémoires :

> Ce fut à cette époque que Donizetti vint à Paris. Il descendit chez M. Accursi, un parent à lui, qui demeurait dans la même maison que moi, rue de Louvois, 5. Aussi, j'eus le plaisir d'avoir sa première visite. C'était un charmant homme. Je fus fort étonné de l'entendre me parler de ma musique, qu'il connaissait parfaitement; il m'avoua fort modestement avoir mis *le Chalet* en musique, sous le titre de *Bettly*, mais qu'il ne consentirait jamais à laisser jouer cet opéra en France, le trouvant fort au-dessous du mien. Je fus très-flatté de cette franchise, car j'ai toujours été un grand admirateur du talent de Donizetti [1].

[1]. Nous verrons plus tard qu'après la mort de Donizetti, *Bettly* fut jouée à l'Opéra, avec l'aide d'Adam lui-même.

Je le menai à plusieurs répétitions du *Brasseur*. Il était étonné des soins et de la minutie qu'on met aux répétitions et à la mise en scène. En Italie, on monte un grand ouvrage en quinze jours. Le soir de la première représentation (31 octobre 1838), c'était le plus chaud claqueur de la salle. Il criait, trépignait, me rappelait! En rentrant, nous nous rencontrâmes, moi, très-heureux de mon succès, qui était très-beau, lui, furieux contre le public parisien. Il me disait qu'en Italie, après un ouvrage de cette importance et de cette force, on l'aurait fait revenir vingt fois. Il jurait qu'il n'écrirait rien pour Paris, si c'était ainsi qu'on fêtait les compositeurs. Heureusement, on le fit changer d'avis : il écrivit *la Favorite* et *les Martyrs* pour l'Opéra, et *la Fille du Régiment* pour l'Opéra-Comique. Mais il ne changea pas d'opinion sur le public, qu'il trouvait froid et décourageant. Le fait est que ce que nous appelons un succès serait une chute en Italie, où, pour un opéra médiocre, on fait revenir huit ou dix fois le compositeur. — Pour Paris, je fus satisfait du *Brasseur*. Chollet et mademoiselle Prévost firent revivre les beaux jours du *Postillon*.

La partition accorte et réjouie du *Brasseur de Preston* ne saurait, à mon avis, et malgré ses qualités, être placée au nombre des meilleures productions d'Adam. Toujours très-vivante, très-scénique, très-chaleureuse, écrite avec une étonnante facilité, la musique du *Brasseur* pêche par deux points importants : le style et la distinction. Au reste, je ne saurais mieux ni plus complétement rendre ma pensée, en ce qui concerne cet ouvrage, qu'en reproduisant le jugement que Berlioz en a porté, dans la *Revue et Gazette musicale*, lors de son apparition. Comme il n'est pas sans intérêt de voir comment l'auteur de la *Symphonie fantastique* s'y prenait pour critiquer l'auteur du *Chalet*, je donne ici le passage saillant de son article :

... L'ouverture est gracieuse, mais un peu décousue. Le premier chœur est bien écrit pour les voix et l'effet général en est bon. On peut citer un duo, un trio, plusieurs couplets de Chollet et de Henri, la scène entière dans laquelle le sergent apprend à Robinson le maniement des armes, scène jouée par mademoiselle Prévost avec une verve entraînante; un chœur fugué, dans lequel se trouve un effet de *decrescendo* charmant et imprévu; différents passages d'instrumentation où les flûtes et les clarinettes sont habilement groupées en trio et en quatuor. Du reste, on est obligé de convenir que le style de cette musique est admirablement adapté au goût de la plupart des habitués de l'Opéra-Comique; il est facile, coulant, dansant, coquet, peu original, peu distingué, semé de petites phrases, de petits traits, de petits effets que le bourgeois aime à répéter en sortant. Je ne sais cependant si, tout en faisant la part des exigences de ce singulier public, il n'y aurait pas encore *bénéfice* pour l'auteur de la musique à développer davantage ses motifs. La plupart de ses phrases disparaissent trop vite, pour faire place à d'autres de la même coupe et d'une physionomie analogue, mais différente cependant.

Ce défaut d'unité ôte beaucoup de leur valeur aux petits chants qui ruissellent de la plume de M. Adam; on n'a pas le temps de les bien connaître, et, par conséquent, on les retient moins aisément. Je ne parle pas de l'ensemble de la composition, qui prend alors l'aspect d'un pot-pourri, et où l'on rencontre rarement un morceau bien posé, bien conduit, complet enfin; ce défaut-là n'existe pas pour les habitués de l'Opéra-comique...

Les couplets de Chollet, où le mot *cheval* est reproduit d'une façon si comique et si spirituelle, méritaient d'être redemandés; c'est un air de vaudeville bien fait et d'une bonne intention dramatique. L'accompagnement de basson en triolets, qui imite, à ce qu'on prétend depuis Méhul et l'ouverture du *Jeune Henri*, le *galop du cheval*, est d'un comique de bon goût. Mon avis, relativement au chœur à boire, qu'on a redemandé également, est que le morceau est évidemment le moins bon de la partition. Le premier thème en est emprunté à l'air de *Richard-Cœur-de-Lion* : *Un bandeau couvre les yeux*, et le second est entièrement copié dans *Robert-le-Diable*. Toutefois, disons que tout cela est adroitement arrangé, et que la rentrée de la flûte et du triangle est piquante et spirituelle. L'air irlandais que chante Robinson ne nous a pas semblé bien saillant; on aurait pu aisément mieux choisir. La chanson du *Brasseur*, qui vise à faire le pendant de celle du *Postillon de Lonjumeau*, est jolie, mais elle finit par un *piano* dont l'effet, charmant au théâtre, ne sera peut-être pas aussi favorable à la popularité du morceau que l'eût été une bonne redondance énergique. Nous n'avons pas besoin de dire que ce n'est point un reproche que nous adressons à M. Adam. Le succès n'a pas été douteux un seul instant, et les noms des auteurs ont été proclamés au milieu des applaudissements.

Je ne connais pas de critique plus juste, plus fine et plus complète de la partition du *Brasseur*, que celle que je viens de citer. L'œuvre, il faut le dire, est de seconde main et n'a point résisté aux ravages du temps. Toutefois, comme, ainsi que le disait Berlioz, le style de cette musique était *admirablement* adapté au goût du public, — du public d'alors, — *le Brasseur de Preston* obtint réellement un très-grand succès, qui bientôt rayonna de Paris sur la province ; mais aujourd'hui, l'effet de cette même musique est devenu médiocre, pour ne pas dire nul. On s'en est bien aperçu, il y a quelques années, lors de la reprise de cet ouvrage qui eut lieu au Théâtre-Lyrique, sous la direction de M. Pasdeloup [1].

Trois mois ne s'étaient pas encore écoulés depuis la représentation du *Brasseur*, lorsque Adam reparut à l'Opéra-Comique. — « J'avais, dit-il, un poëme en deux actes, de Scribe, pour madame

[1]. Au sujet du *Brasseur*, Adam écrivait à une de ses amies, mademoiselle Sophie Lemesle, ancienne chanteuse de l'Opéra-Comique qui se trouvait alors à l'étranger, une lettre dont je détache les lignes suivantes : — « Merci, ma bonne Sophie, de votre lettre.... J'ai un peu tardé à vous répondre parce que je ne sais trop où donner de la tête, ayant des affaires par dessus la susdite tête. D'abord je vous parlerai du *Brasseur*. C'est un très-grand succès. Jusqu'à présent les recettes sont au-dessus de celles des premières du *Postillon*. On dit que cela vaut mieux que *le Postillon* ; mais je ne le pense pas, car mon troisième acte est très-faible de musique ; il est vrai que le deuxième est très-fort. C'est tout le contraire dans *le Postillon*, où le troisième est le meilleur. Chollet y est très-bien jusqu'à présent, mais mademoiselle Prévost y est on ne peut mieux ; elle n'a jamais eu de rôle où elle fî tant d'effet. Cela ne l'a pas empêchée de nous dire pendant les répétitions que ce n'était que pour Chollet qu'elle jouait ce rôle-là, et que les Dugazons n'en voudraient pas en province. Tout cel parce qu'il n'y a pas d'air à roulades.... »

Damoreau et pour Roger, qui venait de débuter à l'Opéra-Comique. J'étais très-heureux de travailler pour cette grande cantatrice, et je lui avais fait entendre plusieurs morceaux dont elle était contente. Mais au moment d'entrer en répétitions, elle tomba malade. Scribe protégeait mademoiselle Rossi et voulut absolument lui donner le rôle de *Régine*. Mademoiselle Rossi commençait, n'avait pas encore de réputation ; cela pouvait nuire au succès. Il faut pourtant rendre justice à qui de droit : elle chanta à ravir ce rôle, difficile, puisqu'il avait été écrit pour madame Damoreau. Elle se plaça de suite en cantatrice. *Régine*, représentée le 17 janvier 1839, eut un joli succès, et fut jouée longtemps avec *le Brasseur*. Roger y était charmant. »

Ce n'était pas sans peine que *Régine* était parvenue à voir les feux de la rampe. C'est encore Adam qui va nous l'apprendre, cette fois dans une nouvelle lettre adressée à mademoiselle Lemesle, à la date du 24 janvier 1839 :

Je suis sûr que vous êtes furieuse contre moi, ma chère Sophie, et franchement vous n'avez pas tort, car je suis bien coupable d'avoir tant tardé à vous écrire. Mais si vous saviez combien j'ai été occupé, vous me pardonneriez. Voilà un mois que *Régine* est prête, et on devait toujours la jouer « prochainement ». Puis, Henri a été malade, ensuite Roger, ensuite mademoiselle Rossi, tout le monde en un mot. Enfin, on annonça la première représentation. Je croyais en être quitte. Le jour même, à midi, mademoiselle Rossi fait dire que sa mère est très-mal, et qu'elle ne peut jouer; effectivement la pauvre femme meurt dans la nuit, et voilà la pièce encore ajournée ! Mais enfin tout cela est fini, et il y a aujourd'hui huit jours que la première représentation a eu lieu, avec un grand succès. Tout le monde a été à merveille : mademoiselle Rossi comme chant, Roger comme chant et comme jeu, et les autres suivant leur genre de talent.....

Comme *le Brasseur*, *Régine* était une partition agréable, mais sans grande portée. La musique, dans cet ouvrage, n'avait d'ailleurs qu'une importance relative, et les morceaux étaient pour la plupart courts et peu développés,— trop peu, peut-être. Les meilleurs étaient un air charmant, plein d'élégance, chanté au second acte par mademoiselle Rossi, et un joli trio pour voix de femmes, d'un style coquet et léger, dit par madame Boulanger, mesdemoiselles Rossi et Berthault. — Je ne crois pas que depuis l'époque de sa création, *Régine* ait jamais reparu sur la scène de l'Opéra-Comique.

Adam se préparait alors à faire un voyage en Russie. Mademoiselle Taglioni était partie pour Saint-Pétersbourg, emportant la partition de *la Fille du Danube*, et ce ballet, monté et dansé par elle, avait obtenu un très-grand succès. Adam, à qui Boieldieu avait parlé souvent de la Russie, du long séjour qu'il y avait fait, et des attentions dont les artistes étaient l'objet dans ce pays, lui avait manifesté le désir d'y aller passer un hiver et d'y écrire un ballet. Mademoiselle Taglioni en avait parlé au czar Nicolas; celui-ci avait accepté la dédicace de la partition du *Brasseur de Preston*, et, finalement, fit prier Adam de se rendre à Saint-Pétersbourg. Il fut convenu que son départ aurait lieu au mois de septembre ou d'octobre 1839. Mais avant de partir, Adam allait écrire, pour l'Opéra-Comique, une nouvelle partition qui devait lui procurer l'un de ses plus beaux, de ses plus brillants et de ses plus légitimes succès. Je veux parler de *la Reine d'un jour*, qui servit aux débuts de M. Masset, alors chef d'orchestre aux Variétés, lequel se trouva, presque sans s'en douter, transformé subitement en chanteur.

J'avais six mois devant moi, dit Adam, je désirais les utiliser; l'occasion s'en présenta bientôt. Mademoiselle Pougaud, artiste du théâtre des Variétés et fort belle personne, s'étant aperçue qu'elle avait de la voix, voulut travailler pour arriver à une position artistique. Masset, alors chef d'orchestre à ce théâtre, lui donnait des leçons de chant. Lorsqu'il la crut en état d'être entendue, il demanda une audition à l'Opéra, et, pour l'encourager, chanta avec elle le duo du quatrième acte des *Huguenots*. Meyerbeer assistait à cette audition. Masset s'échauffait pour faire briller son élève, et déployait une voix splendide, à laquelle il n'avait jamais fait attention. Très-bon musicien, excellent violoniste, il chantait, non en chanteur, mais avec goût, et sa voix était si belle qu'on oubliait les imperfections de l'art. Il fut fort étonné de son succès, et la pauvre mademoiselle Pougaud, éclipsée par son maître, fut à peine écoutée.

La nouvelle de la découverte d'un ténor arriva vite à Crosnier. Il se hâta d'aller trouver Masset. Il eut de la peine à lui faire quitter l'orchestre des Variétés; mais un bel engagement, et la promesse d'une création pour son début, le décidèrent. Crosnier me proposa de faire la pièce. J'acceptai avec empressement, heureux d'écrire pour cette magnifique voix. Le rôle était difficile à faire. Masset n'avait jamais travaillé la comédie; il ne savait ni parler ni marcher en scène. Scribe et Saint-Georges avaient un opéra en trois actes, *la Reine d'un jour*, dont le rôle de femme était destiné à madame Leplus (Jenny Colon), excellente comédienne. Ils firent à Masset un rôle de chanteur, et groupèrent autour de lui des comédiens expérimentés, tels que Mocker, madame Boulanger, madame Leplus et mademoiselle Berthauld. J'activai les répétitions, car il me fallait partir pour Saint-Pétersbourg le 29 septembre, le dernier bâtiment mettant à la voile le 1er octobre. Enfin tout fut prêt, et le 19 septembre 1839 eut lieu la première représentation.

Nous étions tous très-émus, car Masset avait perdu tout courage. Il prétendait qu'il n'oserait jamais entrer en scène. Le moment fatal arriva! Jenny Colon le poussa sur la scène, où il entra, peu solide sur ses jambes. Il avait un grand air à chanter : sa voix était tremblante au récitatif, mais peu à peu il se remit, et déploya sa belle voix. Grâce au talent de Scribe, sa gaucherie de comédien lui servait dans ce rôle. Il disait juste; c'était beaucoup. Malheureusement, il était entêté et trop bon musicien; il ne voulut jamais écouter les conseils pour le chant, et avec une voix merveilleuse, il n'arrivait jamais à l'effet qu'aurait produit Roger, par exemple, avec un aussi bel instrument. — La pièce eut du succès, je pus en entendre trois représentations avant mon départ, et être tranquille sur son sort.

La partition de *la Reine d'un jour* est, à tous les points de vue, une œuvre très-distinguée, écrite avec élégance, d'une aimable inspiration, digne enfin de la plume qui devait plus tard écrire **Giralda**, quoiqu'elle doive être placée un peu au-dessous de cette dernière. Il y a lieu de s'étonner qu'un ouvrage aussi estimable ait depuis si longtemps quitté le répertoire, et qu'on n'ait point songé jusqu'ici à en faire une reprise, qui, sans aucun doute, serait bien accueillie du public.

La représentation de *la Reine d'un jour* le laissant libre de toute préoccupation, Adam n'avait plus qu'à songer à son voyage en Russie. Il partit de Paris le 29 septembre, alla s'embarquer au Hâvre, et arriva à Saint-Pétersbourg le 13 octobre. Dès que l'empereur connut son arrivée, il ordonna une représentation de *la Fille du Danube*, à laquelle il assista, ainsi que toute la Cour. On fit à Adam un très-grand succès, on le rappela plusieurs fois avec mademoiselle Taglioni, et il fut dans la soirée présenté au souverain, qui le reçut avec la plus grande bienveillance et le pria de lui composer une marche de cavalerie pour la musique de sa garde.

Cependant, au bout de quelques semaines, Adam

payait son tribut au rude climat de la Russie, et tombait gravement malade. Atteint d'un refroidissement, il fut obligé de s'aliter aussitôt, et pendant trois semaines resta entre la vie et la mort. Les soins dévoués qui lui furent prodigués parvinrent cependant à vaincre le mal, et il put enfin s'occuper de ce qui l'avait amené à Saint-Pétersbourg, c'est-à-dire de la composition de son ballet.

L'empereur Nicolas, qui avait accepté la dédicace de la partition du *Brasseur*, lui exprima le désir de voir jouer cet ouvrage tandis qu'il était présent en Russie, afin qu'il en pût lui-même diriger les études, et désigna à cet effet la troupe allemande. Adam écrivit donc en hâte son ballet, qui avait pour titre *l'Écumeur de mer* (*Morskoï Rasbonick*), et s'occupa simultanément des répétitions de l'une et de l'autre pièce. Ce fut *l'Écumeur de mer* qui vit le premier les feux de la rampe. Adam, tout en constatant le succès de son ballet, est sobre de détails à son sujet. Il nous faut, pour être renseigné à cet égard, avoir recours à la *Gazette musicale*, qui publiait ces lignes dans son numéro du 20 février 1840 :

M. A. Adam s'occupe en ce moment, à Saint-Pétersbourg, des répétitions d'un ballet dont il a composé la musique pendant son séjour dans cette capitale. Le rôle principal sera dansé et joué par mademoiselle Taglioni;

le luxe des décors et des costumes surpassera, dit-on, tout ce que l'on a vu jusqu'ici au théâtre, l'empereur ayant donné sur sa cassette 100,000 roubles (environ 500,000 fr.) pour la mise en scène. Le théâtre allemand de cette ville s'occupe de la remise en scène du *Brasseur de Preston*, et M. Adam dirigera l'orchestre à la première représentation, suivant le désir de l'impératrice, qui s'intéresse vivement à l'auteur du *Postillon de Lonjumeau*, son opéra favori.

Le même journal disait, dans son numéro du 19 mars :

*L'Écumeur de mer*, ballet dont M. Adolphe Adam a composé la musique, a été représenté à Saint-Pétersbourg le vendredi 21 du mois dernier (9 février du calendrier russe). Son succès a été des plus brillants. Le premier acte se passe en Espagne et le second dans une des îles de la Grèce, où est la demeure du pirate. Ce changement de lieu permet une grande variété de décorations et de costumes. Mademoiselle Taglioni en a très-habilement profité. Comme danseuse et comme mime, sa réussite a été complète. Dans une scène de folie, elle a excité d'unanimes transports. La musique de M. Adam a aussi produit une grande sensation. L'empereur, le grand-duc et l'impératrice sont descendus de leur loge sur le théâtre pour complimenter le compositeur, et cette souveraine lui a permis de lui dédier son œuvre.

Quatre jours après, le 25 février, avait lieu, avec le même succès, la représentation du *Brasseur*. « J'ai moi-même dirigé l'orchestre à la première représentation, écrivait Adam à un ami. Il est impossible d'être plus mauvais que ne l'ont été ces braves Allemands, ce qui n'a pas empêché le public d'applaudir à tout rompre, et de me rappeler sur la scène à la fin de chaque acte. » Comblé d'honneurs, d'égards, de prévenances, de cadeaux de toutes sortes, Adam ne voulut pas cependant rester en Russie, malgré les propositions flatteuses du czar, qui, pour le retenir, lui offrait les fonctions de maître de sa chapelle, emploi qui avait été tenu jadis par des artistes si célèbres : Cimarosa, Paisiello, Sarti et Boieldieu. Adam sentait que le climat de la Russie lui serait fatal, et d'ailleurs il avait la nostalgie de Paris. Il déclina donc toutes les offres, et se prépara à revenir en France en passant par Berlin, où le roi de Prusse lui avait fait exprimer le désir de le voir.

Il arriva en cette ville le 24 mars, comptant y rester huit ou dix jours. Il n'en devait cependant repartir qu'au bout de deux mois. Il lui fallut en effet, sur la demande du roi, écrire spécialement un ouvrage pour le théâtre royal. Un Français nommé Pernot, qui se faisait appeler Pernot de Colombey et prétendait se faire passer pour baron, que d'ailleurs Adam connaissait un peu, lui fournit un poëme. Ce poëme n'était autre chose qu'une sorte de dérangement d'une charmante féerie, *la Fille de l'Air*, jouée quelques années auparavant aux Folies-Dramatiques. Mais le sujet était joli, gracieux, et Adam s'en montra satisfait. « Comme je ne savais pas un mot d'allemand, dit-il, je composais sur des paroles françaises, et à mesure qu'un morceau était fait, un traducteur s'en emparait et l'on copiait au théâtre. J'avais commencé le 26 mars, et il fallait être joué le 28 avril, ce qui faisait juste un mois pour composer, écrire, apprendre et monter un ouvrage en deux actes, quatre tableaux et à grand spectacle, — car il y avait quantité de trucs et de changements à vue. A Paris on aurait trouvé que c'était impossible! A Berlin, tout fut prêt, costumes, décors, et tout était neuf et superbe. »

L'ouvrage nouveau avait pour titre *les Hamadryades* (*die Hamadryaden*). C'était un grand opéra-ballet, qui, on le voit, était monté avec splendeur. Il fut, comme le dit Adam, représenté le 28 avril et reçu par le public de la façon la plus flatteuse.

Au reste, le séjour de Berlin — où sa musique a toujours été et reste encore très-populaire — fut une sorte de fête perpétuelle pour Adam. Recherché partout, à la cour, dans le grand monde et chez les artistes, comme il l'avait été à Saint-Pétersbourg, choyé par Meyerbeer, câliné par Mendelssohn, parfaitement reçu par Spontini, il était en quelque sorte le lion de la ville. On lui donnait des fêtes et des sérénades, on jouait ses œuvres partout, *le Brasseur de Preston*, *le Postillon de Lonjumeau*, *la Reine d'un jour*, *le fidèle Berger*, enfin on le comblait d'attentions, on lui prodiguait les cajoleries et on l'enivrait de succès. Ce fut avec peine qu'il s'arracha à cette existence assurément fort agréable, et qu'il se décida enfin à revenir en France. Il était de retour à Paris le 27 mai, après une absence de huit mois pleins.

## IX

A peine arrivé, Adam, cela va sans dire, songea à se remettre au travail. En attendant un poëme d'opéra, qui ne devait pas tarder à lui être offert, il écrivit et publia dans la *France musicale* (numéros des 21 juin, 5 et 26 juillet 1840) trois articles fort intéressants sur l'état de la musique à Saint-Pétersbourg[1]. Puis, bientôt, le directeur Crosnier lui proposa un livret en trois actes de MM. de Leuven et d'Ennery, *la Rose de Péronne*, qui devait être joué, pour ses débuts à l'Opéra-Comique, par madame Anna Thillon, sortant alors de la Renaissance, par mademoiselle Darcier, MM. Masset, Mocker et Henry. Il se mit aussitôt à l'œuvre, mais cet ouvrage ne devait pas être heureux. Auber, qui montait alors *les Diamants de la Couronne*, dont le rôle

---

1. Ces articles n'ont pas été recueillis dans les deux volumes de *Souvenirs d'un Musicien*.

principal avait été distribué à madame Damoreau, retira ce rôle à la grande artiste pour le donner à madame Anna Thillon, qu'il enlevait du même coup à Adam. Celui-ci hérita de madame Damoreau, à qui, malheureusement, au point de vue du poëme, le personnage de *la Rose de Péronne* ne convenait en aucune façon. D'autre part, M. Masset, qui n'était pas satisfait de son rôle, trouva le moyen de se le faire retirer et de le faire distribuer à Couderc, auquel, sous le rapport du chant cette fois, il ne convenait pas davantage. Bref, le livret de *la Rose de Péronne* n'était point fameux, la musique n'était pas beaucoup meilleure, l'interprétation était malheureuse pour diverses raisons, et l'ouvrage, représenté vers le milieu du mois de décembre 1840, tomba lourdement et disparut bientôt de l'affiche[1]. Ce fut la

---

1. A la même époque, Adam produisait une œuvre d'un autre genre. Le 15 décembre 1840, à la cérémonie des funérailles de Napoléon, on exécutait, avec le *Requiem* de Mozart, trois marches funèbres composées expressément pour la circonstance par Auber, Halévy et Adam. La répétition générale de ces compositions avait lieu le 12 à l'Opéra, et voici comment en parlait la *Gazette Musicale* :

« Trois marches de MM. Auber, Halévy et Adam ont été exécutées. Celle de M. Auber est spirituelle (?) et suffisamment triste ; celle de M Halévy, d'un rhythme neuf, saisissant, d'une instrumentation vigoureuse et savamment travaillée ; on y a remarqué de nouvelles trompettes ou tubas d'un effet pittoresque et puissant.

« La marche funèbre de M. Adam, est écrite par un homme

dernière création de madame Damoreau à l'Opéra-Comique.

Mais Adam n'allait pas tarder à prendre sa revanche, et il devait le faire d'une façon éclatante. C'est le 21 juin 1841 que l'adorable ballet de *Giselle* faisait son apparition à l'Opéra, et de ce jour Adam se classait, dans ce genre de musique, absolument à la hauteur d'Hérold et de Schneittzhoëffer, ses deux prédécesseurs.

*Giselle* est le chef-d'œuvre du ballet-pantomime, et la merveille du répertoire chorégraphique de notre Opéra. C'est une fiction poétique d'un caractère enchanteur, adorablement mise en scène, et accompagnée de la musique la plus exquise et la plus suave qui se puisse trouver [1]. Théophile Gautier

qui sait l'orchestre cuivré et toutes les ressources qu'on en peut tirer ; mais on entend un peu trop fréquemment dans ce morceau l'instrument que Beaumarchais et Salieri firent venir de la Chine, en 1787, pour la représentation de leur opéra de *Tarare*. Au reste, ces marches, destinées à être exécutées *coram populo*, de Neuilly aux Invalides, pendant le convoi, feront sans doute un grand effet, mais qui ne peut être aussi éclatant, aussi terrible, que celui qu'il a produit dans l'intérieur de la salle de l'Opéra, solennité musicale dont tous ceux qui ont eu le bonheur d'y assister se souviendront longtemps. »

1. J'ai déjà dit mon sentiment en ce qui concerne le genre du ballet, et combien ce spectacle me paraît charmant lorsqu'il est traité par des esprits dignes de lui. Je ne suis pas le seul de mon avis, et voici ce qu'en disait Gautier lui-même, l'un des auteurs de *Giselle* : — « Qu'on ne s'étonne pas de nous voir attacher quelque importance à de frivoles canevas chorégraphiques ; Sten-

en avait pris le sujet dans une légende rapportée par Henri Heine dans son livre : *De l'Allemagne*, et il avait aussitôt compris tout le parti qu'on en pouvait tirer. Il le fit ainsi connaître à Heine, alors en traitement aux eaux de Cauterets, dans une lettre qu'il lui adressait le 5 juillet 1841, quelques jours après l'apparition et le grand succès de *Giselle :*

Mon cher Heine, en feuilletant, il y a quelques semaines, votre beau livre : *De l'Allemagne,* je tombai sur un endroit charmant, — il ne faut pour cela qu'ouvrir le volume au hasard ; — c'est le passage où vous parlez des elfes à la robe blanche dont l'ourlet est toujours humide, des nixes qui font voir leur petit pied de satin au plafond de la chambre nuptiale, des wilis au teint de neige, à la valse impitoyable, et de toutes ces délicieuses apparitions que vous avez rencontrées dans le Hartz et sur le bord de l'Ilse, dans la brume veloutée du clair de lune allemand ; — et je m'écriai involontairement : « Quel joli ballet on ferait avec cela ! » Je pris même, dans un accès d'enthousiasme, une belle grande feuille de papier blanc, et j'écrivis en haut, d'une superbe écriture moulée : Les Wilis, *ballet*. — Puis je me pris à rire et je jetai la feuille au rebut sans aller plus loin, me disant qu'il était bien impossible de traduire au théâtre cette poésie vaporeuse

dhal, que personne ne soupçonnera d'être un enthousiaste, admirait fort le chorégraphe Vigano, qu'il n'appelait jamais autrement que l'immortel Vigano et qu'il nommait l'un des trois génies modernes. Gœthe, également, faisait le plus grand cas du ballet, qu'il regardait comme l'art initial et universel. » (Théatre, *Mystère, Comédies et Ballets,* par Théophile Gautier. Paris, in-12, 1872, p. 367 : documents qui suivent le scénario du ballet de *Giselle*.)

et nocturne, cette fantasmagorie voluptueusement sinistre, tous ces effets de légende et de ballade si peu en rapport avec nos habitudes. Le soir, à l'Opéra, la tête encore pleine de votre idée, je rencontrai, au détour d'une coulisse, l'homme d'esprit qui a su transporter dans un ballet, en y ajoutant beaucoup du sien, toute la fantaisie et tout le caprice du *Diable amoureux* de Cazotte, ce grand poëte qui a inventé Hoffmann au milieu du dix-huitième siècle, en pleine Encyclopédie; je lui racontai la tradition des Wilis[1]. Trois jours après, le ballet de *Giselle* était fait et reçu. Au bout de la semaine, Adolphe Adam avait improvisé la musique, les décorations étaient presque achevées, et les répétitions allaient grand train.

Vous voyez, mon cher Henri, que nous ne sommes pas si incrédules et si prosaïques que nous en avons l'air. Vous avez dit, dans un accès d'humeur : « Comment un spectre pourrait-il exister à Paris? Entre minuit et une heure, qui est de toute éternité le temps assigné aux spectres, la vie la plus animée se répand encore dans les rues. C'est en ce moment que retentit à l'Opéra le bruyant finale. Des bandes joyeuses s'écoulent des Variétés et du Gymnase; tout rit et saute sur les boulevards, et tout le monde court aux soirées. Qu'un pauvre spectre errant se trouverait malheureux dans cette foule animée! » Eh bien, je n'ai eu qu'à prendre vos pâles et charmants fantômes par le bout de leurs doigts d'ambre et à les présenter pour qu'ils fussent accueillis le plus poliment du monde. Le directeur et le public n'ont pas fait la moindre objection voltairienne. Les Wilis ont reçu tout d'abord le droit de cité dans la très-peu fantastique rue Le Peletier. Les quelques lignes où vous parlez d'elles, placées en tête du livret, leur ont servi de passe-port.

---

1. Il est ici question de M. de Saint-Georges, le collaborateur de Théophile Gautier pour le scenario de *Giselle*.

Voici le passage du livre de Heine qui avait inspiré Théophile Gautier :

Il existe dans une partie de l'Autriche une tradition d'origine slave : c'est la tradition de la danseuse nocturne qui est connue, dans les pays slaves, sous le nom de *Wili*. Les wilis sont des fiancées qui sont mortes avant le jour des noces. Les pauvres jeunes créatures ne peuvent demeurer tranquilles dans leur tombeau. Dans leurs cœurs éteints, dans leurs pieds morts est resté cet amour de la danse qu'elles n'ont pu satisfaire durant leur vie; et, à minuit, elles se lèvent, se rassemblent en troupes sur la grande route, et malheur au jeune homme qui les rencontre! Il faut qu'il danse avec elles; elles l'enlacent avec un désir effréné, et il danse avec elles jusqu'à ce qu'il tombe mort. Parées de leurs habits de noces, des couronnes de fleurs sur la tête, des anneaux étincelants à leurs doigts, les wilis dansent au clair de lune comme les elfes. Leur figure, quoique d'un blanc de neige, est belle de jeunesse; elles rient avec une joie si effroyable, elles vous appellent avec tant de séductions; leur air a de si douces promesses ! Ces bacchantes mortes sont irrésistibles. — Le peuple, en voyant mourir des fiancées pleines de jeunesse, ne pouvait se persuader que tant d'éclat et tant de beauté dussent tomber sans retour dans l'anéantissement, et de là naquit la croyance que la fiancée recherche encore après sa mort les joies dont elle a été privée [1].

De cette donnée générale, le poëte avait tiré une action particulière, étrange et pittoresque, pleine

---

1. Henri Heine : *De l'Allemagne.* Ed. Michel Lévy (Paris, 1856), t. II, pp. 60, 61.

de charme et d'émotion, dans laquelle le drame se mêlait à la poésie, le réel au fantastique. Une jeune paysanne, Giselle, aime la danse, comme toutes ses compagnes, et elle est éprise d'un jeune homme qu'elle croit d'une condition semblable à la sienne, mais qui n'est qu'un seigneur déguisé. Lorsque lui est révélé le véritable rang de celui qu'elle croyait pouvoir épouser, elle est frappée d'un coup mortel. Mais elle ne quitte ce monde que pour aller prendre place parmi les Wilis. Au milieu de la nuit, celui qu'elle aimait, fou de douleur, vient visiter sa tombe. Aussitôt les Wilis l'entourent, et Giselle elle-même est obligée, malgré elle, et sur l'ordre de sa souveraine, auquel elle ne peut se soustraire, de devenir l'instrument de son supplice. « Allons, Giselle, faites vos preuves ! qu'il danse jusqu'à mourir ! » Et il en est ainsi que le veut la reine des Wilis. Bientôt, et à l'exemple de sa bien-aimée, le fatal délire s'empare du jeune Albrecht : « Il pirouette, il saute, il suit Giselle dans ses bonds les plus hasardeux ; dans la frénésie à laquelle il s'abandonne perce le secret désir de mourir avec sa maîtresse et de suivre au tombeau l'ombre adorée ; mais quatre heures sonnent, une ligne pâle se dessine au bord de l'horizon. C'est le jour, c'est le soleil, c'est la délivrance et le salut. Fuyez, visions des nuits ! fantômes blafards, évanouissez-vous ! Une joie céleste brille dans les yeux de Giselle : son amant ne mourra pas, l'heure est passée. La belle Myrtha rentre dans son nénufar. Les Wilis s'éteignent, se fondent et disparaissent. Giselle elle-même est attirée vers sa tombe par un ascendant invincible. Albrecht, éperdu, la saisit dans ses bras, l'emporte en la couvrant de baisers et l'asseoit sur un tertre fleuri ; mais la terre ne veut pas lâcher sa proie, l'herbe s'entrouvre, les plantes s'inclinent en pleurant leurs larmes de rosée, les fleurs se penchent, elles envahissent Giselle ; on ne voit plus que sa petite main diaphane... La main elle-même disparaît, tout est fini ! Albrecht et Giselle ne se reverront plus dans ce monde. Le jeune homme s'agenouille auprès du tertre, cueille quelques-unes des fleurs, les serre dans sa poitrine, et s'éloigne... [1]. »

On conçoit ce qu'un tel sujet pouvait avoir d'inspirateur pour un musicien, surtout pour un musicien qui, comme Adam, joignait à un grand sentiment de la scène une véritable passion pour le ballet et pour la musique de danse. Aussi se mit-il au travail avec son ardeur ordinaire et réussit-il au-delà de toute espérance, quoique, il est bon de le constater, il ait à peine employé huit jours à écrire cette merveilleuse et enchanteresse partition de

---

1. *Théâtre* de Théophile Gautier. Lettre à Henri Heine.

*Giselle*, qui restera l'un de ses plus beaux titres à la renommée. Mais, à son tour, laissons-le donner lui-même quelques détails intéressants à ce propos :

Carlotta Grisi venait de débuter à l'Opéra. Son succès fut immense. Elle ne dansait qu'un pas dans *la Favorite*, et l'on venait uniquement pour elle. Il fallait profiter de cette vogue. Léon Pillet (alors directeur de l'Opéra) lui proposa *la Jolie Fille de Gand*, notre grand ballet [1]. Elle le trouvait un peu long, et pour son premier rôle désirait un sujet plus dansant. Perrot vint me lire un scenario tout poétique de Théophile Gautier, *Giselle* ou *les Wilis*, véritable sujet de ballet. Je m'en emparai aussitôt, et, courant chez Pillet, je le décidai à suspendre *la Jolie Fille de Gand*. Je m'engageai à faire très-vite *Giselle*, lui prouvant que notre grand ouvrage y gagnerait après le succès qu'aurait infailliblement Carlotta dans celui-ci.

Je composai cette musique avec bonheur. J'étais pressé, ce qui me monte toujours l'imagination. J'étais très-lié avec Perrot, avec Carlotta ; l'ouvrage se montait pour ainsi dire dans mon salon. A la répétition générale, je fis faire un changement qui fut approuvé par mes collaborateurs, de Saint-Georges et Théophile Gautier. Giselle, aux premiers rayons du jour, rentrait dans son tombeau. Je ne trouvais pas cette fin assez poétique. J'eus l'idée de la faire porter par son amant dans un buisson de fleurs, et de la faire disparaître petit à petit. Ce dénoûment terminait mieux cette légende pleine de poésie, et eut tout le succès que j'en attendais.

---

1. Écrit pour mademoiselle Pauline Leroux (qui devint plus tard la femme de Lafont, le grand acteur mort il y a peu d'années), et dont les répétitions avaient été interrompues par une maladie de cette danseuse.

Carlotta était étourdissante. Depuis Taglioni, on n'avait jamais dansé ainsi à l'Opéra. Le public lui rendit justice, en lui faisant un véritable triomphe. Le succès dépassa nos espérances.

Voici qui prouve quelle était la valeur de la musique d'Adam :

Habeneck, qui jamais ne conduisait l'orchestre pour un ballet, Habeneck, le grand chef d'orchestre des concerts du Conservatoire, ayant entendu ma musique à quelques répétitions, avait été lire ma partition à la copie. Il vint me dire qu'il était enchanté, que c'était un ouvrage trop important comme musique pour le confier au second chef, et qu'il voulait conduire. Cet hommage me fit grand plaisir, et mon œuvre eut le succès prédit par Habeneck.

De son côté, voici comment, en terminant sa lettre à Heine, Théophile Gautier lui rendait compte du succès de *Giselle* :

Voilà à peu près, mon cher poëte, comment, M. de Saint-Georges et moi, nous avons arrangé votre charmante légende, avec l'aide de M. Coralli, qui a trouvé des pas, des groupes et des attitudes d'une élégance et d'une nouveauté exquises. Nous vous avons choisi pour interprètes les trois Grâces de l'Opéra : mesdames Carlotta Grisi, Adèle Dumilâtre et Forster. La Carlotta a dansé avec une perfection, une légèreté, une hardiesse, une volupté chaste et délicate qui la mettent au premier rang entre Elssler et Taglioni ; pour la pantomime, elle a dépassé toutes les espérances ; pas un geste de convention, pas un mouvement faux ; c'est la nature et la naïveté même : il est vrai de dire qu'elle a pour mari et pour maître Perrot l'aérien. Petipa a été gracieux, passionné et touchant; il y a longtemps qu'un danseur n'a fait autant de plaisir et n'a été si bien accueilli.

La musique de M. Adam est supérieure à la musique ordinaire des ballets; elle abonde en motifs, en effets d'orchestre; elle contient même, attention touchante pour les amateurs de musique difficile, une fugue très-bien conduite [1]. Le second acte résout heureusement ce pro-

1. Au second acte, dans la scène où Myrtha, la reine des Wilis, va toucher Albrecht de son sceptre enchanté.

On connaît l'axiome de Théophile Gautier : « La musique est un bruit, et de tous les bruits le plus coûteux et le plus désagréable. » Il fallait sans doute que le succès d'Adam eût été bien considérable pour qu'il consentît à le constater lui-même, et à lui faire une place dans le triomphe de *Giselle*. En ce qui concerne la boutade que je viens de rappeler, je sais que quelques-uns ont prétendu, non-seulement qu'elle était apocryphe, mais qu'elle était mensongère, et que Gautier était loin de détester la musique. Voici pourtant ce que je trouve dans un de ses livres de critique, *les Grotesques* (notice sur Saint-Amant) : — « ..... La poésie et la musique, que l'on croirait sœurs, sont plus antipathiques qu'on ne le pense communément..... Victor Hugo hait principalement l'opéra et même les orgues de Barbarie; Lamartine s'enfuit à toutes jambes quand il voit ouvrir un piano; Alexandre Dumas chante à peu près aussi bien que mademoiselle Mars, ou feu Louis XV, d'harmonieuse mémoire; et moi-même, s'il est permis de parler de l'hysope après avoir parlé du cèdre, je dois avouer que le grincement d'une scie ou celui de la quatrième corde du plus habile violoniste me font exactement le même effet. » On m'accordera bien que l'écrivain qui exprimait de tels sentiments n'était pas absolument un dilettante. Et Gautier ajoute encore : — « C'est une remarque que personne n'a faite avant moi et que j'ai vérifiée autant que le cercle de mes relations a pu me le permettre; je la livre au public, et je serais bien aise qu'un homme de science s'en emparât et en fît l'expérience plus en grand. Cela servirait à remettre à son véritable rang la musique, que l'on

blème musical du fantastique gracieux et plein de mélodie. Quant aux décorations, elles sont de Cicéri, qui n'a pas encore son égal pour le paysage. Le lever du soleil, qui fait le dénoûment, est d'une vérité prestigieuse. La Carlotta a été rappelée au bruit des applaudissements de la salle entière. Ainsi, mon cher Heine, vos Wilis allemandes ont parfaitement réussi à l'Opéra français.

C'est ici que se place la première tentative de restauration faite par Adam à l'égard de l'un des vieux ouvrages de notre répertoire, *Richard Cœur-de-Lion*, de Grétry. On sait qu'il s'est permis d'arranger ainsi, de « rentoiler », comme on a dit, un certain nombre de nos anciens chefs-d'œuvre : *le Déserteur*, *Félix*, de Monsigny, *Zémire et Azor*, de Grétry, *Gulistan*, de Dalayrac, *Aline*, de Berton, *le Diable à quatre*, de Solié, *Cendrillon*, de Nicolo. Les brocards ne lui ont pas manqué à ce propos, et l'on a critiqué avec une aigreur vraiment étrange ce qu'on

affecte de regarder comme la poésie même, quoique l'une s'adresse plus particulièrement aux sens, et l'autre à l'idée, ce qui est fort différent. La musique fait de l'effet sur les animaux ; il y a des chiens de chasse dilettanti qui ont des spasmes en entendant toucher de l'orgue expressif, et des caniches qui suivent les chanteurs ambulants en hurlant de la manière la plus harmonieuse et la plus intelligente. Lisez-leur les plus magnifiques vers du monde, ils y seront peu sensibles. »

Décidément, et sans vouloir faire tort à sa gloire littéraire, je crois que Gautier était de ceux dont on peut dire :

Cet homme assurément n'aime pas la musique.

appelait chez lui une manie de rentoilage. Je ne m'appesantirai pas beaucoup sur ce sujet, mais si j'en parle un peu, ce sera, sinon pour le louer sans réserve, du moins pour l'excuser sans fausse honte.

On sait que la musique, la musique dramatique surtout, vieillit rapidement, parce que les moyens d'exécution se modifiant et s'accroissant sans cesse, l'orchestre gagnant toujours en puissance, en couleur et en expression, les anciens ouvrages surprennent le public et le laissent relativement froid, sans qu'il en ait conscience, par le fait de la maigreur de leur instrumentation, devenue pauvre et sans consistance en présence des étonnants progrès faits sous ce rapport. Ne vaut-il donc pas mieux, cependant, nous faire entendre ces vieux chefs-d'œuvre, en y faisant les retouches reconnues indispensables, que d'en priver les oreilles modernes et de les laisser moisir dans les bibliothèques, sans profit pour eux et pour nous, sous le prétexte d'un respect absurde et véritablement exagéré. Auber, qui sans doute n'était pas tout à fait un sot, ni comme homme, ni comme artiste, a agi tout de même qu'Adam, et s'est permis aussi d'arranger, pour la reprise qu'en a faite l'Opéra-Comique, une partition exquise de Grétry, *l'Épreuve villageoise*. Enfin, M. Gevaert, dont le respect pour les œuvres de l'ancienne école ne peut être mis en doute, n'a-t-il pas également retouché *la Servante maîtresse*, de Pergolèse, et *Rose et Colas*, la délicieuse pastorale de Monsigny? Si nous voulons remonter dans le passé, nous verrons un grand artiste dont personne ne sera tenté de méconnaître et de contester le génie, Berton, user sans scrupule des mêmes moyens pour remettre à la scène des ouvrages qui en avaient disparu. L'auteur du *Délire* et d'*Aline* crut, en effet, pouvoir se permettre d'arranger pour l'Opéra, en 1806, la partition d'*Écho et Narcisse*, de Gluck, et pour l'Opéra-Comique, en 1828, celle de *Guillaume Tell*, de Grétry. Je ne sache pas qu'à ce sujet on lui ait jeté la pierre, ainsi qu'on l'a fait à Adam, et j'estime que lorsqu'un travail de ce genre est fait avec goût, avec tact et intelligence, il est beaucoup plus utile que nuisible, constitue un véritable service artistique, et ne ressemble nullement à une profanation.

Ceci dit, je vais laisser Adam raconter lui-même de quelle façon *Richard*, orchestré à nouveau par lui, fit sa réapparition à l'Opéra-Comique. Je crois que depuis la retraite d'Elleviou, c'est-à-dire depuis environ trente ans, cet ouvrage avait complétement disparu du répertoire :

Amateur passionné de la musique de Grétry, je m'étais amusé à réorchestrer *Richard Cœur-de-Lion*, dont les mélodies fraîches semblaient vieillies par une orchestration pauvre. Je ne pensais pas que jamais ce travail pût me servir.

Un jour, Crosnier me parlait d'une représentation qu'on venait de donner à la cour; on avait, je crois, joué *le Domino noir*, et Louis-Philippe, tout en complimentant auteurs, acteurs et directeur, avait repassé ses souvenirs de jeunesse et paraissait regretter les opéras de son enfance. Il avait beaucoup parlé de *Richard*.

Crosnier pensa donc à remonter avec soin cet ouvrage, pour être agréable au roi, et, comme il connaissait mon goût pour cette musique, il me pria d'en surveiller les répétitions, ce que j'acceptai de grand cœur. A la lecture, on s'aperçut qu'une foule de petites choses avaient vieilli, et que certaines phrases de chant gênaient les chanteurs. Je proposai alors d'essayer de la partition que j'avais un peu habillée à la mode, sans rien changer aux mélodies de Grétry, et le lendemain lecture en était faite aux acclamations des artistes. L'ouvrage était admirablement monté : Roger, Masset, madame Thillon, mademoiselle Darcier.

Crosnier fit savoir au roi qu'il faisait remonter cet opéra pour lui. Louis-Philippe fut enchanté et décida que, comme à la création de l'ouvrage, la cour en aurait les honneurs, et que la reprise aurait lieu à Fontainebleau, dans le même théâtre et avec les mêmes décors, — car ce matériel existe encore dans le palais.

Le succès fut immense. Le roi était ravi ; il me remercia de mon travail, et trouva que l'ouvrage était mieux ainsi. La romance : *Une fièvre brûlante*, admirablement chantée par Roger et Masset, fit un effet prodigieux. J'avais eu l'heureuse idée de faire un trémolo au second couplet, et ce changement, sans nuire à la beauté de la mélodie, la faisait, au contraire, ressortir encore davantage.

Tout le monde, je l'ai dit, n'était pas à cet égard

de l'avis d'Adam, qui fut en cet occasion l'objet des critiques et des sarcasmes les moins justifiés. Un vieux et farouche dilettante, qui était en même temps un piètre rimailleur[1], lui décocha ce trait peu acéré :

> Monsieur Adam refait Grétry.
>   Cette idée est bouffonne,
> Grotesque, et de pitié l'on rit.
> Il croit rajeunir, il flétrit
>   Une illustre couronne.
> C'est une erreur de son esprit :
> Que le public la lui pardonne.

Il est juste de constater que le public la lui pardonna de grand cœur, car le succès de cette nouvelle édition de *Richard*, donné ainsi à l'Opéra-Comique le 27 septembre 1841, se traduisit par plus de cent représentations, et quinze ans après, au Théâtre-Lyrique, il en obtint davantage encore. Si, selon un dicton populaire, le succès justifie tout, Adam n'avait aucun reproche à s'adresser[2].

Cependant, ce travail secondaire ne pouvait l'occuper suffisamment, et il lui fallait quelque chose

---

1. Il s'appelait J. Lardin et s'amusait à faire imprimer ses petites débauches poétiques, toutes relatives à la musique. Il colportait ensuite ces feuilles volantes chez ses amis, qui les repassaient à leurs amis, qui... C'est ainsi que j'en ai pu réunir plus tard quelques-unes.

2. *Richard Cœur de Lion* a encore été repris récemment à l'Opéra-Comique, le 18 octobre 1873, avec un très-vif succès. Cette fois encore, l'instrumentation d'Adam a fait son office.

de plus sérieux et de plus important. Il s'occupait donc déjà d'un nouvel ouvrage, mais celui-ci ne devait pas être heureux. *Giselle* avait à peine fait son apparition à l'Opéra que Crosnier, directeur de l'Opéra-Comique, l'avait chargé d'écrire la partition d'une pièce en trois actes, *la Main de fer* ou *le Mariage secret*. Le poëme de *la Main de fer* avait pour auteurs Scribe et M. de Leuven, et Adam nous déclare qu'il était détestable. La partition fut écrite très-rapidement, les rôles furent distribués à MM. Laget, Mocker, Ricquier, Mesdemoiselles Descot et Capdeville; les études furent faites à la diable et en grande hâte (*la Main de fer* était uniquement destinée à attendre qu'Auber fût prêt à livrer son *Duc d'Olonne*), aucun soin ne fut apporté à la mise en scène, et la pièce, apprise et montée tant bien que mal, parut à la rampe le 26 octobre 1841, et tomba lourdement. Elle n'eut que quatre représentations.

Pour le dédommager, Crosnier lui donna un nouveau livret qui, selon lui, devait faire pendant au *Postillon* et qui était signé des mêmes auteurs, MM. de Leuven et Brunswick. Il s'agissait de trois actes portant ce titre alléchant : *le Roi d'Yvetot*. Adam accepta avec empressement, mais il lui fallait d'abord s'occuper du grand ballet qu'il s'était engagé à faire pour l'Opéra, *la Jolie Fille de Gand*, qu'il avait fait reculer lui-même pour pouvoir donner *Giselle* et profiter de la présence de Carlotta Grisi. Le sujet de *la Jolie Fille de Gand* était emprunté à un grand vaudeville joué quelques années auparavant à la Porte Saint-Martin avec un immense succès : *Victorine, ou la Nuit porte conseil.* MM. de Saint-Georges et Albert (Decombe) en avaient tiré un scenario en trois actes et neuf tableaux à grand spectacle et à riches déploiements scéniques. La donnée était loin d'être poétique et charmante comme celle de *Giselle,* mais on n'a pas toujours le bonheur de tomber sur une idée aussi généreuse. Quoi qu'il en soit, *la Jolie Fille de Gand,* aidée par une charmante musique, fut fort bien accueillie à l'Opéra, où elle parut le 22 juin 1842, un an après *Giselle.* La partition d'Adam fut fort remarquée ; elle était abondante et facile, fertile en morceaux charmants, et parmi les meilleurs on distingua surtout le joli pas des clochettes et un galop plein de verve et d'entrain.

Sitôt son ballet lancé, Adam s'occupa du *Roi d'Yvetot,* dont le sujet lui plaisait beaucoup. Il avait pour interprètes Chollet, M. Audran, qui venait de débuter d'une façon très-heureuse à l'Opéra-Comique[1], Grard, M. Mocker, mesdemoiselles Darcier et

---

[1]. M. Audran venait de quitter le Grand-Théâtre de Lyon, où il avait obtenu de très-grands succès. C'est expressément pour cet excellent artiste, aujourd'hui professeur au Conservatoire de

Rouvroy. Crosnier, qui lui devait une revanche, apporta tous les soins possibles à la mise en scène, l'ouvrage fut fort bien monté et fut présenté au public le vendredi 13 octobre 1842, six ans, date pour date et jour pour jour, après *le Postillon de Lonjumeau*, qui avait paru à la scène le vendredi 13 octobre 1836.

*Le Roi d'Yvetot* n'obtint pas la popularité du *Postillon*, et n'eut pas, comme lui, la chance de se maintenir au répertoire. Il rencontra néanmoins dans sa nouveauté un succès très-honorable, et il est juste de reconnaître qu'au point de vue de la forme et du style, sans parler de la facilité et de l'abondance de l'inspiration, cet ouvrage mérite d'être signalé au nombre des meilleurs d'Adam. Il est solidement écrit, d'une plume à la fois souple, élégante et fine, et l'on y retrouve la plupart des qualités qui avaient naguère assuré la fortune du *Châlet*.

L'ouverture du *Roi d'Yvetot* est l'une des plus aimables d'Adam, qui en a fait d'excellentes ; elle est coupée et construite de façon que l'effet à produire sur l'auditeur soit immanquable, tellement les procédés sont bien employés et ménagés avec habileté. Presque tous les morceaux du premier acte

Marseille, qu'Adam écrivit le rôle d'Adalbert du *Roi d'Yvetot*. Il contribua pour sa bonne part au succès de l'ouvrage.

sont d'ailleurs à citer : les jolis couplets de ténor, *Fi des honneurs!* d'un caractère si touchant; le quatuor qui les suit, dont le sentiment mélodique est exquis et le travail parfait; les charmants couplets du moulin, qui firent la fortune de bien des vaudevilles; le second quatuor, qui ne le cède en rien au premier sous le rapport de la forme et de l'inspiration; et l'élégant fragment choral qui sert de finale. Au second acte, on trouve un petit duetto très-coquet; un duo de ténor et de baryton d'un excellent style, d'une belle couleur et d'un bon accent dramatique; un grand morceau d'ensemble avec chœur, construit avec beaucoup d'art; un gentil duo pour soprano et ténor, contenant un épisode d'une gaîté charmante et qui consiste dans l'énumération interminable des serviteurs dont devra s'entourer le nouveau roi d'Yvetot; enfin un quatuor d'une facture pleine d'élégance. Le troisième renferme une romance d'un accent tendre et mélancolique; un morceau d'ensemble dans lequel est insérée, travaillée avec l'art qu'Adam savait apporter dans ces fines plaisanteries musicales, la chanson populaire du *Roi d'Yvetot*, et un air de baryton d'un style très-ferme et très-serré.

Par cette analyse rapide, ou plutôt par cette concise énumération des meilleurs morceaux du *Roi d'Yvetot*, j'ai essayé de démontrer que cette partition est l'une des plus substantielles, des plus aimables et des mieux réussies que nous ait laissées son auteur. Je la recommande d'une façon toute particulière à ceux qui aiment les œuvres saines et distinguées, et je m'étonne qu'elle ne soit pas restée au répertoire de l'Opéra-Comique, où elle continuerait certainement de faire bonne figure. Je dois constater toutefois qu'elle a été reprise en 1853 au Théâtre-Lyrique, mais j'avoue que je n'ai nulle souvenance de l'accueil qui lui fut fait alors.

## X

« Depuis longtemps, dit Fétis dans sa *Biographie universelle des musiciens*, Hippolyte Monpou désirait obtenir un livret d'opéra de Scribe, auteur aimé du public et qui avait fait la fortune de plusieurs compositeurs. Il obtint enfin cet ouvrage ; mais en le lui confiant, le directeur de l'Opéra-Comique lui imposa la condition d'un dédit de 20,000 francs dans le cas où il ne livrerait pas le manuscrit de sa partition à la fin du mois d'août 1841. Monpou travailla avec ardeur, et déjà il avait écrit deux actes ; mais la fatigue se fit sentir, et bientôt une inflammation d'entrailles et d'estomac se déclara. Les médecins ordonnèrent le repos et le changement de climat ; l'artiste s'éloigna de Paris et se dirigea vers la Touraine ; mais arrivé à la Chapelle Saint-Mesmin, sur les bords de la Loire, son état devint si alarmant que sa famille le ramena à Orléans pour avoir le secours des médecins. Leurs soins ne purent empêcher les progrès du mal, et le 10 août 1841, Monpou mourut dans cette ville, à l'âge de trente-sept ans. »

L'ouvrage que le pauvre Monpou n'avait pu terminer, et qui avait causé sa mort, avait pour titre : *Lambert Simnel*. Il était en trois actes, et Mélesville avait été le collaborateur de Scribe pour le livret. Il y avait de par le monde un musicien toujours disposé au travail, quel qu'il fût ; ce musicien, c'était Adam. Il ne faut donc point s'étonner si l'on songea à lui pour achever la partition, restée incomplète, de *Lambert Simnel*.

Crosnier, dit Adam, me demanda si je voulais terminer cette partition. Quoique Monpou et moi n'eussions jamais été très-liés, je regardais comme un devoir de faire connaître au public l'œuvre de cet artiste qui était mort en travaillant. Il restait à peu près la moitié à faire, et un peu plus comme orchestration, car c'est surtout dans ce travail que le malheureux Monpou trouvait des difficultés à vaincre[1]. Il faut avoir, comme je l'ai sous les yeux, le manuscrit, pour juger du mal qu'il devait se donner. Tout ce qu'il avait écrit fut religieusement respecté par moi, et je rends justice aux charmantes mélodies qu'il avait répandues dans cet ouvrage.

*Lambert Simnel*, achevé par Adam, joué par MM. Masset, Grard, Mocker, Henri, Grignon, Duver-

---

[1]. L'instruction musicale de Monpou avait été fort incomplète. Doué de précieuses facultés, d'une inspiration variée et parfois robuste, cet artiste aimable manquait malheureusement des connaissances indispensables en ce qui concerne la pratique de l'art.

noy, mesdemoiselles Darcier, Prévost et Révilly, fut représenté à l'Opéra-Comique le 14 septembre 1843. Le succès fut à peu près négatif, et cela, si je m'en rapporte à Adam, un peu par la faute de M. Masset, qui « faillit compromettre l'ouvrage ».

Lors de la représentation à la cour de *Richard Cœur-de-Lion* avec les retouches d'Adam, le roi, enchanté, lui avait dit : « M. Adam, vous pouvez me rendre encore bien heureux ; arrangez-moi *le Déserteur*. C'est encore un souvenir de ma jeunesse, et vous verrez que vous en tirerez parti. » Se rendant à ce désir, Adam avait donc réorchestré *le Déserteur*, qui, comme *Richard*, fut joué d'abord devant la cour, mais cette fois à Saint-Cloud. Le succès fut très-grand, et l'admirable chef-d'œuvre de Monsigny ne fut pas moins bien accueilli à l'Opéra-Comique lorsqu'on le reprit, ainsi remanié, le 30 octobre 1843. Pourtant la critique ne désarma pas, cette fois encore, et Adam fut en butte à de nouvelles railleries. Entre autres, le farouche dilettante dont j'ai déjà parlé lui lança dans les jambes ce neuvain rugueux :

> Ce n'était pas assez d'insulter à Grétry,
> Vous rembourrez aussi, vous cuivrez Monsigny.
> Grâce, Monsieur Adam ! un peu plus de vergogne,
> Et respect au passé par la gloire ennobli !
> Eh quoi ! *le Déserteur*, ce chef-d'œuvre accompli,
> Sous un ignoble fer qui le hache et le rogne,

A son tour altéré, défiguré, meurtri,
Étouffé d'oripeaux ! déplorable besogne !
Le génie est-il fait pour être ainsi flétri !

Peu soucieux de savoir s'il insultait ou non Grétry et Monsigny en les remettant en honneur, Adam s'occupa bientôt d'une nouvelle partition. Le magnétisme était alors à la mode, et Paris, qui a toujours une lubie en tête, en était comme affolé. Scribe et M. de Saint-Georges songèrent à mettre à profit cette manie ; elle leur donna l'idée d'un livret d'opéra-comique en trois actes, intitulé *Cagliostro*, dans lequel il était beaucoup question de magnétisme et qui contenait une grande scène de somnanbulisme. Adam fut chargé par eux d'écrire la musique de cet ouvrage. Les répétitions produisirent un grand effet, et tout le monde comptait sur un succès. *Cagliostro*, représenté le 10 février 1844, ne reçut cependant du public qu'un accueil réservé. La partition en est très-inégale, et la valeur réelle de certains morceaux ne saurait racheter la faiblesse de beaucoup d'autres.. C'est l'originalité qui fait surtout défaut à la musique de *Cagliostro*, où l'on retrouve pourtant en quelques endroits la main légère et les qualités pratiques de l'auteur du *Postillon de Lonjumeau*[1].

---

1. Le dilettante dont j'ai déjà parlé, qui joignait à l'amour des vieux maîtres une rancune profonde contre celui qui s'était permis de les moderniser, ne manqua pas le coche en cette occasion. Il

Le froid accueil qui fut fait à son nouvel ouvrage n'empêcha cependant pas Adam de se présenter comme candidat à l'Académie des Beaux-Arts, où un fauteuil se trouva vacant dans la section de musique par suite de la mort de Berton, survenue le 22 avril 1844. En 1839, à la mort de Paër, il s'était déjà mis sur les rangs, mais avait retiré sa candidature devant celle de Spontini ; en 1842, Onslow l'avait emporté sur lui lorsqu'il s'était agi de recueillir la succession de Cherubini. Cette fois il avait pour concurrents Batton, musicien de talent, mais peu heureux au théâtre, et M. Ambroise Thomas, plus jeune et beaucoup plus nouveau que lui dans la carrière. Dès le premier tour de scrutin, Adam fut nommé par 17 voix, contre neuf données à Batton et quatre à M. Ambroise Thomas [1].

profita du quasi insuccès de *Cagliostro* pour revenir à la charge et enfourcher son dada favori. Voici l'épigramme en prose rimée (à peine rimée) qu'il fit alors circuler sur Adam :

> Monsieur Adam, l'artiste, a pour la découpure
> Certain penchant ; sans respect pour le beau,
> Il l'habille, le défigure,
> Lui fait subir mainte rognure,
> Le barbouille d'enluminure
> Dans un goût tout nouveau :
> Mais le ciel l'en punit d'une façon bien dure :
> Dans l'art qui brille en lui, voyez quel crescendo !
> Après *le Postillon* il fait *Cagliostro*.

Les rôles de *Cagliostro* furent créés, à l'Opéra-Comique, par MM. Chollet, Mocker, Henri, Grignon, mesdames Anna Thillon, Henri Potier et Boulanger.

1. Peu de temps après, Adam était promu au grade d'officier de la Légion d'honneur.

Cette nomination, dit Adam, me fit grand plaisir, et j'aurais voulu, pour mon discours de réception, donner un ouvrage qui eût du succès. J'avais toujours eu envie d'écrire un grand opéra, mais les rangs étaient pris par qui de droit : Halévy, Auber et Meyerbeer. Il n'y avait pas de place pour moi. Léon Pillet me proposa pourtant un petit opéra en trois actes, avec Paul Foucher. Je l'acceptai, mais je n'eus pas lieu d'en être bien satisfait. Le sujet de *Richard en Palestine* aurait dû être traité largement ; réduit en un petit cadre, on n'en pouvait rien faire. C'était mortellement ennuyeux.

M. Foucher avait pris son sujet dans les *Contes des Croisades*, de Walter Scott, et son poëme, dit-on, ne manquait pas de qualités. D'autre part, la partition n'était point sans valeur. Mais l'observation d'Adam me paraît juste, et je crois qu'une telle donnée eût eu besoin de plus grands développements. Ce vice original de l'ouvrage, joint à ceci, que malgré le talent déployé par lui, Adam devait avoir eu bien de la peine à s'élever jusqu'au style du grand drame lyrique, pour lequel il n'était pas fait, me semble expliquer suffisamment l'insuccès de *Richard*, dont les rôles étaient tenus par Barroilhet, Levasseur, M. Marié, madame Dorus-Gras et mademoiselle Méquillet, et qui fut représenté le 7 octobre 1844.

Adam prit une revanche en écrivant pour Carlotta Grisi, et sur sa demande, la partition d'un ballet comique en deux actes et quatre tableaux, *le Diable à quatre,* dont MM. de Leuven et Mazillier avaient pris le sujet dans le vieil opéra-comique de ce nom. La musique du *Diable à quatre* est pleine de verve, d'entrain, de couleur et d'oraginalité. Ce ballet fit son apparition le 11 août 1845.

Immédiatement, et à la sollicitation du danseur Albert, engagé au théâtre Drury-Lane, de Londres, avec Petipa et mademoiselle Dumilâtre, il composa la musique d'un autre ballet, *the Mable Maiden*, qui devait être joué à ce théâtre par ces trois artistes. Ce ballet, représenté le 27 septembre, ne fut pas heureux, et Adam, qui s'était rendu à Londres à ce sujet, revint rapidement à Paris. Dès son retour, il se mit à réorchestrer la partition de *Zémire et Azor*, de Grétry, qui servit, dans les premiers mois de 1846, aux débuts à l'Opéra-Comique de M. Jourdan et de mademoiselle Lemercier, sortant tous deux du Conservatoire.

## XI

Nous arrivons à la période douloureuse de l'existence d'Adam, celle qui se rapporte à la fondation de l'Opéra-National, devenu plus tard le Théâtre-Lyrique. Ici commence pour lui une vie pleine de troubles, d'agitations et d'infortunes réelles, de malheurs virilement supportés, qui causèrent sa ruine sans pouvoir entamer son honnêteté. Nous allons le voir lutter pendant dix années pleines, c'est-à-dire jusqu'à son dernier jour, non-seulement pour se soustraire à la misère véritable dans laquelle le plongea cette affaire désastreuse, mais encore — et surtout — pour maintenir son honneur intact, pour éteindre les dettes qu'une suite non interrompue de malheurs l'obligea de contracter, enfin pour faire face, au prix des plus lourds sacrifices et des privations les plus dures, à tous ses engagements.

Crosnier avait cédé à Basset, en 1844, le privilége de l'Opéra-Comique, et Adam, peu de temps après son retour de Londres et la reprise de *Zémire et*

*Azor*, avait eu le malheur de se brouiller avec ce dernier. Basset jura que, tant qu'il serait directeur, il ne jouerait pas un ouvrage d'Adam. Celui-ci, désespéré, se voyant sans ressources et sans débouché par le fait d'une telle détermination, songea alors à mettre à exécution un projet qu'il avait conçu jadis : celui de la fondation d'une scène musicale populaire. Telle était, en effet, la situation, sous le régime heureux des priviléges en matière de théâtres, que si un compositeur avait le malheur de déplaire au directeur de l'Opéra-Comique, sa carrière était brisée et la misère seule lui apparaissait en perspective. Mais c'est ici qu'il est utile d'avoir recours à Adam lui-même :

J'eus le malheur, dit-il, de me fâcher avec Basset, pour des affaires entièrement étrangères au théâtre, et j'appris qu'il avait dit que tant qu'il serait directeur, on ne jouerait pas un seul ouvrage de moi. Je me voyais donc perdu sans ressources. J'allai conter mes chagrins à Crosnier; pendant sa direction, celui-ci, locataire du théâtre de la Porte-Saint-Martin, dont il avait été directeur, avait eu l'idée d'établir dans cette salle une sorte de succursale de de son théâtre d'opéra-comique. Le succès qu'avait obtenu mon orchestration de *Richard Cœur-de-Lion* lui avait suggéré cette idée. A la Porte-Saint-Martin, on n'aurait joué que des ouvrages de l'ancien répertoire; j'aurais été titulaire de ce privilége, dont Crosnier aurait été le véritable exploitateur. Le loyer avantageux que lui offrirent les frères Cogniard l'avait fait renoncer à ce projet. Il m'en reparla, et, comme la salle de la Porte-Saint-Martin n'était plus vacante, il m'engagea à chercher un autre local et, en m'éloignant du théâtre de l'Opéra-Comique, à conserver le droit de jouer des ouvrages nouveaux. Il m'aida dans les premières démarches que je fis pour obtenir le privilége.

M. Aimé Thibaudeau, qui avait joué la tragédie à l'Odéon, sous le nom de Milon, avait renoncé au théâtre après avoir épousé la fille d'un sous-intendant militaire, M. de Duni, petit-fils du célèbre compositeur de ce nom. Neveu du représentant, cousin par conséquent de son fils, Ad. Thibaudeau, Milon s'aidait de ses relations de famille, de l'élégance de sa toilette et de certaines façons pour se donner l'apparence d'un crédit imaginaire. Son but, son ambition était de devenir directeur d'un théâtre. Il avait appris mes démarches pour obtenir un privilége; il vint me trouver; je fus assez sot pour croire qu'il avait à sa disposition une somme de dix-huit cent mille francs, et je l'associai à mon entreprise.

Nous allâmes trouver M. Dejean, le propriétaire de la salle du Cirque du boulevard du Temple : il nous promit de nous vendre son immeuble quatorze cent mille francs. Deux cent cinquante mille devaient être payés comptant, le reste en annuités, de sorte qu'on aurait été libéré au bout de dix ans. Sept cent mille francs d'hypothèques étaient remboursables à différentes époques déterminées. Les cinq cent mille restant étaient à Dejean, et c'est cette somme qui se prélevait, à titre de loyers, sur les recettes journalières et s'amortissait pour ainsi dire chaque jour. Il y avait à peu près deux cent mille francs à dépenser pour l'appropriation de la salle à sa nouvelle destination ; je croyais pouvoir marcher avec quinze cents francs de frais journaliers; l'affaire se divisait en dix-huit cents actions; Thibaudeau et moi nous en partagions trois cents : la combinaison me paraissait excellente.

Cette combinaison arrêtée, Adam fit la demande de son privilége. Il avait des protections, et se croyait à peu près sûr de l'obtenir. Mais voici qu'une intrigue vraiment singulière, à laquelle se mêlait un peu de politique, vint lui créer un concurrent qu'appuyaient de puissantes influences. Depuis six mois, Adam ne s'occupait que de ce projet; l'Opéra-Comique lui étant fermé plus que jamais, il n'avait d'autre ressource que dans la création de son théâtre. « Je pris donc le parti, dit-il, d'écarter la concurrence en la désintéressant. Il fut convenu que mon compétiteur se retirerait et que je lui compterais cent mille francs dès que j'aurais le privilége. » Ce privilége lui fut donné tel qu'il le désirait, avec le droit de jouer non-seulement des ouvrages nouveaux, mais tout l'ancien répertoire et même celui des auteurs vivants qui transporteraient leurs pièces au nouveau théâtre.

Il s'agit alors de payer les 100,000 francs convenus, lesquels devaient servir et servirent en effet à empêcher de mourir un journal ministériel de très-grand format, fort malade quoique fondé depuis peu, et dont le Gouvernement avait besoin en vue des prochaines élections générales. Voilà pourquoi je disais que la politique était mêlée à l'intrigue qui avait suscité à Adam un concurrent. Au reste, cette affaire fit du bruit, et fut même portée à la tribune de la Chambre des députés[1].

Quoi qu'il en soit, il fallait payer les cent mille francs. Dès les premières ouvertures à ce sujet, Thibaudeau se déroba, disant que ses bailleurs de fonds n'étaient pas en mesure et ne le seraient que dans un mois. C'était le premier cran de l'engrenage dans lequel Adam allait se trouver pris au sujet de cette affaire, si déplorable pour lui :

> J'avais, dit-il, à peu près 80,000 francs chez Bonnaire, mon notaire; j'allai les lui demander. Il ne voulut m'en donner que cinquante, disant que dans mon propre intérêt il voulait me conserver quelque chose. Bonnaire était un de mes amis, c'est lui qui avait placé mon premier argent, et c'était à ses bons soins que je devais d'avoir économisé la somme qu'il avait entre les mains : je cédai à son désir. Un an après il faisait faillite, et je perdais entièrement ce qu'il avait voulu me conserver.

Adam put néanmoins donner 50,000 francs comptant sur les 100,000 qu'il s'était engagé à payer, et fit des billets pour une somme égale. Mais les semaines, les mois se passaient, et il n'entendait toujours point parler de l'argent de Thibaudeau. De

---

[1]. Il en fut aussi grandement question dans la presse, et des personnages importants publièrent à ce sujet des lettres dans divers journaux, notamment le vicomte d'Arlincourt, qui avait en quelque sorte patronné l'entreprise nouvelle, et le marquis de La Rochejacquelin.

guerre lasse, il rompit avec lui, et constitua une autre association :

Nous achetâmes d'abord la propriété du Cirque. Il n'y avait que 250,000 francs à payer d'abord, le reste étant en annuités ; 200,000 francs suffisaient pour les réparations, 100,000 francs à me rembourser et pareille somme pour fonds de roulement. On pouvait marcher avec moins de 800,000 francs. On mit l'affaire en actions ; il s'agissait d'avoir un banquier pour avancer les sommes nécessaires : nous n'en trouvâmes pas.

Nous étions aux premiers mois de 1847. Je commençais à être poursuivi pour le payement de mes 50,000 francs de billets. J'étais dans une position atroce : les protêts et les jugements se succédaient les uns aux autres ; les prises de corps allaient venir. Vitet entreprit de me sauver. Il me fit d'abord prêter personnellement 30,000 francs par Joseph Perrin, pour payer mes billets, puis il me trouva un bailleur de fonds. C'était M. Beudin, député ; il nous apporta 300,000 francs : Châle (agréé au Tribunal de commerce) vendit sa charge 260,000 francs ; on espéra que les actions placées feraient le reste.

Malgré tous les tracas que lui causait cette affaire, malgré ses cruels embarras d'argent, malgré le mal qu'il se donnait et le temps qu'il dépensait pour l'organisation de ce théâtre, Adam trouvait encore le moyen de travailler un peu. Léon Pillet lui demanda un lever de rideau pour l'Opéra, et lui offrit pour cela un livret en un acte que M. Hippolyte Lucas avait tiré d'un vaudeville joué vingt-cinq ans auparavant : *Mes derniers Vingt Sous* M. Ponchard fils, aujourd'hui à l'Opéra-Comique, et qui sortait alors de la Comédie-Française, devait débuter dans ce petit ouvrage, dont les autres rôles seraient tenus par M. Brémond et mademoiselle Nau. *La Bouquetière*, — c'est le titre qu'on avait donné au vaudeville transformé — fut vivement écrite par Adam, mais elle eut une destinée difficile et malheureuse. La première représentation devait avoir lieu d'abord en même temps que celle d'*Ozaï* ou *les Insulaires*, ballet de Gide qu'on montait concurremment avec elle; mais les auteurs des deux ouvrages exprimèrent le désir de les voir offrir séparément au public, quitte à les réunir ensuite sur l'affiche. Il fut alors décidé que *la Bouquetière* laisserait le pas à *Ozaï*, qui en effet fut donné le 26 avril 1847. Jouée par MM. Charles Ponchard, Brémond et mademoiselle Nau, *la Bouquetière* allait à son tour faire son apparition, lorsque, mademoiselle Nau ayant éprouvé une perte cruelle, cette apparition fut encore retardée d'un mois. Enfin, l'ouvrage put être joué le 31 mai [1]; mais le malheur le poursuivait. Trois semaines après, Léon Pillet, qui se débattait au milieu

---

1. M. Charles Ponchard n'avait pas voulu attendre la représentation de *la Bouquetière* pour effectuer ses débuts, et avait paru pour la première fois, le 8 mars, dans le rôle de Léopold de *l'Ame en peine*. Lorsque la pièce d'Adam fut enfin jouée, l'affiche de l'Opéra porta cette mention : « Continuation des débuts de M. Charles Ponchard. »

de difficultés inextricables, donnait sa démission de directeur de l'Opéra ; le 1ᵉʳ juillet, ce théâtre fermait ses portes pour ne les rouvrir que le 8 septembre suivant, sous la direction de Duponchel et Roqueplan, et *la Bouquetière*, qui avait obtenu cinq représentations seulement et dont le succès avait été mince, disparut à jamais.

Néanmoins, après tant de traverses, l'Opéra-National, qui d'abord avait dû prendre le titre de Troisième Théâtre-Lyrique, était sorti des limbes. La salle du Cirque avait été très-élégamment restaurée, une troupe sans étoiles, mais satisfaisante au point de vue de l'ensemble, avait été réunie, et Adam, qui tenait essentiellement à ouvrir son théâtre avec un ouvrage d'un compositeur nouveau, avait commandé à Aimé Maillart un opéra en trois actes, *Gastibelza*. On répétait cet ouvrage concurremment avec *Aline*, de Berton, qu'Adam lui-même avait réorchestrée, et un prologue en un acte, intitulé *les Premiers Pas*, dû à la collaboration de Gustave Vaëz et d'Alphonse Royer pour le poëme, à celle d'Adam, Auber, Carafa et Halévy pour la musique. L'inauguration se fit enfin, d'une façon brillante, le 15 novembre 1847, par *Gastibelza* et *les Premiers Pas*. — « Le succès de *Gastibelza* fut grand, dit Adam ; l'ensemble était satisfaisant ; la musique, un peu italienne, fit plaisir, et le soir la joie était dans le théâtre.

Le lendemain, on joua *Aline;* la mise en scène était soignée, l'orchestre rajeuni; cette reprise fit beaucoup d'effet, et nos lendemains étaient assurés [1]. »

Le succès de l'Opéra-National fut complet, en effet, dès les premiers jours. Je n'ai pas à rappeler ici l'accueil presque enthousiaste qui fut fait à la partition de Maillart, dont la première œuvre révélait au public une personnalité musicale vigoureuse et vraiment originale [1]; j'emprunterai seulement à un journal du temps quelques renseignements relatifs au prologue d'ouverture, *les Deux Génies* ou *le Premier Pas*, auquel Adam se trouvait directement

---

[1]. Une difficulté d'un genre assez singulier se présenta au sujet de la reprise *d'Aline*. Adam s'était assuré l'autorisation des auteurs du poëme ou de leurs héritiers, Vial et Favières; mais l'Opéra-Comique, qui avait eu vent de la chose et qui ne cherchait qu'à entraver le nouveau théâtre, s'était adressé à la veuve de Berton et avait obtenu son consentement pour une reprise de l'ouvrage sur ce théâtre. De telle sorte que l'Opéra-Comique avait le droit d'exécuter la musique d'*Aline* tandis que l'Opéra-National pouvait jouer le poëme, mais qu'aucun d'eux ne pouvait reproduire l'œuvre en son entier. La situation était étrange, et un procès allait être appelé à résoudre la difficulté, lorsqu'on eut l'idée de porter le litige devant la commission des auteurs et compositeurs dramatiques, arbitre naturel en pareille matière. Adam fut autorisé à remonter sur son théâtre le chef-d'œuvre de Berton.

[1]. Aimé Maillart ne put assister à l'inauguration de l'Opéra-National et à l'apparition de son œuvre; le soir même de la première représentation de *Gastibelza* il se voyait obligé de prendre le lit, et on le croyait atteint d'une fluxion de poitrine. Ces craintes pourtant n'étaient pas fondées, et au bout de quelques jours il était sur pied.

mêlé et qui obtint un vif succès. Voici comment en parlait *le Coureur des spectacles*, dans son numéro du 16 novembre : — « Grand succès de gaîté pour la pièce, et grand succès de partition. Auteurs : MM. Alphonse Royer et Gustave Vaëz. L'aspect musical de cet ouvrage, ce point essentiel de la fondation, est des plus satisfaisants. Nous avons pris note des morceaux dont toute cette œuvre se compose. Ne pouvant, aujourd'hui, que les désigner, tout en constatant le mérite général, nous dirons qu'on y trouve : une ouverture avec chœurs et voix, chose neuve et ingénieuse (auteur, M. Adolphe Adam); un air chanté par un baryton, morceau faible et froid (M. Carafa); un air de soprano, tiré de *Zanetta*, très-agréable (M. Auber); un duo de soprano et baryton, bien facturé; des couplets de titi fort gais (M. Ad. Adam); une romance touchante (M. Halévy); un quatuor de bonne école (M. Ad. Adam); un grand morceau dit des *Blanchisseuses*, d'une piquante originalité; et le finale, avec la reprise des chœurs, d'un bon effet (M. Halévy). Tels sont les éléments de cette partition dans les morceaux de laquelle on retrouve la touche de ses auteurs, ce qui est d'un excellent augure pour l'avenir de ce nouveau théâtre[1]. »

[1]. Dans son même numéro, le même journal donnait ainsi la composition du personnel de l'Opéra-National :

Dès que les premières représentations lui parurent, malgré les difficultés qu'il avait à combattre, avoir assuré la réussite de son entreprise, Adam se mit aussitôt à réorchestrer *Félix*, de Monsigny, qui fut joué vers la fin de décembre. Il ne voulait encore écrire aucun ouvrage nouveau pour son théâtre, mais il monta *le Brasseur de Preston* pour les débuts de madame Henri Potier; puis il mit en répétition *les Monténégrins*, de M. Limnander, qui devaient servir à ceux de madame Ugalde. Pendant ce temps, il composait la musique d'un nouveau ballet pour l'Opéra et mademoiselle Carlotta Grisi. Ce ballet était en trois actes et cinq tableaux, et avait pour auteurs MM. Dumanoir et Mazillier; il

*Administration.* — MM. Mirecour, directeur privilégié; Ad. Adam, codirecteur; Leroy, directeur de la scène; Thiéblemont, régisseur-général; Fosse, régisseur; Lecour, *idem;* Annet, inspecteur-général; Lormier, secrétaire-général; Ouin, caissier; Bousquet, premier chef d'orchestre; Gautier, second chef d'orchestre; Lerouge, maître de ballet; Cornette, chef des chœurs; Croharé et Cohen, accompagnateurs; Barthe, contrôleur en chef; Saexe, machiniste en chef; Martin, Wagner, peintres-décorateurs. — *Artistes :* MM. Raguenot, Huner, Chenet, Lapierre, Fosse, Legrand, Béraud, Lecour, Paublan, Dutillay, Delsarte jeune, premiers et seconds ténors; Pauly, Cabel, Beaugrand, Vallod, barytons; Junca, Hure, Pedorlini, Delsalle, Marnin, Fritz, basses; Joseph Kelm, Hervé, ténors comiques; Mesdames Chérie-Couraud, Petit-Brière, Decroix, Prety, Potier, Rosset, premières chanteuses; Bourdet, Cara, Gautier, Hetzel, Amélie Brière, Feigle, Doulcet, Octave, dugazons; Mancini, Derly, duègnes.—*Danseurs :* M. Lerouge et mesdemoiselles Richard, Auriol, etc.—*Orchestre :* 70 musiciens. — *Chœurs :* 54 personnes. — *Ballet :* 28 personnes.

portait le titre de *Griselidis,* ou *les Cinq Sens,* du joli conte qui en avait fourni le sujet, et présentait cette particularité qu'une jolie ballade, chantée d'abord dans la coulisse par mademoiselle Dhalbert, était ensuite reprise par mademoiselle Carlotta Grisi, qui en chantait seize mesures. *Les Cinq Sens* furent représentés avec un véritable succès, le 16 février 1848 ; mais cette date même indique que ce succès ne put être ni aussi fructueux ni aussi prolongé qu'il eût été désirable. La révolution de février vint l'arrêter net, en même temps qu'elle tua l'Opéra-National, à peine ouvert, et dont l'existence n'était déjà pas facile. Malgré des efforts immenses, ce théâtre ne put traverser cette crise terrible ; il dut fermer ses portes le 26 mars, après avoir vécu un peu plus de quatre mois. Le pauvre Adam était ruiné du coup.

C'était, dit-il, le comble de ma ruine en un jour. Je me vis privé de toutes ressources. J'avais une maison considérable ; 3,000 francs de loyer, des domestiques, une pension de 2,400 francs à servir, mon fils au collége, et je possédais en tout cent francs par mois de l'Institut. Je renvoyai mes domestiques ; j'obtins de mon propriétaire la résiliation de mon bail, mais je lui devais 1,500 francs ; je lui offris en payement mon piano d'Érard, il refusa ! je lui donnai alors en nantissement une assurance sur la vie de mon fils ; mais il fallait attendre deux ans pour qu'elle expirât. Mon fils vécut assez pour que je pusse toucher cette somme et m'acquitter. Je vendis toute mon argenterie, tous les bijoux, mes meubles; je mis au Mont-de-Piété quelques souvenirs dont je ne voulais pas me séparer...

Je devais 70,000 francs. On mit arrêt sur mes 1,200 francs de l'Institut. J'assemblai mes créanciers, je leur fis abandon de la totalité de mes droits d'auteur jusqu'à parfait payement; ils acceptèrent et me laissèrent mes cent francs par mois.

Mon pauvre père, âgé de quatre-vingt-dix ans, fut cruellement frappé par la venue de la République; il avait vu la première, il s'imagina que la seconde en serait la reproduction; il tomba dans une morne taciturnité, et s'éteignit sans maladie et presque sans souffrances, le 8 avril. Je n'avais pas le moyen de faire faire ses obsèques. Un ami, Zimmermann, vint lui-même m'apporter 200 francs. Je ne pus les lui rendre que deux ans plus tard. Une souscription au Conservatoire fit les frais de la tombe de mon père.

On voit que la situation d'Adam était cruelle, et qu'il la supportait en homme d'honneur, sacrifiant tout pour garder son nom intact et pouvoir marcher la tête haute. Pourtant, il n'était pas encore au bout :

Rien ne venait; il n'y avait pas à penser à gagner de l'argent avec la musique : l'avenir le plus sombre s'ouvrait devant moi. J'allais presque chaque jour voir le docteur Véron, chez qui s'apprenaient toutes les nouvelles. Donizetti venait de mourir. Véron m'offrit de faire, pour *le Constitutionnel*, une notice nécrologique sur mon célèbre confrère : elle devait m'être payée cinquante francs. Quelle bonne fortune!

J'avais quelquefois écrit dans des journaux de musique, mais je n'avais jamais songé à me faire une ressource de ma plume, que je ne croyais bonne qu'à aligner des notes. Véron fut assez bon pour me donner quelques conseils dont j'avais grand besoin, et voulut bien me donner temporairement le feuilleton musical du *Constitutionnel*. (C'était pendant une absence de Fiorentino.) Chaque feuilleton m'était payé 50 francs, et je pouvais en faire trois, quelquefois quatre par mois; cela m'aida à vivre pendant la première moitié de cette fatale année. Je continuai à faire ce feuilleton jusqu'en 1849. Fiorentino revint alors; je lui rendis sa place, et j'entrai au journal *l'Assemblée nationale*, où j'ai continué depuis à écrire un feuilleton tous les mardis de quinzaine.

Il faut avouer que Véron n'était pas large, et l'on comprend qu'il ait pu faire fortune en agissant ainsi qu'il faisait. Payer des feuilletons cinquante francs, dans un journal riche et puissant comme *le Constitutionnel*, à un homme de la valeur et de la notoriété d'Adam! Il n'y avait vraiment pas moyen de se ruiner. Et il faut les lire, ces feuilletons charmants, et aussi ceux de *l'Assemblée nationale*, écrits d'une façon à la fois bonhomme et spirituelle, pleins de malice, de finesse, d'aperçus ingénieux ou piquants, remplis de souvenirs personnels, d'anecdotes aimables, de détails précieux et inconnus sur tous les artistes du temps, chanteurs, compositeurs, instrumentistes. C'est une mine inépuisable de renseignements de toutes sortes, en même temps qu'un modèle de critique le plus souvent judicieuse, fine, bienveillante et ingénieuse.

Cependant, Adam songeait, on le pense bien, à reparaître au théâtre. Basset, son ennemi, avait quitté l'Opéra-Comique, dont M. Perrin était devenu le directeur. Adam jugea le moment favorable et alla voir Scribe. Celui-ci avait en portefeuille, depuis bien des années déjà, un très-joli livret, celui de *Giralda, ou la Nouvelle Psyché*, dont naguère Auber avait dû faire la musique, et qui avait dû être joué à la Renaissance [1]. Il le donna à Adam, qui se mit aussitôt au travail. Mais cet ouvrage, si charmant sous tous les rapports, déplut à M. Perrin, qui pendant deux ans se refusa obstinément à le monter.

Il fallait attendre, et en attendant, Adam eut la chance de pouvoir faire créer en sa faveur, au Conservatoire, une quatrième classe de composition. Le

---

[1]. Ce fait, que je sache, n'est guère connu, et je l'ai trouvé seulement mentionné dans un journal du temps. Le 1er octobre 1839, dans une série de nouvelles relatives au théâtre de la Renaissance, *l'Écho musical* imprimait ceci : — « Quoique la vogue de *Lucie de Lamermoor* soit loin de se ralentir, le théâtre de la Renaissance ne déploie pas moins la plus grande activité; car deux partitions de M. Donizetti, *l'Ange de Nisida* et *la Fiancée du Tyrol* (qui devinrent plus tard *la Favorite* à l'Opéra et *la Fille du Régiment* à l'Opéra-Comique) nous seront offertes cet hiver. On parle aussi d'une nouvelle pièce de M. Scribe, ayant pour titre *la Nouvelle Psyché*, dont l'illustre auteur de *la Muette* compose la musique. »

traitement affecté à cette classe était de 2,400 francs. « Avec cette somme, dit-il, mon journal et l'Institut, j'avais 400 francs par mois. Je me trouvai riche, et je n'ai exactement dépensé que cette somme jusqu'à l'extinction complète de mes dettes, extinction à laquelle je suis parvenu en 1853. »

Pourtant, ce n'était pas assez.

Il fallait me faire des droits d'auteur pour payer mes créanciers : on ne voulait pas de *Giralda*, et je ne savais que faire. Mocker vint me prier de lui composer un intermède, pour jouer une seule fois dans une représentation à son bénéfice ; cela ne devait rien me rapporter, mais c'était du travail, et pour moi le travail est un bonheur. J'écrivis *le Toreador* en six jours. Aux répétitions, l'intermède acquit de telles proportions que la représentation de Mocker fût reculée d'un mois.

L'intermède, qui d'abord ne comprenait que trois scènes, se développa en effet de façon à devenir un charmant petit opéra-comique en deux actes, qui restera l'une des manifestations les plus spirituelles, les plus charmantes, les plus coquettes et les plus vives de l'aimable génie d'Adam. Comme poëme et comme musique, *le Toreador* nous reporte aux beaux jours de la comédie italienne, dont il nous rend à la fois les personnages et les traditions, au temps où la collaboration d'Anseaume et de Duni, de Sedaine et de Monsigny, de Favart et de Philidor, faisait naître tant et de si charmants petits chefs-d'œuvre. Le livret de M. Sauvage, écrit en vers sonores, lestes et pimpants, est un modèle du genre ; quant à la partition d'Adam, étincelante d'un bout à l'autre, elle brille par une fraîcheur de ton, une vivacité d'allures, une abondance mélodique et un sentiment comique bien rares à rencontrer à un pareil degré. Il faut vraiment tout citer dans ce petit ouvrage, si fin, si distingué, si pétillant d'esprit : les jolis couplets de Coraline : *Ah ! maris trompeurs*, d'une coquetterie agaçante ; le premier trio, d'un caractère si franc et d'un style si serré ; l'air excellent de don Belflor ; les couplets de Tracolin, d'un dessin si plein de grâce et de fraîcheur ; le trio, à la fois si aimable et si franchement comique, dans lequel l'air populaire : *Ah ! vous dirai-je, maman*, est travaillé, varié, modulé avec une finesse, un goût, un esprit et un savoir inimitables ; au second acte, le duo de Belflor et de Coraline, qui contient l'une des phrases mélodiques les plus exquises qui se puissent trouver ; l'air de Tracolin : *Dans une symphonie...*, d'un tour à la fois plein de câlinerie, de grâce et de *morbidezza ;* enfin, le dernier trio, qui vient couronner dignement cette œuvre parfaite dans ses proportions mignonnes.

Dans l'œuvre entier d'Adam, *le Toreador* occupe et mérite une place à part, et tout particulièrement estimable. Cette partition n'est pas seulement distinguée, elle est d'une élégance extrême ; elle n'est pas seulement gaie, elle est d'un comique achevé, qui ne tombe jamais dans la trivialité et ne fait aucune concession au mauvais goût ; elle n'est pas seulement l'œuvre d'un musicien habile, expérimenté, heureux et inspiré, mais encore celle d'un homme d'esprit, de goût, de sens et de bonne compagnie.

Au sujet de cet aimable ouvrage, un critique distingué qui est lui-même un homme de goût, M. Édouard Fétis, publiait un jour les réflexions suivantes, qui sont pleines de justesse :

« Quand nous entendons, disait-il, cette jolie partition, et quelques autres du même genre, nous ne pouvons nous dispenser de songer combien il est facile d'abuser le bon public avec des mots. Lorsqu'une chose a vieilli sous un nom, on la lui présente sous un autre, et il a la naïveté de la croire nouvelle. C'est une ruse dont le succès est infaillible. Les piéges les plus grossiers sont précisément ceux auxquels on se laisse prendre : on ne s'en défie pas. A cet égard, l'opérette est une des plus excellentes inventions de notre temps. Les gens qui avaient entendu des centaines d'opérettes, autrement appelées, furent émerveillés lorsqu'on leur présenta, sous cette désignation inusitée, des pièces qu'ils croyaient appartenir à un genre de création moderne. Il ne leur vint pas à l'esprit (pour de bonnes raisons, peut-être), que *Gilles ravisseur*, *Bonsoir, Monsieur Pantalon*, *le Toreador*, et quantité d'autres petits ouvrages de l'espèce, sans remonter jusqu'aux anciens qui sont sans nombre, étaient des opérettes que leurs auteurs s'étaient obstinés à qualifier d'opéras comiques. Si Adolphe Adam, qui est mort pauvre, avait imaginé d'appeler opérette *le Toreador*, et de fabriquer d'autres produits portant la même étiquette, il fût devenu millionnaire, ayant plus d'idées et de savoir qu'il n'en fallait pour cela. Il n'a manqué à l'ingénieux compositeur qu'un parolier bien inspiré, pour le mettre sur la voie de cette fructueuse exploitation ; car les modestes auteurs de livrets ont quelquefois, sur la fortune du théâtre musical, plus d'influence qu'on ne leur en accorde [1]. »

*Le Toreador*, qui devait s'appeler d'abord *l'Accord parfait*, était joué et chanté à ravir par madame Ugalde, M. Mocker et Bataille (le pauvre Bataille, mort, depuis, sous-préfet en Bretagne), et fut représenté le 18 mai 1849. Il conquit immédiatement les faveurs du public, et depuis lors n'a pour ainsi dire pas quitté le répertoire [2].

Ce succès enhardit Adam, et il remit *Giralda* sur

---

1. *Indépendance belge*, octobre 1868.
2. Adam met sur le compte des événements politiques ce fait que, malgré le succès évident du *Toreador*, pas un éditeur ne voulait le lui acheter. « En ne le publiant pas, ajoute-t-il, je perdais la province (au point de vue des droits d'auteur). Un ami vint à mon secours et me prêta 1,000 francs. Le baron Taylor venait d'organiser une loterie d'un million au bénéfice des artistes ; il fit souscrire pour dix exemplaires au prix de 100 francs chaque ; c'était encore 1,000 francs. Le général Cavaignac me fit obtenir une souscription de pareille somme au ministère de l'intérieur, et avec ces 3,000 francs je pus être moi-même mon éditeur. Je ne fis pas un grand bénéfice, mais au moins je pus m'assurer des droits d'auteur en province, ce qui était un allégement pour mes dettes.

le tapis; mais M. Perrin n'en voulait toujours pas entendre parler. Ce que voyant, Adam se mit à écrire, avec la collaboration d'un de ses élèves, M. Clémenceau de Saint-Julien, une messe à trois voix, qui fut exécutée, dans les premiers mois de 1849, dans diverses églises de Paris et de ses environs, entre autres à Melun et à Saint-Nom, petite commune du canton de Marly[1]. Dans le même temps il composait, avec le même collaborateur, la musique d'un grand ballet féerique en trois actes et sept tableaux, avec prologue, *la Filleule des Fées*, dont M. de Saint-Georges et le danseur Perrot, récemment engagé à l'Opéra, lui avaient fourni le scenario. Ce ballet, adorable au point de vue musical, fut représenté le 8 octobre 1849 à l'Opéra, où il fut la dernière création de Carlotta Grisi. Enfin, dans les derniers jours de cette même année 1849, le 24 décembre, Adam donnait au même théâtre un petit opéra en deux actes, *le Fanal*, dont la scène se passait en Bretagne, et qui était joué par MM. Poultier,

---

1. Adam établit lui-même une confusion dans ses Mémoires, entre cette messe, dont il ne parle point, et sa jolie messe de sainte Cécile, dont il place la composition et l'exécution à cette époque. La messe de sainte Cécile, qu'il écrivit à l'incitation de M. le baron Taylor, pour être exécutée le jour de la Sainte-Cécile, au profit de l'Association des artistes musiciens, ne fut chantée à l'église Saint-Eustache qu'en 1850, le 22 novembre, et non en 1849. En consultant les journaux, on pourra vérifier l'exactitude des dates que je donne ici.

Portéhaut, Brémond et mademoiselle Pauline Dameron. Écrit sur un livret de M. de Saint Georges, *le Fanal* n'eut aucun succès : la muse aimable, fine et enjouée d'Adam n'était décidément pas de nature à briller sur notre grande scène lyrique autrement que dans le genre du ballet, qui lui convenait si merveilleusement.

Bientôt, Adam songea de nouveau à *Giralda*, qui lui tenait à cœur, et recommença à tourmenter M. Perrin à ce sujet. Celui-ci était toujours hostile à cet ouvrage; cependant, il finit, non sans peine, par se décider à le monter, et comme il venait d'engager une jeune chanteuse, mademoiselle Caroline Prévost, qui avait obtenu de grands succès en province, il proposa à Adam de la faire débuter dans cette pièce. Mais, sur les conseils de Chollet, mademoiselle Prévost ayant demandé à débuter dans *les Diamants de la Couronne*, et son succès dans cet ouvrage n'ayant pas justifié les espérances qu'on en avait conçues, elle résilia son engagement.

*Giralda* se trouvait donc encore indéfiniment retardée, lorsque mademoiselle Félix Miolan, devenue aujourd'hui madame Carvalho, fut engagée et débuta d'une façon très-heureuse dans *l'Ambassadrice*. — « Elle eut un grand succès de chanteuse, dit Adam ; mais elle ne savait pas marcher, et disait assez mal le poëme. Perrin n'y comptait pas ; il me l'offrit pour *Giralda*. Le rôle était difficile ; aux répétitions, elle le chantait si merveilleusement que, malgré tout le théâtre, je tins bon pour le lui laisser. Scribe est un excellent professeur de déclamation : il la faisait travailler, et j'étais sûr de son succès[1]. »

[1]. Toute jeune alors, mademoiselle Miolan abordait le théâtre avec une gaucherie, une timidité et une inexpérience qui ne paraissaient pas sans danger. Sa voix, d'un timbre charmant, mais d'une faiblesse qui allait jusqu'à la ténuité, ne laissait pas que d'inspirer des craintes sur sa portée et sur les accidents que l'artiste pouvait provoquer en la voulant forcer. Celle-ci pourtant avait déjà le germe de ce style incomparable, qui depuis tant d'années fait l'admiration des vrais musiciens. Néanmoins, il paraît qu'aux répétitions elle n'inspirait aucune confiance et que tout le monde était contre elle, tout le monde, excepté Adam, qui l'avait devinée, et aussi l'excellente madame Blanchard, la duègne, celle qu'on appelait familièrement la mère Blanchard, et qui défendait avec ardeur la jeune débutante contre tous ceux qui manifestaient sur elle une opinion fâcheuse. Ce qui est certain, c'est qu'Adam n'eut pas à se plaindre de la confiance qu'il avait mise dans la jeune artiste.

## XII

*Giralda*, après avoir si longtemps attendu, finit cependant par voir le jour. Mais ce qui prouve combien M. Perrin jouait cet ouvrage à contre-cœur, c'est qu'il lança une pièce de cette importance au milieu des plus brûlantes chaleurs de l'été, le 20 juillet 1850. Et l'on remarquera qu'il s'agit ici d'un des meilleurs, des plus variés, des plus ingénieux livrets de Scribe, et d'une des partitions les plus exquises, les plus étincelantes qui soient tombées de la plume d'Adam ! Il ne faut donc pas s'étonner si Adam se plaignit avec quelque amertume du peu de bonheur qu'il eut avec cet ouvrage, et du manque incroyable de confiance dont la direction de l'Opéra-Comique fit preuve à son égard.

C'est qu'en effet *Giralda* est non-seulement une production charmante, mais une des œuvres-types du répertoire de notre opéra-comique ; elle donne une note particulière, personnelle, *sui generis*, elle est une émanation directe du génie qui l'a créée, elle lui appartient en propre, et aucun autre n'en aurait pu être le père. A ce point de vue, *Giralda* mérite d'être mise en parallèle, sinon avec les admirables chefs-d'œuvre de notre seconde scène lyrique, tels que *Joseph, la Dame blanche, le Pré aux Clercs*, du moins avec ces merveilles qui ont nom *Joconde, le Petit Chaperon rouge, la Part du Diable, les Mousquetaires de la Reine. Giralda* est bien la fille légitime d'Adam, elle est, si l'on peut dire, la *résultante* de son style et de sa personnalité, et il est permis d'affirmer qu'aucun de nos musiciens — je parle des plus grands —. ne l'eût comprise comme lui, ne nous l'eût donnée plus aimable, plus attrayante, plus gracieuse et plus parfaite.

Le style de *Giralda* est très-varié dans son unité, et Adam a fait preuve dans cet ouvrage de qualités peu communes et qu'on ne lui soupçonnait pas encore. On y trouve à la fois la grâce et l'enjouement, l'élégance et la gaîté, une diction pure et parfaite, parfois un sentiment comique très-franc, très-accentué, parfois aussi une tendresse pénétrante, une émotion véritable, et, sinon une passion intense, du moins un sentiment plein de langueur. Avec cela un goût très-pur, très-châtié, une forme très-soignée, très-soutenue, enfin un orchestre brillant, sémillant, plein de verve et de finesse, de couleur et d'éclat. Les mélodies les plus fraîches, les mieux venues, les plus suaves, abondent dans cette adorable partition, et pour ma part je connais, au théâtre, bien peu d'ouvrages qui se soutiennent, d'un bout à l'autre, d'une façon plus complète et avec autant de bonheur.

Il serait difficile, si l'on voulait tracer une analyse détaillée de cette partition, de faire un choix entre les divers morceaux qui la composent. On pourrait cependant citer, pour le premier acte, outre l'ouverture, qui est si alerte et si distinguée, les jolis couplets de Ginès, *Mon bel habit de mariage...* ; l'élégant duo qu'il chante avec Giralda, si plein de vivacité, de charme, de grâce et de coquetterie, et dont l'orchestre est si piquant ; l'air de Manoël, dont le second mouvement surtout, *O fleur printanière*, est adorable, mais bien mal prosodié ; le duo des deux hommes, morceau exquis, d'un accent comique plein de distinction, d'une facture très-serrée et d'un style excellent ; le finale, très-important et tracé de main d'ouvrier ; au second, le joli chœur féminin d'introduction, dont le caractère est poétique, mystérieux et charmant ; le duo des amoureux, d'un sentiment tendre, d'un tour caressant et plein d'abandon ; le trio chanté par Giralda, Manoël et le roi, qui est si plein d'esprit, de finesse et de malice ; enfin, au troisième acte, deux morceaux attirent particulièrement l'attention, l'air de Giralda et le quintette ; l'air est bien joli, et une phrase surtout : *Viens, ô mon bon ange,* en est exquise ; de plus, on peut dire que, bien que ce soit un air de bravoure, il n'a rien de la banalité des morceaux de ce genre, et reste charmant d'un bout à l'autre ; quant au quintette, c'est une page achevée et brillante de verve comique ; il contient surtout un épisode excellent, c'est le récit de Ginès, *Je ne puis affirmer si celui que j'accuse....,* dont la diction est si simple, dont le tour est si amusant, si piquant et si naturel à la fois, dont l'accompagnement est si léger, si vivace et si clair ; c'est là de la vraie comédie musicale, telle que la comprenaient Grétry et nos vieux maîtres. En résumé, la partition de *Giralda,* considérée dans son ensemble, est une œuvre presque accomplie, et le second acte est tout-à-fait hors de pair et constitue un véritable chef-d'œuvre.

Les rôles principaux de *Giralda* étaient tenus par MM. Audran, Bussine, Sainte-Foy, Ricquier, mesdemoiselles Félix Miolan et Meyer (depuis, madame Meillet). C'est dire que la pièce était fort joliment montée. Malheureusement, nous l'avons vu, elle fut donnée en plein été, et le succès très-réel qu'elle obtint fut loin d'être aussi productif qu'il aurait dû l'être. On la reprit douze ans après, en 1862, et ce fut précisément le premier acte de la seconde direction de M. Perrin, venant reprendre le gouvernement de l'Opéra-Comique à la suite du désastre de l'administration Beaumont. Cette fois encore elle fut très-bien accueillie par le public, — mais Adam n'était plus là [1].

C'est à cette époque que plusieurs chagrins vinrent fondre sur lui : le fils qu'il avait eu de son premier mariage se suicida, et peu après il perdit une toute petite fille. Lui-même tomba malade d'une façon très-grave, et fut pendant assez longtemps en danger. Aussi, pendant l'espace de dix-neuf mois qui sépare la représentation de *Giralda* de celle de *la Poupée de Nuremberg,* nous ne lui voyons rien donner au théâtre, si ce n'est une cantate de circonstance, *les Nations*, « ode mêlée de divertissements et de danses, » écrite sur des vers

---

[1]. En province et à l'étranger, *Giralda* obtint d'énormes succès. A Lyon, où elle fut représentée deux mois environ après sa création à Paris, et où Adam était allé de sa personne diriger les études, elle fit merveille ; elle fut rapidement jouée en Allemagne, et on la donna successivement à Berlin, Stettin, Breslau, Hambourg, Leipzig, Prague, Hanovre, etc., etc. Au reste, le poëme en était si aimable et si amusant que le directeur d'une petite scène de Londres jugea à propos d'en faire une *adaptation* pour son théâtre, en supprimant la musique et en jouant la pièce sous forme de comédie.

Dans les derniers mois de 1876, *Giralda*, qu'on avait pas vue depuis plus de douze ans, fut remontée au Théâtre-Lyrique, où elle obtint un nouvel et éclatant succès. Cette reprise fut, pour le public actuel, comme une sorte de révélation du talent d'Adam, dont les œuvres sont si fâcheusement négligées depuis longtemps déjà.

de M. Théodore de Banville et exécutée à l'Opéra le 6 août 1851[1].

Cependant, après cette longue période d'inaction, Adam allait se remettre au travail avec plus d'énergie que jamais. Il avait encore des dettes, et il sentait qu'il ne pouvait les éteindre qu'à force de produire. Il était encore au lit et à peine en convalescence, lorsque Edmond Seveste entra un matin chez lui; Edmond Seveste était alors directeur du Théâtre Lyrique, qui avait succédé à l'Opéra-National, et il venait demander à Adam de lui écrire la musique d'un petit ouvrage en un acte : *la Poupée de Nuremberg*. En le voyant malade, il allait se retirer, quand Adam le rappela : — « Croyez-vous, lui dit-il, que parce que je suis malade, je n'irai pas aussi vite qu'un confrère bien portant? Laissez-moi votre pièce, et revenez me voir dans quinze jours. » Au bout d'une semaine seulement, l'ouvrage était, sinon terminé, du moins bien sur ses pieds, au dire d'Adam : — « En huit jours, et sans quitter le lit, j'écrivis ce petit ouvrage. Je me levai le huitième

---

[1]. Je ne dois pas oublier de mentionner une production religieuse d'un caractère particulier, et dont *la Gazette musicale* avait, peu de mois auparavant, signalé l'exécution en ces termes : « Aujourd'hui dimanche (20 avril), jour de Pâques, une messe composée par MM. Halévy, Adolphe Adam et Clapisson pour les élèves de l'Orphéon, sera exécutée par 300 voix dans la cathédrale de Meaux, où l'évêque officiera.

jour pour l'essayer et me le jouer au piano. J'étais guéri : le travail avait tué la maladie. »

La partition de *la Poupée*, pour ne pas être fort originale, n'en est pas moins aimable et charmante. Le poëme, écrit sur une donnée peu nouvelle, mais assez ingénieuse, était de MM. de Leuven et Arthur de Beauplan. L'ouvrage fut joué le 21 février 1852, et reçu cordialement[1]. Moins d'un mois après, le 19 mars, Adam donnait à l'Opéra-Comique un autre petit acte, un peu moins important, *le Farfadet*, dont de Planard lui avait fourni le livret. Au reste, cette année 1852 devait être pour lui féconde entre toutes, puisque c'est elle qui vit naître et représenter encore *Si j'étais Roi, la Fête des Arts, Orfa* et *la Faridondaine*.

Jules Séveste avait succédé dans la direction du Théâtre-Lyrique à son frère Edmond, mort subite-

---

1. Je ne me fais point faute de reproduire ici les appréciations qui viennent confirmer et fortifier les opinions exprimées par moi, lorsqu'elles émanent de juges compétents et d'esprits distingués. Voici comment un ancien élève du Conservatoire de Paris, devenu professeur et journaliste en province, G. Bénédit, parlait de *la Poupée de Nuremberg* : — « La musique de cette œuvre modeste a toutes les qualités de la musique d'Adam : vive, légère, gracieuse, remplie de jolis motifs ingénieusement développés à l'aide d'une harmonie élégante, elle enlève les applaudissements et prête au sujet, qu'elle embellit, le plus vif et le plus piquant attrait. » (Feuilleton du *Sémaphore de Marseille* du 30 octobre 1869).

ment sans même avoir pu voir représenter *la Poupée de Nuremberg*, commandée par lui à Adam. Jules apporta à ce dernier un livret de MM. d'Ennery et Brésil, en le priant d'en faire assez rapidement la musique pour que l'ouvrage pût être joué à l'époque de la réouverture annuelle, au mois de septembre. Il s'agissait de trois actes fort importants : *Si j'étais Roi*. Adam refusa d'abord, et envoya Séveste à Clapisson ; mais Clapisson, tout occupé de ses *Mystères d'Udolphe*, qu'il allait donner prochainement à l'Opéra-Comique, ne pouvait prendre aucun engagement. Séveste revint donc à Adam, qui finit par accepter, en lui demandant quels interprètes il lui donnerait. — Tous sujets nouveaux, lui répondit Séveste : d'abord, votre protégé Laurent (qu'Adam avait fait engager) ; puis, j'ai deux ténors, Talon et Menjaud, deux premières chanteuses, mesdames Colson et Noël ; deux basses et deux dugazons. Vous choisirez.

« Parbleu, répliqua Adam, il faut les prendre tous et faire un essai. Vous n'avez pas de lendemains, me dites-vous, au moins pendant quelque temps ; eh bien ! faisons répéter la pièce par tous les acteurs, formons deux troupes, et le lendemain *Si j'étais Roi* sera joué par d'autres artistes que la veille. Ce sera une nouveauté, et peut-être aussi un moyen de recettes. »

Séveste accueillit cette idée avec joie ; cela lui donnait le temps de presser Grisar, qui lui faisait un grand ouvrage. Je me mis au travail le 28 mai, le 9 juin le premier acte était terminé, on répétait le 15, et le 31 juillet toute ma partition était écrite et orchestrée. Les répétitions marchaient bien ; les deux troupes y mettaient la même ardeur ; tous les rôles étaient doublés, excepté celui de Laurent; mais c'était un travailleur, un bon pensionnaire, et il promettait de jouer tous les soirs. La première représentation eut lieu le 4 septembre, la seconde le lendemain ; le succès fut grand, et les deux troupes eurent chacune leurs admirateurs. Madame Colson était plus belle et plus dramatique, mademoiselle Sophie Noël plus cantatrice. Seul, Laurent n'avait pas de rival ; son succès le payait de son zèle. Il joua, je crois, quarante jours de suite ; Grillon débuta ensuite dans son rôle, et lui donna la possibilité de se reposer.

Cette idée de monter une pièce avec un double personnel, et de piquer la curiosité du public par deux interprétations différentes d'un même ouvrage, était évidemment ingénieuse et ne manquait point d'originalité ; c'était d'ailleurs une véritable innovation. Elle fut loin de nuire au succès de *Si j'étais Roi*, dont la partition, remarquable du reste à beaucoup de points de vue, se distinguant par une certaine ampleur de forme et une grande abondance mélodique, aurait pu se passer de cet attrait particulier. *Si j'étais Roi* peut, en effet, prendre place parmi les plus heureuses productions d'Adam ; si le style n'en est pas aussi soutenu que celui de *Giralda*, si l'œuvre n'est pas aussi complétement égale comme ton et comme couleur générale, elle brille du moins par un grand charme, par une grâce piquante, par une verve rare, et l'on y rencontre certaines inspirations d'un caractère particulier qui dénotent chez Adam des qualités très-personnelles, inconnues à des artistes plus richement doués que lui, et que, pour en citer un, Auber, par exemple, n'a jamais possédées. C'est à ce titre que je signalerai, entre autres pages adorables, la jolie romance de Zéphoris : *J'ignore son nom, sa naissance...*, d'un accent si mélancolique et si touchant, et les couplets du roi : *Dans le sommeil, l'amour, je gage...*, qui sont vraiment empreints d'un grand sentiment poétique. Je ne veux point faire de cette substantielle partition une analyse qui me mènerait trop loin, mais je citerai encore, parmi ceux de ses morceaux qui décèlent une véritable originalité, outre sa charmante ouverture, le trio si finement accompagné dans lequel se trouvent insérés les couplets que je viens de mentionner, l'air de danse du second acte, et enfin le joli petit air indien de Zélide, si pimpant et si gracieux. A mon sens, la partition de *Si j'étais Roi* est une de celles qui devraient toujours être au répertoire courant de nos théâtres lyriques.

Dès que ce brillant ouvrage eut fait son apparition sur la scène du boulevard du Temple, Adam se remit au travail avec une sorte de rage. Il avait à faire un ballet pour l'Opéra et la Cerrito, M. Perrin lui avait demandé de mettre en musique une vieille comédie de Desforges, *le Sourd* ou *l'Auberge pleine*, transformée en opéra-comique par M. de Leuven, et enfin il écrivait plusieurs morceaux pour un grand drame burlesque mêlé de chant, *la Faridondaine*, qu'on devait représenter à la Porte-Saint-Martin. Comme si tout cela n'était qu'un jeu, il se chargea, entre temps, d'écrire la musique d'une grande cantate, *la Fête des Arts*, « chant de l'avenir », dont Méry avait écrit les paroles pour célébrer l'achèvement du Louvre, qu'un décret du Président de la République venait d'ordonner. Cette cantate fut exécutée à l'Opéra-Comique, le 16 novembre 1852, avec Bataille, madame Ugalde, mesdemoiselles Lefebvre (madame Faure) et Wertheimber comme interprètes.

Le scenario d'*Orfa* avait été tracé par MM. Leroy, Henry Trianon et Mazillier. Ce ballet était en deux actes. Représenté à l'Opéra le 29 décembre 1852, il obtint un très-grand succès et produisit une vive sensation, dus en grande partie au beau talent de madame Cerrito, ainsi qu'à l'élégante et adorable musique d'Adam. Le lendemain même, 30 décembre, avait lieu à la Porte-Saint-Martin la première représentation de *la Faridondaine*. Madame Hébert-Massy, l'excellente cantatrice qu'on avait applaudie naguère à l'Opéra-Comique, où elle avait créé le joli petit rôle de Nicette dans *le Pré aux Clercs*, et qui ensuite, après avoir passé plusieurs années en province et à l'étranger, avait fait une courte apparition à l'Opéra, venait d'être engagée à ce théâtre, et MM. Dupeuty et Bourget avaient écrit à son intention ce drame, dans lequel ils lui avaient réservé un rôle particulièrement chantant. La plus grande partie de la musique de *la Faridondaine* avait été composée par Adam; M. Adolphe de Groot, chef d'orchestre de la Porte-Saint-Martin, était l'auteur des autres morceaux. L'un des fragments les plus importants de cette partition était un quatuor comique dont Adam parle ainsi : « J'avais écrit pour cet ouvrage un quatuor burlesque, qui m'avait fort amusé à faire. C'était sur l'air : *O Pescator*. J'avais composé des paroles et arrangé cela pour Boutin et Colbrun. Grâce à eux, ce quatuor eut un succès fou et obtenait chaque soir les honneurs du *bis*. J'avoue que, pour mon compte, je me rendais toujours au théâtre pour les entendre. »

A la suite de ces lignes, je trouve cette note dans les Mémoires d'Adam : — « L'année 1852 vit terminer mes tourments et mes ennuis d'intérêts. Je pus enfin toucher ce que je gagnais. On me remit mes comptes de la maison Perier. Je ne devais plus rien ! Ce fut une grande joie dans la maison. »

On a vu avec quel courage, quelle résignation, quelle profonde honnêteté Adam s'était voué à cette œuvre formidable : l'extinction de ses dettes. Il s'était imposé les sacrifices les plus lourds et les plus douloureux, s'était condamné aux plus dures privations pour obtenir ce résultat. Rien ne lui avait coûté pour atteindre son but, c'était devenu pour lui une idée fixe, unique, impitoyable, et l'on peut dire sans exagérer que peu d'hommes eussent été capables d'une telle persévérance et d'une telle énergie. Il fallait, pour agir ainsi qu'il le fit, être véritablement un homme d'honneur, et Adam a bien droit à ce titre.

Mais croit-on qu'une fois soulagé d'un tel fardeau, Adam va se reposer et respirer un peu, jouir, dans un repos au moins relatif, de la tranquillité qu'il avait acquise à un prix si dur ? Ce serait bien mal le connaître. Nous allons le voir, au contraire, continuer de travailler avec une sorte de fièvre, de frénésie, nous allons le voir se prodiguer et se multiplier plus que jamais, passant de l'Opéra-Comique à l'Opéra, de l'Opéra au Théâtre-Lyrique, de ce dernier retournant à l'Opéra-Comique, enfin tellement possédé du démon de la production qu'il ira jusqu'à s'échouer un jour sur la petite scène des Bouffes-Parisiens, — où il donnera un petit chef-d'œuvre. Pour que le ciel fût juste envers lui, Adam devait mourir la plume à la main, courtisant la muse et rêvant une cantilène. C'est justement ce qui lui arriva, et il n'eut même pas la douleur de voir approcher sa dernière minute.

Mais ces réflexions sont en avance sur mon récit, et il me faut parler maintenant de ses derniers ouvrages.

# XIII

La comédie, ou plutôt la farce du *Sourd ou l'Auberge pleine*, était une vieille pièce de l'acteur-auteur Desforges, donnée par lui au théâtre Montansier en 1790. On raconte que cet imbroglio désopilant était resté pendant deux ans oublié dans les cartons ; ce n'est toujours point dans les cartons de ce théâtre, puisqu'il n'ouvrit précisément ses portes au public que dans le cours de cette année 1790. Ce qui paraît bien certain, c'est que la pièce fut payée à Desforges la modique somme de cinquante francs, et ce qui est absolument sûr, c'est qu'elle obtint un succès prodigieux et fit littéralement courir tout Paris[1]. Vers 1830, on la reprit au Vaudeville, sous

---

1. « Ce qui est vraiment un hasard extraordinaire et joyeux dans l'existence de Desforges, c'est cette grande parade du *Sourd ou l'Auberge pleine* qu'il écrivit de verve, en un jour d'ivresse ou d'oubli bien certainement. *Le Sourd*, donné d'abord au théâtre de mademoiselle Montansier, passa ensuite sur le théâtre de la Cité, pour arriver enfin à la Comédie-Française, où il eut sa place à côté du *Médecin malgré lui*. Baptiste cadet, et Brunet plus tard,

forme de vaudeville, avec des couplets ajoutés. La transformation en opéra-comique que MM. de Leuven et Ferdinand Langlé lui avaient fait subir était donc sa troisième incarnation. Adam la mit en musique avec un rare bonheur, et en fit une excellente bouffonnerie, de la plus franche gaîté en même temps que de l'inspiration la plus généreuse, la plus alerte et la plus vive.

*Le Sourd* fut joué à l'Opéra-Comique le 2 février 1853, et fut accueilli par les fous-rires du public ; un an plus tard, on le reprenait au Théâtre-Lyrique, où il obtenait le même succès.

Chollet, après une longue absence de Paris, venait d'être engagé à ce théâtre, où il se montra dans deux des ouvrages qu'il avait créés naguère à l'Opéra-Comique et qu'Adam avait écrits pour lui : *le Postillon de Lonjumeau* et *le Roi d'Yvetot*. Mais il désirait une création nouvelle, et c'est expressément à son intention qu'Adam composa *le Roi des Halles*, sur un livret en trois actes de MM. de Leuven et Brunswick. L'ouvrage n'était pas des meilleurs, et fut au nombre de ceux qu'Adam écrivit avec la plus grande rapidité. On a même raconté, à son sujet, une anecdote assez originale, qui, en même

---

se sont fait une réputation dans le rôle de *M. Dasnière*, qui est devenu un type comme M. Deschalumeaux et M. Dumolet. » (CHARLES MONSELET. *Les Oubliés et les Dédaignés.*)

temps qu'elle peignait les préoccupations du musicien en enfantement d'une œuvre nouvelle, rappelait l'ennui bien connu que lui faisait éprouver le séjour de la campagne : — « A l'époque où il travaillait au *Roi des Halles*, on lui conseilla de passer une quinzaine de jours dans une campagne aux environs de Paris, où il achèverait tranquillement sa partition, sans être dévoré par les fièvres de la dernière heure. Il se laissa persuader. « Quinze jours,
« dit-il, c'est un peu long ; mais j'orchestrerai sans
« me presser mon opéra, et j'arriverai, sans m'en
« apercevoir, au bout du chapelet de la quinzaine. »
— Il part, il arrive ; il n'a pas voyagé, si ce n'est pourtant dans le finale de son second acte. A peine est-il descendu de voiture, qu'il demande en toute hâte la chambre que ses hôtes lui ont fait préparer. Il s'excuse auprès d'eux ; il sera dans un instant tout entier aux plaisirs de la villégiature ; il ne veut, en attendant, que fixer sur le papier un dessin de violon qui l'a séduit en route. Un domestique lui sert des plumes et de l'encre en guise de rafraîchissements. Il s'enferme, et la société va faire sans lui un tour de parc. Les heures s'écoulent. On sonne pour le dîner : il se fait un peu attendre, mais il n'a guère laissé refroidir que le potage et le premier service. Il paraît enfin ; il est aux regrets de ce retard ; il mange avec la distraction d'un homme dont l'esprit est ail-

leurs ; et, sans attendre le dessert, il s'esquive sans bruit et regagne son cabinet de travail. Le lendemain et les jours suivants, c'est le même manége ; il souhaite le bonjour à ses hôtes aux heures du déjeuner et du dîner, et encore lui arrive-t-il de faire la sourde oreille quand la cloche carillonne ; après quoi, serviteur à la compagnie. Sans même jeter les yeux sur les murs de sa chambre, tendue d'un beau papier représentant des marines, des paysages, des scènes rustiques, il reprend son tête-à-tête interrompu avec sa partition.

« Grâce aux loisirs de la campagne, vous pensez bien qu'au bout d'une semaine il ne manqua pas une note au *Roi des Halles*. Lorsqu'Adam s'aperçut avec étonnement qu'il était au bout de son papier, il descendit au salon (il y entrait pour la première fois), il alla serrer la main au maître et à la maîtresse de la maison, et reprit, sa partition sous le bras, le chemin de Paris, en songeant, dans le trajet, à l'ouvrage qui succéderait à celui-ci. Deux ou trois années plus tard, me racontant cette histoire, il en tirait cette conclusion avec un sérieux superbe : « Est-ce
« assez ennuyeux, la campagne ! D'abord, c'est tou-
« jours la même chose : un ciel plus ou moins bleu
« et des arbres plus ou moins verts... Moi qui vous
« parle, mon ami, j'y ai passé quinze grands jours ;
« mais on ne m'y prendra plus ! »

19.

*Le Roi des Halles* fut joué le 11 avril 1853, et, à l'issue de la représentation, les noms des auteurs furent livrés au public en ces termes inusités : — « L'opéra-comique que nous avons eu l'honneur de représenter devant vous est des trois auteurs du *Postillon de Lonjumeau*. » On espérait sans doute, en ravivant ainsi le souvenir du *Postillon*, forcer un peu le succès du nouvel ouvrage. Mais celui-ci n'était pas de nature à supporter la comparaison, et sa réussite fut médiocre. Adam mit ce résultat sur le compte de la jalousie de Chollet, fort mécontent, à son dire, de l'accueil très-favorable que Laurent, à côté de lui, recevait du public. Il aurait mieux fait d'avouer que la partition n'était pas des meilleures.

Au mois de juin suivant, Adam voyait mourir sa belle-sœur, la femme de son frère, âgée seulement de trente-quatre ans, et trois mois après il perdait son frère lui-même, qui avait cinq ans de moins que lui. Celui-ci laissait des affaires très-embrouillées, qu'Adam se chargea de régler. Il lui fallait encore travailler pour cela, à peine remis de l'arrangement de ses propres affaires. Mais nous savons par expérience que le travail n'était point fait pour l'effrayer. Il se remit donc de nouveau à la besogne, et, pour commencer, s'occupa du *Bijou perdu* :

Madame Cabel, dit-il, venait d'être engagée au Théâtre-Lyrique. Cette jeune cantatrice, qui avait commencé en

1849 au Château-des-Fleurs¹, avait débuté sans éclat à l'Opéra-Comique, et, à force de travail, revenait à Paris avec une réputation faite en province. Séveste m'en parla; il fut question de la faire débuter dans *la Reine d'un jour*. Mais lorsque je l'entendis, je fus ébloui et charmé par cette fraîcheur de voix, par cette vocalisation brillante. Je dis à Séveste que pour une pareille chanteuse ce n'était pas une reprise qu'il fallait, mais bien un ouvrage nouveau, fait pour elle. Il fallait se presser, car le pauvre Théâtre-Lyrique avait besoin d'un succès. De Leuven lut *le Bijou perdu*, et je me hâtai d'écrire un rôle pour madame Cabel².

Le livret du *Bijou perdu* n'était pas de M. de Leuven seul; ce dernier avait pour collaborateur M. de

---

1. Le Château des Fleurs, comme le Jardin d'hiver, était un établissement situé aux Champs-Élysées, et dans lequel on donnait des concerts.

2. Adam connaissait d'ailleurs madame Cabel, à qui, quelques années auparavant, il avait prédit un brillant avenir. Voici ce qu'il écrivait sur cette artiste, à propos d'un concert où il l'avait entendue, dans son feuilleton du *Constitutionnel* du 1er janvier 1849 : — « Une jeune et jolie cantatrice, madame Cabel, s'est fait applaudir dans l'air des *Mousquetaires* et dans la ballade de la Marguerite du *Val d'Andorre*. Madame Cabel a eu le bon esprit de ne pas se laisser éblouir par les succès de salon et de concert qu'elle a déjà obtenus. Elle vient de se présenter comme élève au Conservatoire; il est inutile de dire qu'elle a été admise à l'unanimité. Avec un peu d'étude elle acquerra de la souplesse dans l'organe, du velouté dans quelques notes encore un peu aigres, et, avec les brillantes qualités qu'elle possède déjà et son charmant physique, je ne doute pas qu'avant un an elle ne puisse briller comme chanteuse et comme comédienne au milieu des artistes distinguées qui figurent déjà dans la troupe de l'Opéra-Comique. »

Forges. Cette pièce avait eu, comme bien d'autres, une destinée singulière. Écrite pour Grisar et sur sa demande, vers 1836 ou 1837, elle était alors en deux actes et avait pour titre *Manon Giroux ;* mais M. Crosnier, à cette époque directeur de l'Opéra-Comique, l'ayant refusée, et Grisar étant ensuite parti pour l'Italie, elle fut par ses auteurs transformée en vaudeville et jouée au Palais-Royal. Elle avait conservé son titre de *Manon Giroux.* Lorsqu'il fut question d'une pièce pour les débuts de madame Cabel, MM. de Leuven et de Forges rendirent à leur *Manon Giroux* sa forme première, l'augmentèrent d'un acte et en firent *le Bijou perdu.* Adam en écrivit prestement la musique — au courant de la plume, on peut le dire, car l'ouvrage n'est que de seconde main — et *le Bijou perdu* fut représenté le 6 octobre 1853. « Le succès de madame Cabel fut immense, dit Adam ; du premier coup elle se posa comme cantatrice, et comme actrice elle était charmante dans Toinon. La ronde des fraises, qui devint si populaire grâce à elle, était bissée chaque soir. Cet ouvrage ne m'avait pas donné beaucoup de peine à faire. Madame Cabel en fit le succès. Je lui dédiai la partition avec ces mots : *L'auteur de l'ouvrage à l'auteur du succès.* » Ces lignes sages et modestes d'Adam me dispensent d'une critique détaillée de la musique du *Bijou perdu*. Je dirai seulement, avec lui, que « madame Cabel en fit le succès », et j'ajouterai que ce succès fut l'un des plus brillants et des plus fructueux de l'ancien Théâtre-Lyrique [1].

Peu de jours après l'apparition du *Bijou perdu*, le 15 octobre, ce théâtre reprenait un ancien et gentil petit opéra de Solié, dont Adam avait refait et renforcé l'orchestration, *le Diable à quatre*. Puis, bientôt, celui-ci s'occupa d'un nouveau travail d'arrangement, relatif à un ouvrage de Donizetti, *Bettly*, que ce compositeur avait écrit naguère en Italie sur le sujet du *Chalet*. Laissons-le raconter lui-même ce petit fait intéressant :

Donizetti n'avait jamais voulu donner en France sa partition de *Bettly*. Un seul air de cet ouvrage était très-connu et avait du succès. Madame Bosio, qui était alors

[1]. Au commencement de la guerre de 1870-1871, le gendre d'Adam, Edmond Moreaux, qui était lui-même un musicien de valeur et un compositeur fort distingué, s'engagea, quoique marié et père de famille, pour la durée de la campagne. Plein de courage, d'ardeur et de patriotisme, il ne s'épargna pas durant les premiers temps de cette terrible et funeste campagne. Revenu sous Paris dans les premiers jours de septembre, il avait été respecté par les balles ennemies, lorsque, comme par une cruelle ironie du sort, il tomba mortellement frappé au combat de Châtillon, précisément près de ce bois de Bagneux, si allègrement chanté par Adam, dans la fameuse ronde des fraises du *Bijou perdu* :

    Ah! qu'il fait donc bon cueillir la fraise,
        Au bois de Bagneux,
        Quand on est deux !

à l'Opéra, parla de cette partition, qu'elle avait chantée en Italie. On me proposa d'adapter la musique de *Bettly* sur un autre poëme, et d'en arranger les récitatifs. Je fis ce travail, qui ne pouvait me faire honneur, et qui était assez ennuyeux ; d'un autre côté, je n'étais pas fâché de faire entendre la musique du *Chalet* refaite par un homme d'un immense talent, et qui en cette circonstance avait été moins heureux que moi. C'était son avis, et c'était cette raison qui, de son vivant, lui avait toujours fait refuser la représentation de cet ouvrage en France. Mais comme nul n'est prophète en son pays, il me revenait souvent des *on dit* sur la partition de Donizetti, et les Français ne manquaient pas de dire qu'il était impossible que *Bettly* ne fût pas supérieure au *Chalet*. Malgré l'Opéra, malgré madame Bosio, *Bettly* fit un médiocre effet, et ne resta pas au répertoire. J'avais pourtant laissé intacte toute la partition. Donizetti avait eu raison, et je compris qu'après avoir donné tant de chefs-d'œuvre en France, il ne se soit pas soucié d'y laisser représenter un ouvrage faible [1].

Jules Séveste vint à mourir, et, par un caprice administratif au moins singulier, qui concentrait dans les mêmes mains le sort de deux théâtres similaires et pouvait nuire d'une façon dangereuse aux intérêts

---

[1]. *Bettly*, ainsi arrangée par Adam, sur des paroles de M. Hippolyte Lucas, fut représentée à l'Opéra le 27 décembre 1853. Madame Bosio y était charmante, et je me rappelle encore, quoique fort jeune à cette époque, l'impression que fit sur mon esprit, dans cet ouvrage, cette artiste si séduisante. Malgré tout, et comme le dit Adam avec un sentiment de satisfaction bien naturel, l'œuvre de Donizetti ne put se maintenir au répertoire.

des auteurs, des compositeurs et des artistes, le privilége du Théâtre-Lyrique fut donné à M. Perrin, déjà directeur de l'Opéra-Comique. Adam avait alors un opéra en trois actes en répétitions sur chacun des deux théâtres : à l'Opéra-Comique, *le Dernier Bal*, sur un poëme de Scribe; au Théâtre-Lyrique, *le Muletier de Tolède*, dont MM. d'Ennery et Clairville lui avaient fourni le livret. M. Perrin lui fit observer que dans la nouvelle situation qui lui était faite de directeur des deux théâtres, il ne pouvait monter simultanément deux ouvrages du même compositeur sans faire naître des jalousies et provoquer des réclamations; en conséquence, il le pria de choisir celui qu'il désirait voir jouer le premier, la représentation de l'autre ne devant venir qu'un peu plus tard. Adam n'hésita pas : il avait écrit *le Muletier de Tolède* en vue de madame Cabel, dont il comptait la coopération au nombre de ses meilleures chances de succès; il porta son choix sur cette partition, et écarta résolument *le Dernier Bal*, sans se douter qu'il signait ainsi l'arrêt de mort de ce dernier ouvrage [1]. *Le Muletier* fut repré-

---

1. *Le Dernier Bal*, en effet, ne fut jamais représenté, bien qu'à cette époque les études en fussent très-avancées à l'Opéra-Comique. La partition, dont j'ai eu le manuscrit entre les mains, était absolument prête et complètement instrumentée. Aujourd'hui, les chances d'apparition de cet ouvrage sont devenues bien

senté le 16 décembre 1854, et n'obtint, en dépit de la présence de madame Cabel, qu'un succès relatif. Je ne m'appesantirai pas sur son sujet, car c'est pour moi l'une des productions les plus faibles de son auteur [1].

M. Perrin voulant un lever de rideau pour cet ouvrage, Adam écrivit à la vapeur la musique d'une sorte d'opérette en un acte et à trois personnages masculins, *A Clichy*, qui fit son apparition huit jours après *le Muletier de Tolède*, le 24 décembre. Les paroles de cette pochade étaient de MM. d'Ennery et Eugène Grangé.

Cependant, sous un prétexte ou pour une raison quelconque, M. Perrin recula indéfiniment la représentation du *Dernier Bal*, et, comme compensation, offrit à Adam un livret en deux actes de M. Rosier, intitulé *le Houzard de Berchini*.

précaires, par ce fait que le livret présente une étroite analogie avec celui d'un des derniers opéras d'Auber, *le Premier jour de bonheur*.

1. Il est rare qu'un artiste reconnaisse lui-même la faiblesse d'une de ses œuvres. Adam était comme les autres, et il rejeta sur la faute de ses interprètes le demi-succès du *Muletier de Tolède*. On le verra par ce fragment d'une lettre, en date du 23 novembre 1855, adressée par lui à M. Audran, l'aimable ténor à qui il avait dû plusieurs succès à l'Opéra-Comique, et qui, après avoir quitté ce théâtre, était allé tenir son emploi à Lyon : — « ... Je vous remercie du nouveau succès que vous venez de donner à *Si j'étais Roi;* vous êtes coutumier du fait, et le journal que vous m'avez envoyé ne m'a rien appris de nouveau, si ce

Tandis qu'Adam s'occupait de celui-ci, parvint en France la nouvelle de la prise de Sébastopol. M. Perrin le chargea aussitôt d'écrire une grande cantate avec chœurs, qui serait chantée simultanément à l'Opéra-Comique et au Théâtre-Lyrique. Les paroles de cette cantate, qui était intitulée *Chant de Victoire*, étaient de Michel Carré ; elle fut effectivement exécutée sur les deux théâtres, le 13 septembre 1855 : à l'Opéra-Comique, par MM. Jourdan, Faure, Delaunay-Ricquier et Bussine ; au Théâtre-Lyrique, par MM. Dulaurens, Léon Achard, Meillet et Marchand. Un mois après, le 17 octobre, *le Houzard de Berchini* faisait son apparition à l'Opéra-Comique, ayant pour principaux interprètes M. Bataille et mademoiselle Lefebvre. On m'assure que cette partition, dont le succès fut extrêmement modéré, était une des enfants chéries d'Adam ; cela n'a rien qui doive surprendre, car on sait que souvent les artistes se prennent d'une affection profonde pour leurs plus faibles productions, les préférant même parfois à des œuvres beaucoup mieux venues et mieux constituées. Pour moi, qui ai vu naguère *le Houzard de*

n'est que le rôle de Zéphirin avait été joué à Paris par *un acteur d'un incontestable talent*, ce dont je ne me doutais guère. Je crois que vous serez content du rôle du *Muletier de Tolède*, à qui les interprètes ont tout à fait manqué à Paris, et qui doit être pour vous l'occasion d'un de ces triomphes auxquels vous êtes habitué.... »

*Berchini* et qui connais la partition, je ne puis m'empêcher d'avouer que je comprends parfaitement l'indifférence dont le public fit preuve à son égard [1].

Trois mois s'étaient à peine écoulés qu'Adam se montrait de nouveau au Théâtre-Lyrique, où il donnait, le 18 janvier 1856, pour les débuts d'Hermann-Léon sur la scène du boulevard du Temple, un acte intitulé *Falstaff*.

Le livret de ce petit ouvrage, qui avait pour auteurs MM. de Saint-Georges et de Leuven, ne lui

---

1. Rendant compte, dans la *Revue des Deux-Mondes*, du *Houzard de Berchini*, Scudo disait : — « En écoutant cette partition très-légère, il nous vint à l'esprit le mot de Grétry à propos d'un opéra très-sombre de Méhul, *Uthal :* « Je donnerais bien un petit « écu, dit l'auteur de *Richard*, pour entendre une chanterelle. » Nous aurions fait le même sacrifice à la première représentation du *Houzard de Berchini*, pour une bonne modulation dont le besoin se faisait sentir, particulièrement dans le joli trio du premier acte, le seul morceau qui mérite d'être signalé. »

Il est certain que *le Houzard de Berchini* n'obtint aucun succès, et cependant, comme je l'ai dit, cet ouvrage était l'un des préférés d'Adam. Il en parlait ainsi dans le compte-rendu qu'il en faisait dans *l'Assemblée nationale* (23 octobre 1855) : — « Depuis *le Chalet*, j'avais toujours désiré un ouvrage où s'offrît de nouveau l'alliance de la couleur militaire et de la couleur villageoise. C'est donc avec bonheur que j'ai accepté la pièce de M. Rosier, et c'est avec plaisir que j'en ai écrit la musique. Ce plaisir sera-t-il partagé par ceux qui l'entendront? A franchement parler et sans faire de fausse modestie, j'ai tout lieu de l'espérer. Je ne veux ni ne puis me faire de compliments, mais en ne me jugeant et ne me comparant qu'avec moi-même, je crois avoir rarement mieux réussi. »

était pas d'abord destiné, et devait être mis en musique par Clapisson ; mais celui-ci, pressé par d'autres travaux, dut y renoncer au dernier moment, et Adam, qui était toujours prêt, s'en chargea volontiers. Clapisson avait seulement écrit la musique de deux petits couplets ; Adam s'en servit, en les instrumentant à sa manière. Cela ne rendit pas meilleure la partition de *Falstaff*, qui passa inaperçue. — Faisons le silence sur ce petit péché.

Mais Adam se relevait bientôt avec éclat, en se reprenant à son genre favori. Moins d'une semaine après l'apparition de *Falstaff*, le 23 janvier, il donnait à l'Opéra un grand ballet dramatique en trois actes et cinq tableaux, *le Corsaire*, dont MM. de Saint-Georges et Mazillier lui avaient taillé le scenario dans le beau poëme de Byron, et qui avait pour principaux interprètes, outre l'excellent mime Segarelli, mesdames Rosati, Couqui et Marquet. Par extraordinaire, le travail de mise en œuvre de ce ballet avait duré toute une année, ce qui n'empêcha pas le musicien d'être obligé, au dernier moment, d'improviser tout un tableau de sa partition ; il donnait à ce sujet, dans son feuilleton de *l'Assemblée nationale*, des détails pleins d'humour, qui ne seront pas sans intérêt pour les personnes qui ignorent les difficultés, les vicissitudes et les conditions parfois singulières du travail de la scène. C'est à ce titre que je les reproduis ici :

On sait que, depuis un an, il se perpètre, à l'Opéra, un ballet du *Corsaire*, dont je suis un des complices. L'administration y a déployé un tel luxe de costumes, de décors et de mise en scène, qu'elle est en droit de penser que l'ouvrage envers lequel elle s'est montrée si généreuse doit justifier cette prodigalité par son mérite et sa perfection. Hélas! la perfection n'est pas de ce monde, et chaque fois que l'on fait un changement pour améliorer, ce changement tend à faire paraître plus défectueuses les parties conservées, de telle sorte qu'il faut aussi changer ce qui avait d'abord été respecté, et qu'on en est arrivé à presque tout refaire. Et sur qui retombe le poids du travail de ces changements? Sur le chorégraphe et sur le pauvre musicien qui n'en peuvent mais, car ils n'avaient fait que marcher sur la ligne qu'on leur avait tracée et se conformer aux idées qu'on leur avait indiquées. Et puis, leur travail est tout spécial. Lorsque, pour changer une situation, une scène, un tableau, un acte même, il aura suffi, à l'auteur du livret, de quelques heures de réflexion et de moins de temps encore pour écrire son programme sur le papier, ce sont des jours, des semaines, des mois peut-être qui sont nécessaires pour accomplir la longue opération de la mise en œuvre de ces idées si promptement conçues. Mais, enfin, tout est bien, du moins à ce que l'on croit, l'on est satisfait de toutes les parties qui ont été répétées en détail, et l'on arrive à mettre le tout à l'ensemble. C'est alors qu'apparaissent des imperfections nouvelles, et, comme dans toute œuvre dramatique, quelque peu d'importance littéraire qu'elle paraisse avoir, il y a une logique obligée qui fait tenir toutes les parties ensemble, le moindre dérangement suffit pour nécessiter la reconstruction de l'édifice. C'est ce qui est arrivé il y a quelques jours. Une répétition générale avait eu lieu, laquelle devait être suivie des répétitions d'orchestre, qui ne précèdent que de quelques jours la première représentation. Le jour était donc à peu près pris et fixé. Mais, au sortir de cette répétition, chacun des intéressés à l'ouvrage avait reconnu le côté vulnérable, et cependant personne ne s'était communiqué cette impression, craignant, sans doute, que cette impression ne fût personnelle, et l'on s'était fait scrupule d'émettre des idées dont la réalisation aurait encore reculé la première représentation d'un ouvrage si souvent et si longtemps retardé. Le lendemain, cependant, chacun avait mûri son opinion et venait timidement la soumettre à qui de droit. Cette opinion était unanime : le changement d'un tableau tout entier fut dès lors résolu. On objecta bien qu'il faudrait près d'un mois pour arriver à un résultat satisfaisant. Les choses en étaient donc à ce point, lorsque le directeur est informé que S. M. l'Empereur désire que le ballet soit représenté le plus tôt possible ; que S. M. l'Impératrice voudrait assister à la première représentation ; que les soins dont on doit entourer une position si chère et si précieuse l'éloigneront pour quelque temps des émotions et de la fatigue du spectacle, et que le délai de rigueur serait le lundi 21 courant. Dix jours environ pour accomplir le travail d'un mois ! C'était impossible, et pourtant il fallait que cela fût. Il n'y avait qu'un moyen, c'était de doubler le temps, en supprimant celui consacré au repos : je devais le premier donner l'exemple, et j'ai commencé par me figurer que le sommeil était un raffinement de luxe dont on pouvait tout-à-fait se passer ; que c'était un préjugé de croire qu'il fallût boire et manger pour soutenir ses forces ; bref, je ne bois plus, je ne dors plus, je ne mange plus ; je commence à me persuader que l'homme n'a été mis sur la terre que pour composer de la musique de ballet très-vite, pour l'écrire très-vite, pour l'instrumenter encore plus vite, et que cela doit suffire au bonheur et aux besoins de son existence. La tâche d'écrire des feuilletons n'étant pas comprise dans le nouveau genre de vie que je me suis imposé, je demande la permission d'être aujourd'hui un peu moins prolixe qu'à l'ordinaire : je crois bien que je ne serai pas le seul à y gagner[1].

Quoiqu'il en soit, et en dépit des obstacles du dernier moment, la partition du *Corsaire* était superbe, pleine de vivacité, de mouvement, de verve et de chaleur ; de son côté, l'Opéra avait fait des prodiges de mise en scène, et l'ouvrage était merveilleusement joué. Aussi le succès fut immense.

Presque aussitôt, Adam brocha pour le Théâtre-Lyrique, à l'intention de M. et madame Meillet et sur un livret de MM. Brunswick et Arthur de Beauplan, un petit ouvrage en deux actes, *Mam'zelle Geneviève*, qui passa à peu près inaperçu. Cet opéra sans conséquence fut donné le 24 mars 1856. Tandis qu'il en suivait les répétitions, une cantate lui fut demandée à l'Opéra pour la représentation gratis que ce théâtre donna dans la journée du 17 mars, à l'occasion de la naissance du prince impérial. Celle-là fut évidemment écrite en quel-

---

1. *Assemblée nationale* du 15 janvier 1856. Ce feuilleton était publié huit jours avant la représentation du *Corsaire*.

ques heures, puisqu'elle fut exécutée le lendemain même de l'événement. Les paroles étaient de M. Emilien Pacini, et elle fut exécutée par MM. Roger, Gueymard, Bonnehée, Obin, et madame Tedesco.

# XIV

Nous arrivons à la dernière production dramatique d'Adam, l'une des moins importantes au point de vue de l'étendue, mais en même temps l'une des plus exquises. M. Carvalho, grâce à son influence et à sa protection, s'était vu accorder le privilége du Théâtre-Lyrique à la suite de la déconfiture de l'honnête et infortuné Pellegrin, qui avait succédé à M. Perrin. M. Carvalho, qui avait à monter immédiatement un ouvrage de Clapisson et un de M. Victor Massé, l'avait engagé à ne rien donner pendant une année entière, non-seulement à l'Opéra-Comique, mais même au Théâtre-Lyrique, désirant lui voir écrire une grande partition dont le rôle principal serait chanté par madame Carvalho. Adam avait souscrit à ce désir. Mais pense-t-on quelle souffrance ce pouvait être, pour un tempérament comme le sien, qu'une année entière passée sans rien produire ! Il n'y fallait point compter, et Adam, ne pouvant songer au théâtre, reporta ses préoccupations du côté de la musique religieuse. Il écrivit d'abord, pour l'Association des artistes musiciens et à l'incitation de M. le baron Taylor, sa fameuse *Marche de l'Annonciation*, puis travailla à une nouvelle Messe, à un *Te Deum*, et enfin songea à un *Requiem*. Sur ces entrefaites, l'administration des Bouffes-Parisiens vint le solliciter d'écrire pour ce théâtre la musique d'un petit poëme plein de distinction, de grâce et de fraîcheur, *les Pantins de Violette*, dû à la plume d'un écrivain qui mourut à la fleur de l'âge, Léon Battu, fils de l'ancien second chef d'orchestre de l'Opéra et frère de la cantatrice mademoiselle Marie Battu.

A la visite qui lui fut faite à ce sujet, Adam répondit sans s'engager ; mais on se doute qu'un prétexte bien léger devait suffire à le décider. Ce prétexte, sa fille se chargea de le lui fournir. C'est, non pas aux Mémoires d'Adam, qui se terminent à l'époque de la représentation du *Muletier de Tolède*, mais aux quelques pages qui y ont été ajoutées pour les compléter, que je vais emprunter les détails relatifs aux *Pantins de Violette*. Adam, sans rien promettre, avait cependant gardé la pièce :

Pendant son absence, sa fille, alors âgée de neuf ans, vint fureter dans les papiers de son père ; elle voit une pièce où sont mis en scène Pierrot et Polichinelle ! elle la lit, et quand il rentre, elle lui saute au cou en lui disant :

— « Petit père, c'est pour moi que tu vas faire ce Pierrot-là? » Adam adorait cette enfant. — « Oui, lui dit-il, ce sera ta pièce, et c'est pour toi que j'en veux faire la musique. » Et le voilà, se mettant au piano avec l'enfant à ses côtés, et improvisant cette délicieuse petite partition, pendant que sa fille l'écoutait et chantait ce qu'il faisait. Le lendemain, lorsqu'on revint pour savoir sa réponse, l'opéra était fait, et il le joua en entier. Il mit seulement pour condition qu'il ne serait point nommé. On voulait que cela ne fût pas su, mais bientôt, c'est le cas de le dire, ce fut le secret de Polichinelle [1].

*Les Pantins de Violette*, chantés par M. Pradeau, par mesdemoiselles Schneider et Dalmont, furent

---

[1]. Un fait assurément rare se produisit sur l'affiche des Bouffes-Parisiens, lors de la représentation des *Pantins de Violette*, par suite de la volonté exprimée par Adam de n'être point nommé au sujet de ce petit ouvrage. Son nom fut remplacé sur l'affiche par trois étoiles dont le gros du public ne connaissait peut-être point la signification, mais que les artistes savaient bien à qui appliquer. Il y a quelques années, dans une étude sur Grisar (a), je rappelais ce petit fait en parlant d'une pièce que ce musicien charmant avait donnée — et signée — à ce même théâtre des Bouffes-Parisiens, et je disais : « Il paraît qu'Adam avait conservé quelques préjugés, car il ne voulut point consentir à signer cette œuvre légère (*les Pantins*) et à laisser paraître son nom sur l'affiche du petit théâtre pour lequel il n'avait point dédaigné de travailler. » M. de Forges répondit à cette assertion dans une lettre qui contenait ces paroles : « Adolphe Adam n'a jamais eu l'idée de garder l'anonyme au théâtre des Bouffes-Parisiens. Il avait beaucoup trop d'esprit pour cela et il n'aurait pas cru déroger en travaillant pour cette petite scène où déjà, avant lui, une œuvre inédite de Mozart avait été représentée. » Ce n'était point là une question d'esprit, mais une question de convenances particulières. Quoi qu'il en soit, et bien que sûr de mon fait, je ne pouvais alors

(a) *Albert Grisar*, étude artistique. — Paris, Hachette, 1870, 1 vol. in-12.

représentés le 29 avril 1856. Ils obtinrent un grand succès, que justifiait, et au-delà, la valeur de cette petite partition si mignonne, mais si parfaite et si exquise dans ses minces développements. Adam avait donné là une nouvelle preuve de son tact et de son goût particuliers. Ayant une petite toile à remplir, il s'était bien gardé d'en faire craquer le cadre en donnant trop d'importance au sujet et en chargeant sa palette plus que de raison. Il s'était, au contraire, fait tout petit pour rester dans les proportions indiquées, mais ce n'était aux dépens ni de l'inspiration, ni de la forme, qu'on n'eût pu vraiment souhaiter, l'une plus aimable, plus juvénile et plus charmante, l'autre plus accomplie, plus attrayante et plus soignée. En un mot, c'est une opérette qu'on avait demandée à Adam, c'est bien une opérette qu'il fit, et non point un opéra-comique. Mais sa petite partition n'en est pas

fournir de preuve matérielle à l'appui de mon dire. Il n'en est pas de même aujourd'hui, et, au bout de six ans, je puis répondre à M. de Forges par une nouvelle affirmation. La question de l'anonyme gardé en cette occasion par Adam me semble suffisamment tranchée par la note qu'on vient de lire et qui, émanant de la famille du compositeur, ne laisse place à aucun doute. Quant aux trois étoiles que j'avais signalées comme remplaçant sur l'affiche le nom d'Adam, si M. de Forges veut être assuré de la fidélité de ma mémoire, il n'a qu'à rechercher et à lire le compte-rendu de la représentation des *Pantins* publié par la *Revue et Gazette musicale* du 4 mai 1856. Il verra, par ce compte rendu, que j'étais dans la plus exacte vérité.

moins pleine de style, de fraîcheur, de grâce et d'élégance, et elle est, avec cela, comme imprégnée d'un adorable parfum de jeunesse. C'est la chanson des vingt ans, fredonnée sur tous les tons, pendant tout le cours d'un petit acte, par un artiste de génie. Dans *les Pantins*, l'enchanteur n'est pas, comme on pourrait le croire, le sorcier Alcofribas, père de la gentille Violette, c'est le compositeur lui-même, qui vous charme, qui vous émerveille à l'aide des chants les plus suaves, les plus ingénieux et les plus exquis. Je n'en veux pour preuve, entre tous les mignons morceaux de cet opéra mignon, que le petit air de Violette, *Canari, mon chéri*, le rondeau si spirituel d'Alcofribas, la romance mélancolique et tendre : *Quand je perdis ma tourterelle*, et l'adorable chanson : *Pierrot est un joli pantin*. S'il est admis qu'une miniature achevée peut être un chef-d'œuvre, *les Pantins de Violette* méritent ce titre.

## XV

*Les Pantins de Violette* sont la dernière œuvre sortie de la plume d'Adam. Il n'eut pas le temps, lui si prompt d'ordinaire à se remettre au travail, de commencer un ouvrage nouveau. Moins de quatre jours après la représentation des *Pantins*, dans la matinée du 3 mai 1856, il avait cessé d'exister. Il n'avait pas encore accompli sa cinquante-troisième année.

Les détails consignés par une main amie, à la suite de ses Mémoires, sur les derniers jours d'Adam, sont si intéressants et si précis, que je crois ne pouvoir rien faire de mieux que de les reproduire ici. Le récit qu'on va lire offre, en effet, toute la valeur d'un document authentique, et rien ne saurait être plus complet :

Le 29 avril 1856 avait lieu la première représentation des *Pantins de Violette*. C'était un mardi. Le lendemain, Adam n'était pas très-bien portant ; il se plaignait d'étouffements. Il s'occupa pourtant de faire un quadrille sur les motifs des *Pantins*. Le jeudi 1er mai, il rentra chez lui à neuf heures du soir, et raconta qu'au coin de la rue Richer il avait été pris d'un étouffement si violent qu'il avait dû faire approcher une voiture, car il se sentait défaillir en marchant. Il était cependant à deux pas de chez lui, puisqu'il demeurait rue de Buffault.

Le lendemain, il prit un bain ; il ne se sentait pas très-bien et mangea à peine. Après déjeuner, il vint dans le petit salon de sa femme, et appela sa fille pour lui jouer le quadrille qu'il avait fait sur « son opéra ». On allait venir le prendre de chez l'éditeur, avec le manuscrit des *Pantins*. Il écrivit, sur ce dernier, la dédicace : **A ma fille Angèle**. Puis il sortit. Il ne devait point rentrer tard, mais ne dînait pas chez lui.

Il ne rentra qu'à une heure moins un quart du matin, en voiture. Madame Adam était fort tourmentée et le blâma de l'inquiéter ainsi, après ce qui lui était arrivé la veille. Il raconta à sa femme qu'il était allé à l'Opéra entendre mademoiselle Elvire, qui débutait dans *la Reine de Chypre* ; qu'ensuite il s'était rendu au Théâtre-Lyrique, où l'on jouait *le Bijou perdu*. Il avait causé longtemps avec M. Carvalho au sujet d'une contestation qui s'était élevée entre ce dernier et M. Perrin, relativement à *Richard-Cœur-de-Lion*, que l'on reprenait simultanément dans les deux théâtres. Il montra à sa femme le brouillon d'une lettre qu'il avait écrite à M. Carvalho pour que celui-ci pût la montrer au ministre. Il témoignait une grande satisfaction de l'engagement d'un jeune baryton nommé Grillon, qu'on lui avait fait entendre, et qui devait débuter dans *Si j'étais Roi*. « Tu verras, disait-il, je suis sûr que tu en seras enchantée. »

Après avoir ainsi causé quelque temps, il s'en alla dans son cabinet, où il écrivit trois lettres : l'une à M. Mocker, la seconde à madame Laborde, pour laquelle il avait demandé et obtenu un congé à l'Opéra, la dernière à M. Auber, pour lui dire qu'il irait le prendre dans la matinée afin de se rendre avec lui à l'Institut. Il mit ces trois lettres dans la salle à manger, pour que le domestique pût les porter de bonne heure ; puis il revint, comme chaque soir, embrasser sa fille, souhaita le bonsoir à sa femme, et lui adressa ces paroles, les dernières qu'il ait prononcées : « Surtout, tu m'éveilleras à huit heures ; il faut que je sois chez Auber avant neuf heures, pour aller mettre les élèves en loges à l'Institut. »

Il se coucha, lut un peu, et s'endormit.

La chambre de madame Adam était contiguë à la sienne ; la porte était ouverte. Un petit chien qu'Adam aimait beaucoup couchait sur son lit. Pas un bruit ne se fit entendre. A sept heures et demie du matin, madame Adam, en se levant, ferma, comme à l'ordinaire, la porte de la chambre, pour que son mari pût reposer tranquillement jusqu'à huit heures. A huit heures, elle entra dans cette chambre, ouvrit les persiennes, et s'approcha du lit pour éveiller Adam... Il n'existait plus !... Sa figure était calme, ses yeux étaient entr'ouverts. Il avait seulement un peu repoussé la couverture, mais le mouvement avait été si peu brusque que le petit chien couché à ses pieds n'avait pas bougé, et que celui-ci ne s'éveilla qu'au cri horrible poussé par madame Adam, lorsqu'elle ne douta plus du malheur qui la frappait et qu'elle se jeta sur le corps inanimé de son mari !...

Le médecin, qui demeurait dans la maison et qu'on fit venir à l'instant, déclara que la mort avait frappé Adam pendant son sommeil, et qu'elle avait dû se produire vers cinq ou six heures du matin, la chaleur subsistant encore dans tous les membres. La tête et le cœur seuls étaient glacés...

Adam reçut de la population parisienne, qu'il

avait si longtemps charmée, l'hommage qu'il méritait à tant de titres. A cette époque, la muse wagnérienne n'avait pas encore pris son bruyant essor, et, d'autre part, les fervents de ce qu'on pourrait appeler la Courtille musicale ne se livraient pas, sur dix de nos théâtres, au cancan échevelé qu'ils ont dansé depuis lors. Un certain nombre d'âmes naïves croyaient encore à l'existence d'un genre de musique saine, aimable, enjouée, qui, sous le nom d'opéra-comique, charmait la France depuis tantôt un siècle, et ne semblait pas devoir disparaître de si tôt. Adam était l'un des représentants les plus autorisés de cet art vraiment national; il avait, depuis trente ans, conquis les sympathies du public, et ces sympathies se manifestèrent avec un ensemble touchant à la nouvelle de sa mort. « Si, disait un journal, la popularité d'un artiste peut se mesurer à la foule qui l'accompagne jusqu'à sa dernière de-demeure, nul autre, plus qu'Adolphe Adam, ne posséda le privilége d'éveiller par son talent, de réunir autour de son nom les sympathies générales. Son cortége funèbre se composait d'un immense concours d'amis, de gens de lettres, d'auteurs dramatiques, de compositeurs, d'artistes de tous les théâtres, d'élèves du Conservatoire, de toutes les sociétés chorales de Paris, de plusieurs centaines d'ouvriers appartenant aux maisons de quelques facteurs célèbres. L'Église de Notre-Dame-de-Lorette n'était pas assez vaste pour recevoir tous ceux qui auraient voulu y pénétrer[1]. »

Sur la tombe d'Adam, plusieurs discours furent prononcés. Il ne me semble pas inutile de reproduire ici celui d'Halévy, l'ami, l'émule et presque l'ancien condisciple du grand artiste mort si jeune, et dont il était le collègue à l'Académie des Beaux-Arts. On se rappelle qu'Adam était mort précisément le jour où les élèves musiciens entraient en loges à l'Institut pour le concours de Rome ; c'est ce qui fait qu'Halévy, parlant sur la tombe de son ami, s'adressait aux membres de l'Académie des Beaux-Arts présents à la cérémonie funèbre :

Messieurs, disait-il, hier vous étiez réunis pour commencer les épreuves d'un concours solennel. Vous alliez ouvrir la carrière à de jeunes compositeurs ambitieux de mériter ce prix dont la couronne est à Rome. Tout à coup des sanglots retentissent. Un de ces jeunes artistes venait, tout en pleurs, vous apprendre la mort de son maître, de notre confrère, de notre ami. La mort l'avait frappé en silence, pendant la nuit, au milieu de sa famille, près de l'ouvrage terminé la veille, près du travail nouveau déjà commencé par cette main que nous avions crue infatigable.

Nous voici donc de nouveau réunis autour d'une tombe, et le deuil est une fois de plus entré dans nos cœurs. Hier

---

1. *Gazette musicale* du 11 mai 1856.

encore, celui qui nous est enlevé avant l'âge était plein de force et d'ardeur ; aujourd'hui, cette flamme si vive est éteinte, le souffle ardent s'est glacé, la source abondante est tarie, la voix mélodieuse se tait pour jamais.

Adolphe-Charles Adam naquit à Paris, le 24 juillet 1803. Son père, Louis Adam, était un professeur célèbre. Il reçut presque en même temps, dans la maison paternelle, et les premiers soins donnés à l'enfance, et les premières leçons de l'art qui devait l'illustrer. La musique fut pour lui une langue qu'il entendit parler dès le berceau. Il fut de bonne heure admis au Conservatoire. Boieldieu se chargea bientôt de guider et d'instruire cette jeune et facile intelligence. A vingt ans, Adolphe Adam prit part au concours de l'Académie et mérita une mention honorable; l'année suivante, l'Académie lui décernait le second prix. Mais le jeune lauréat était trop impatient, trop avide de produire pour se soumettre à une troisième épreuve, il alla sur-le-champ demander au théâtre une instruction plus pratique. Il composa dès lors une foule de petits airs, mélodies déjà ingénieuses, mettant au service de la musique, dès ses premiers pas dans la carrière, un esprit fin, gracieux et délicat. Ses essais heureux le firent bientôt appeler sur nos premières scènes lyriques. Tout le monde sait quels succès l'y attendaient.

Adolphe Adam eut, à une époque de sa vie encore peu éloignée de nous, une lutte pénible à soutenir contre la mauvaise fortune. Il la soutint avec courage, et il est bon de la rappeler ici, parce qu'elle honore son caractère. Entraîné dans la ruine d'une entreprise qu'il avait fondée par amour pour son art et pour favoriser, autant qu'il le pourrait, les premiers essais des jeunes artistes en leur ouvrant une arène nouvelle, il vit disparaître dans cette ruine le produit de travaux déjà nombreux. Bien plus, l'honneur de son nom pouvait être menacé. Il redoubla d'efforts, et engagea l'avenir de ses travaux qui semblèrent se multiplier sous sa plume féconde et abondante. Qui peut dire si ce labeur sans repos n'a pas détruit cette force toujours active? Qui sait si la mort rapide et prématurée qui l'a foudroyé, n'est pas elle-même le payement cruel de cette dette d'honneur?

La réputation d'Adolphe Adam était déjà brillamment établie, lorsqu'en 1844 l'Académie des Beaux-Arts l'appela à remplacer M. Berton. Il fut, en 1849, nommé professeur de composition du Conservatoire de Musique.

Ce n'est pas ici le lieu de parler des nombreux ouvrages d'Adolphe Adam, ouvrages charmants, populaires dans toutes les langues, naturalisés sur tous les théâtres. Les esprits cultivés, les intelligences éclairées savent comment l'artiste produit. Ils savent que le labeur est quelquefois caché sous la production la plus légère ; que ces moments heureux de travail facile et inspiré, l'artiste ne les obtient qu'au prix d'une émotion profonde, d'une dépense de l'âme. L'inspiration! n'est-ce pas la vie elle-même qui s'exhale et remonte à sa source divine! Mais le public frivole ne voit souvent dans l'œuvre de l'artiste que la distraction offerte à ses loisirs.

Ne troublons pas plus longtemps le silence de ce dernier asile, et respectons la majesté de la mort.

Adieu donc, mon cher Adam, mon cher émule. Reçois par ma voix les derniers adieux de ces confrères qui t'ont aimé d'une affection sincère, qui te pleurent avec une douleur profonde. Tu meurs laissant après toi le souvenir d'harmonieux concerts, d'un esprit aimable et charmant, d'un cœur toujours dévoué, toujours affectueux et bienveillant.

J'ai fait connaître la vie et les œuvres d'Adam, j'ai résumé sa carrière et j'ai rappelé tous ses travaux. Il me reste maintenant à juger l'artiste au point de vue général, à analyser ses facultés, à caractériser son tempérament, en un mot, à essayer de lui assigner, dans l'art contemporain, la place qu'il mérite et qui lui convient.

## XVI

Adolphe Adam fut un des membres les plus distingués de la jeune génération musicale qui succéda à celle qu'avaient vu naître les années si troublées de la Révolution, à celle qui comprenait les noms à jamais glorieux de Berton, de Cherubini, de Méhul et de Boieldieu. Lorsqu'il commença à se produire, Cherubini avait renoncé à la carrière active, et l'on peut presque en dire autant de Berton, qui ne donnait plus que de loin en loin quelques rares ouvrages; Boieldieu terminait son existence brillante, Auber était en pleine efflorescence, et Hérold, qui avait devancé Adam de quelques années et qui devait mourir si jeune, allait marquer les dernières heures de sa vie par deux chefs-d'œuvres qui promettaient davantage encore. Halévy débutait lui-même, et quelques autres jeunes musiciens, tels que Gide et Montfort, Labarre et Gomis, Onslow et Eugène Prévost, faisaient leur entrée dans le monde pour s'arrêter bientôt, les uns promptement atteints de lassitude, les autres frappés par une mort précoce. Mais ce n'est pas tout, et bientôt devaient venir le pauvre Hippolyte Monpou, dont la carrière fut si courte et la fin si malheureuse, et M. Ernest Boulanger, que la malchance semble avoir toujours poursuivi, en dépit du souvenir de sa mère et d'un talent plein de grâce et de distinction, puis Albert Grisar, et Clapisson, et enfin M. Ambroise Thomas, aujourd'hui presque le seul survivant de cette brillante pléiade. Je ne parle pas de Berlioz, génie plus symphonique que scénique, et qui ne faisait point concurrence à ceux qui s'occupaient de théâtre.

Les rangs étaient serrés, on le voit, et les individualités bien tranchées. Auber, artiste charmant, esprit élégant, sceptique et mondain, homme de goût et de bonne compagnie, fut un musicien exquis, mais plus scénique que foncièrement dramatique, et à qui manquait d'une façon presque absolue non-seulement le sentiment et la passion, mais jusqu'à l'émotion sincère. Halévy, tempérament complexe, génie mâle et vigoureux, digne héritier des grandes qualités de son maître Cherubini, auxquelles il joignait le charme et la grâce, presque inconnus à celui-ci, fut au contraire un talent essentiellement dramatique, plein de chaleur et d'expansion, à qui l'on aurait seulement désiré parfois un peu plus de spontanéité. Grisar avait en partage la finesse, le sens scénique, la grâce piquante ou émue, un sentiment tendre, mais péchait, lorsqu'il voulait s'efforcer, par la grandeur de l'idée et l'ampleur de la conception. Clapisson était un musicien « bon enfant », à l'humeur guillerette, à l'esprit jovial, dont les facultés très-réelles, mais mal équilibrées, ne correspondaient pas suffisamment entre elles, et à qui l'on aurait justement souhaité plus de solidité dans le fond et plus de distinction dans la forme. Je ne crois pas utile de caractériser ici le génie de M. Ambroise Thomas, qui, grâce au ciel, est encore là pour plaider sa cause, et qui, d'ailleurs, n'a pas dit son dernier mot.

Pour trouver sa place au milieu de tous ces artistes distingués, pour creuser son lit dans cette source féconde, pour se faire un nom et une personnalité parmi des émules si bien doués, on conviendra qu'il ne fallait pas être le premier venu. Or, cette place, Adam sut se la faire, et non-seulement honorable, mais brillante à beaucoup d'égards, et particulièrement enviable.

S'il ne réussit point dans le grand drame lyrique, malgré ses désirs et un ou deux efforts malheureux, s'il y fut complétement effacé, d'abord par Auber, — qui, il faut le remarquer, ne renouvela jamais le succès, d'ailleurs fort légitime, de *la Muette* — ensuite par Halévy, dont le talent, mêlé de grandeur et de passion, convenait aux sujets héroïques, il sut, malgré le nombre de ses rivaux, apporter dans le genre de la comédie musicale un style tout personnel, empreint tout à la fois de grâce et de coquetterie, de sentiment et d'émotion, de gaieté et de verve comique, avec des qualités pratiques telles qu'il ne craignait aucune supériorité. C'est précisément dans l'opéra-comique, où il a été fâcheusement éclipsé par Auber, dont la renommée était solidement établie lorsqu'il fit ses premiers pas, que le parallèle entre le génie de ces deux artistes se présente de lui-même à l'esprit ; et il faut dire que ce parallèle n'est pas toujours à l'avantage de l'auteur de *la Sirène* et de *la Part du Diable*, en dépit de la verve étonnante et des qualités si primesautières de celui-ci. (Je parle, bien entendu, de l'Auber qui s'arrête à *Haydée*, car à dater de ce dernier ouvrage, et malgré le talent qu'il continua de déployer par la suite, la décadence commence incontestablement à se produire.) Bien plus divers, bien plus *renouvelable* que son rival, Adam possédait des facultés qu'on aurait en vain demandées à ce dernier et qu'il n'a jamais connues. S'il était, au point de vue général, — et ceci est évident — moins attique, moins soutenu, moins pur dans son style, s'il n'avait point — et il s'en faut — cette sérénité, cette *égalité d'humeur musicale* qui était en quelque sorte le caractère distinctif et comme la marque de fabrique du génie d'Auber, il avait de plus que lui la tendresse et l'émotion (*Giralda, le Chalet*), une verve comique étincelante (*le Sourd, le Postillon de Lonjumeau, le Toreador,*) une sorte de grâce juvénile et naïve (*les Pantins de Violette, la Poupée de Nuremberg*), enfin un grand sentiment poétique (*Si j'étais Roi*). Adam avait tout autant d'esprit qu'Auber, seulement il lui arrivait, dans sa rapidité d'improvisation, de ne pas être assez scrupuleux sur le choix de la pensée et de tenir parfois un langage un peu débraillé ; mais, quand chez lui l'inspiration était heureuse, il ne craignait aucune comparaison, même avec celui qu'on appela pendant tant d'années le « chef de l'école française. » D'autre part, Auber (dont, on le sait de reste, les qualités étaient aussi très-personnelles et l'originalité très-tranchée), Auber se serait vainement efforcé d'obtenir ce qu'Adam possédait si bien, l'expression émue d'un sentiment tendre, la grâce amoureuse, et ce je ne sais quoi qui réchauffe le cœur, qui éveille dans l'âme des impressions mélancoliques, et qui fait couler des larmes. Inférieur en certains autres points, on peut dire que, dans cet ordre d'idées, l'auteur de *Giralda* et de *Si j'étais Roi* est supérieur à l'auteur de *Fra-Diavolo* et du *Domino noir*[1].

1. Sous le rapport de l'abondance mélodique, de la façon d'é-

Mais il est un genre surtout dans lequel Adam a affirmé une supériorité complète, éclatante, incontestable : c'est celui du ballet. Là, il est maître absolu, et l'on peut dire qu'il n'a point connu de rivaux. C'est particulièrement dans le ballet qu'il a déployé ce grand sentiment poétique que je signalais il n'y a qu'un instant, et les adorables partitions de *Giselle* et de *la Fille du Danube*, entre autres, sont là pour le prouver. Il apporta d'ailleurs dans ce genre de musique toute la souplesse de main, toute la diversité de style qu'il avait fait remarquer d'autre part : la partition d'*Orfa* est empreinte d'un véritable caractère de grandeur, celle du *Corsaire* est animée d'un souffle dramatique puissant, tandis que dans *le Diable à quatre* se retrouvent la verve comique et, si je puis dire, la loquacité amusante qui ont fait le succès de plusieurs de ses opéras comiques [1].

Il est donc juste de dire que malgré toute l'estime

---

mettre, de traiter et de développer les idées, aussi bien qu'en ce qui concerne l'instrumentation, Adam n'avait rien à envier à Auber. Mais, là encore, on peut remarquer leurs côtés particuliers, les nuances qui diversifiaient leurs talents. Auber, pour ce qui est de l'orchestre, était plus volontairement et plus constamment élégant, plus recherché, plus formaliste, si l'on peut dire ; Adam était plus soudain, plus en dehors, plus imprévu. Tous deux étaient brillants, légers et pleins de grâce.

1. Il est à remarquer que cette grandeur de style, cette ampleur dans la forme que je constate ici et dont Adam a donné

qu'ils lui témoignaient, Adam, en tant que compositeur dramatique, n'a pas été placé par ses contemporains au rang qu'il méritait. La postérité, qui a déjà commencé pour lui, devra être plus équitable à son égard, puisque, par le fait des circonstances, justice complète ne lui a pas été rendue de son vivant. Il est certain que si, dans les temps troublés, dans la période de transition que nous traversons aujourd'hui au point de vue musical, un artiste nous apportait des œuvres telles que *le Chalet*, *Giselle*, *Giralda*, il se mettrait aussitôt en évidence et conquerrait d'emblée l'une des premières places. C'est dans les questions d'art surtout qu'il s'agit d'arriver à propos, et c'est souvent au voisinage qui lui est fait par le hasard que l'artiste doit le plus ou moins de prestige dont son nom est entouré, le plus ou moins de crédit dont il jouit auprès du public. Adam, sous ce rapport, n'a pas été heureux. Naturellement écrasé par le souvenir trop récent de Boieldieu et d'Hérold, étouffé par Auber, qui avait eu l'heureuse chance de venir avant lui, serré de près d'un côté par Halévy et par M. Am-

---

maintes preuves dans ses ballets, disparaissaient lorsqu'il s'occupait d'ouvrages dramatiques d'un autre genre. A quoi cela tient-il? je l'ignore. Mais c'est précisément là ce qui constitue l'une de ses infériorités vis-à-vis d'Auber. Jamais Adam n'aurait écrit *la Muette*, non plus qu'*Haydée*, non plus que certaines parties de *la Sirène* et des *Diamants de la couronne*.

broise Thomas, de l'autre par Grisar et par Clapisson, il tint, au milieu de tous ces artistes si distingués à tant d'égards, une place fort honorable, mais qui, dans un état moins priviligié et de moindre abondance en ce qui concerne la production musicale, eût pu être beaucoup plus brillante et presque exceptionnelle.

Sa verve pétillante, son esprit primesautier, mais inégal, durent presque rendre les armes devant l'inaltérable sérénité d'Auber, qui était devenu le favori du public avant même qu'Adam abordât la scène ; la tendresse et l'émotion véritable dont ses œuvres étaient souvent empreintes pâlissaient devant le grand sentiment dramatique dont Halévy était animé ; la gaîté étincelante dont il avait si bien le secret était parfois égalée par Grisar; enfin, bien qu'il réunît à lui seul des qualités que ses rivaux se partageaient, en les possédant à un degré moindre ou supérieur, le grand nombre de ceux-ci, je le répète, fit tort à Adam et fut cause qu'on ne lui assigna pas le rang auquel il eût eu droit de prétendre. Peut-être aussi faut-il ajouter que sa fécondité lui fut fâcheuse, et que sa facilité de production, en amenant dans la valeur relative de ses œuvres une inégalité parfois choquante, dérouta souvent le public et le rendit injuste sans qu'il s'en aperçût. Peut-être est-ce seulement aujourd'hui, en considérant sa carrière dans son ensemble, en mettant en relief ses ouvrages les plus achevés et en faisant bon marché de ce qui n'est point digne de survivre, que l'on peut apprécier nettement la valeur de l'artiste et le talent déployé par lui.

Quoi qu'il en soit, cette fécondité même, bien qu'on en ait pu parfois regretter les résultats, n'en est pas moins une preuve irrécusable de la puissance intellectuelle d'Adam et indique une nature supérieure. On a vu, dans le cours de cette étude, tout ce qu'il a produit en fait de musique dramatique, sans compter ses œuvres de musique religieuse ; mais on ne doit pas oublier qu'outre cela il a écrit et publié des centaines de morceaux de chant et de piano, des cantates, des noëls, nombre de chœurs orphéoniques (dont un sourtout, *les Enfants de Paris*, obtint naguère un succès colossal), et une énorme quantité d'articles d'histoire et de critique musicales. En pensant à cet effroyable labeur accumulé pendant tant d'années, un critique qui connaissait bien Adam, Fiorentino, expliquait ainsi cette étonnante faculté de production, et traçait ce tableau net et pris sur le vif de l'existence du grand artiste :

Adolphe Adam tenait par tous les coins à cette vie parisienne si facile et si riante à la surface, si troublée au fond et si douloureuse. Sa matinée appartenait non-seulement à sa famille et à ses amis, mais à tous les fainéants et à tous les importuns qui assiégeaient sa porte. Celui-ci venait tendre une main qu'il ne retirait jamais vide; celui-là le consultait sur une romance ou sur une cantate; un homme déjà vieux et sans aucune espèce de voix sollicitait son appui pour un emploi de ténor; une jeune fille, qui n'avait jamais dansé un pas de sa vie, lui demandait le premier rôle de son prochain ballet. Le pauvre Adam, sans jamais se fâcher, sans se plaindre, accueillait, écoutait, consolait tout le monde; et lorsque sa patience était à bout, pour ne pas éclater, il caressait son gros chien qui allongeait silencieusement le museau sur les genoux de son maître et le regardait d'un œil fixe et compatissant. C'est à peine s'il avait le temps de s'habiller; on venait le chercher pour aller dans les ministères, où toutes les portes lui étaient ouvertes; c'était tantôt quelque artiste malheureux qu'il recommandait à la bienveillance du gouvernement, tantôt les intérêts d'un théâtre qu'il défendait comme les siens propres, tantôt quelque veuve de musicien qu'il faisait doter d'une pension, tantôt quelque orphelin qu'il faisait adopter par la Société des artistes. Le reste de sa journée était pris par les répétitions, les visites, les affaires, l'Institut, le Conservatoire, le journal, les concerts, les théâtres où il assistait à toutes les premières représentations, et plus souvent à deux qu'à une seule dans la même soirée!

Mais quand donc travaillait-il, et où prenait-il le temps pour composer l'immense répertoire qu'il nous a laissé? Oh! vous allez le voir, rien n'est plus simple; il prenait sur ses nuits, il prenait sur son repos, il prenait sur sa santé, sur sa vie; et vous allez bientôt comprendre ce que c'est que le travail facile et cette heureuse veine dont on lui faisait compliment! Adam se levait de table, passait dans son petit salon, se chauffait un instant les reins devant sa cheminée, causait une demi-heure avec ses amis, puis leur disait gaiement : *Allons, je vous chasse*. Et il se mettait à travailler. *Il est si bon de travailler le soir*, disait-il simplement ; *on a toute la nuit devant soi; le jour on est si dérangé! — Toute la nuit devant soi!* Le secret de la mort d'Adam est dans ce mot... Pour résoudre ce problème effrayant de la vie parisienne, tous ceux qui travaillent sans relâche, tous ceux qui produisent énormément, n'ont pu trouver qu'un moyen : *c'est de supprimer le sommeil*. Ainsi s'expliquent ces tours de force incroyables qui étonnent le public. Adolphe Adam était toujours prêt, et jamais directeur aux abois n'a eu recours à lui sans être exaucé et sauvé : un opéra en quinze jours, un ballet en trois nuits, une cantate en trois heures. Lorsqu'une chose était bien reconnue impossible, on s'adressait à Adam et la chose était faite [1].

C'est, en effet, l'un des côtés caractéristiques du tempérament artistique et intellectuel d'Adam, que cette activité incessante, que cette âpreté infatigable au travail. Jamais — et nous en avons vu bien des preuves — jamais, on peut le dire, il ne prenait de repos. Avait-il achevé un opéra, vite il en commençait un autre, ou il se prenait à un ballet, ou il entamait une messe, écrivant parfois entre temps, et pour se dégourdir la main, soit une série de chœurs orphéoniques, soit une suite de morceaux religieux pour le mois de Marie, soit une douzaine de roman-

---

1. *Moniteur universel* du 11 mai 1856. Feuilleton signé, comme tous ceux que Fiorentino publiait dans ce journal, du pseudonyme : A. de Rovray.

ces, soit toute une kyrielle de petites compositions pour le piano. Ne prenant jamais le temps d'attendre l'inspiration, courant toujours après elle, assez heureux pour l'atteindre la plupart du temps, toute sa vie était dans le travail, et il ne pouvait comprendre autrement l'existence. Dans un feuilleton du *Figaro*, — l'ancien *Figaro* littéraire — feuilleton publié en 1862, lors de la reprise de *Giralda*, M. Jouvin a publié quelques souvenirs qui ne sont pas sans intérêt, et qui montrent la prodigieuse activité d'Adam, qui semblait ne regretter qu'une chose, c'était de ne pouvoir produire davantage encore :

Adolphe Adam, disait M. Jouvin, m'a avoué bien des fois que les vives jouissances d'amour-propre que donnent un grand succès et les bravos de la foule n'étaient rien pour lui en comparaison du plaisir d'écrire une partition en tiers avec sa lampe et son piano. — « Le malheur, « ajoutait-il, c'est que mon plaisir dure peu, car j'écris « vite, trop vite ; on me l'a reproché ; mais je mourrai « dans l'impénitence finale. Que de fois, par exemple, je « suis parti pour la campagne avec un opéra en trois actes « à orchestrer. Bon! me disais-je, en voilà pour quinze « jours, ne nous pressons point. — Mais je ne sais comment cela se faisait ; au bout de trois jours, ma partition était instrumentée sans qu'il manquât une *pause* à « la partie de triangle, et j'étais condamné au supplice de « regarder pousser les marguerites du jardin et de voir « coucher le soleil derrière un nuage [1]. Sans ma bonne

---

1. Ici, et seulement pour la forme, je ferai remarquer au narrateur que l'exagération est par trop manifeste. Quelle que fût la

« constitution, je n'y aurais pas résisté. — On parle des
« nuits passées au travail, des Waterloo de théâtre, de
« l'ingratitude du public. On ne meurt pas de cela ; on en
« vit, au contraire, avec un peu de fièvre, et voilà tout.
« Croyez-le bien, mon cher ami, ce qui fait pousser des
« cheveux blancs sur notre tête, ce qui tue l'artiste en
« détail, avec d'intolérables souffrances et comme si le
« juif Schylock le charcutait à loisir de son coutelas bien
« affilé, c'est l'inaction. On me fait un crime de ma fé-
« condité ; on me jette mes vieux opéras dans les jambes
« pour m'empêcher de marcher ; on écrit sur tous les tons :
« M. Adolphe Adam, l'auteur du *Chalet*, un chef-d'œuvre... »
« — Eh ! si j'ai fait un premier chef-d'œuvre, butor ! que
« ne m'en laisses-tu faire un second ? D'autres, hochant
« la tête, disent : « C'est un improvisateur ! » comme on
« dirait : « C'est un voleur ! » — L'improvisation, c'est un
« grand mot, et rien de plus. Molière, un homme de gé-
« nie, improvisait comme Oronte, qui n'était qu'un sot.
« Qu'importe que j'improvise ou que je rature mes parti-
« tions ? *Richard en Palestine* est le fruit de lentes réflexions
« et d'un travail mûri, et *Richard* n'est pas bon, tandis
« que *le Toreador*, composé en trois jours, du mardi au
« vendredi, passe pour être un de mes meilleurs ou-
« vrages. »

« On a dit encore : « Il a voulu être directeur pour être
« joué, et non content de se faire musicien en vieux, sous
« prétexte de rajeunir Grétry, Monsigny et Dalayrac, il
« met des flons-flons à la *Faridondaine* de la Porte-Saint-
« Martin, comme on met des clous à un vieux soulier.
« Qu'on le laisse faire, et il ira demander leur pratique

rapidité de travail d'Adam — et je sais qu'elle était étonnante —
je l'eusse bien mis au défi d'orchestrer en trois jours une partition
en trois actes. Encore faut-il le temps matériel d'écrire, et il n'est
pas un compositeur qui ne déclare qu'ici le temps serait absolument insuffisant.

« aux vaudevillistes en crédit. Ce fut d'ailleurs son pre-
« mier métier. » — On croit pousser jusqu'à l'excès la
« mordante hyperbole de la critique, mon cher ami, et
« l'on dit la vérité bien juste. Que ne suis-je encore à ces
« commencements si durs et si doux du *Hussard de Fels-
« heim* ? Comme Balzac, même en produisant, je suis tour-
« menté du besoin de produire. Vous avez baptisé cela de
« l'hystérie musicale, et je n'y ai pas contredit. Quelques
« années avant sa mort, le célèbre romancier rêvait l'ac-
« quisition d'un hôtel, le plus vaste qu'il eût trouvé, et
« dans lequel il voulait fonder un journal quotidien au
« rez-de-chaussée, une Revue en concurrence à la *Revue
« des Deux-Mondes* au premier étage, un petit journal dans
« les combles ; petit journal, revue, journal quotidien ré-
« digés par une seule plume, celle d'Honoré de Balzac ;
« sans préjudice, bien entendu, de nouvelles séries de la
« *Comédie humaine*. Eh bien ! le rêve gigantesque et fou
« de ce grand apôtre du travail, il m'est arrivé de le faire
« à ma manière. — Plus d'une fois, après avoir placé l'ac-
« cord final au bas d'une partition, ne me trouvant ni las
« ni assouvi, je me surprenais à envahir par la pensée
« toutes les scènes parisiennes... Vous riez, et vous allez
« me dire : « Pourquoi pas tout de suite la machine Fies-
« chi appliquée à la musique ? » — Je ne vous répondrai
« qu'une chose : En 1848, au milieu des désastres de ma
« direction, lorsque l'Opéra-National craquait sous mes
« pieds et qu'il pleuvait du papier timbré sur ma tête, je
« me réfugiais dans ce petit cabinet où vous êtes venu
« me voir quelquefois ; je m'y enfermais à double tour ;
« j'ouvrais une méchante épinette plus grinçante que la
« voix des recors, j'improvisais des fragments du ballet de
« *Griseldis*, que m'avait commandé l'Opéra, et j'oubliais
« tout. »

Et pour se reposer de faire de la musique, Adam

se mettait parfois à faire de la littérature. Lorsqu'après le désastre de l'Opéra-National, Véron lui eut offert et qu'il eut accepté le feuilleton du *Constitutionnel*, peu s'en fallut qu'il n'accaparât les journaux comme, à un moment donné, il avait accaparé les théâtres. Il avait donné naguère un certain nombre d'articles à la *Gazette musicale*, à la *France musicale* et au *Monde dramatique*. Bientôt le *Constitutionnel*, où il publia ses jolies études sur Boieldieu, sur Berton et *Montano et Stéphanie*, sur Sedaine et Duni[1] ne lui suffit plus ; il entra à *l'Assemblée nationale*, puis il se mit à travailler pour la *Revue contemporaine*, puis, pour la *Revue pittoresque*, puis... que sais-je encore? et dans l'espace de deux ou trois ans, comme s'il n'avait jamais fait que cela de sa vie, il mit ainsi au jour toute une série de notices musicales pleines de charme et d'intérêt, de grâce et de piquant, d'entrain et d'animation, notices un peu fantaisistes parfois au point de vue du détail, avec un grain d'esprit romanesque (comme, par exemple, dans sa charmante étude sur Gossec), mais dans lesquelles cependant le côté historique était suffisamment respecté, et où le génie de chaque artiste était apprécié avec un sentiment critique singulièrement remarquable.

1. Celle-ci n'a point été recueillie dans les *Souvenirs d'un musicien*.

Du moment qu'il tourna de ce côté ses facultés, Adam saisit du premier coup la note, et entra de plain-pied dans les bonnes grâces du public. Ce n'est pas un sujet de mince étonnement, pour celui qui étudie avec attention ce tempérament si souple et si riche à la fois, que la facilité avec laquelle, dans un âge où l'on n'apprend guère un nouveau métier, il se mit à faire de la littérature (car il faut remarquer qu'en somme, il avait très-peu écrit jusqu'alors). Mais c'est qu'en vérité il avait tout ce qu'il fallait pour réussir en ce genre, et, chose assez rare, il déploya précisément, en tant qu'écrivain, les qualités qui le distinguaient comme compositeur : un esprit bon enfant et sans prétention, un style aisé (moins brillant cependant), le mouvement, la grâce, et jusqu'à cette émotion communicative qui captive le lecteur aussi bien que le spectateur. De plus, il avait l'art du récit comme on le possède rarement, et en même temps le secret d'exciter l'intérêt. Comme historien, il n'allait pas au fond des choses, et n'avait point la prétention d'épuiser son sujet; mais lorsqu'il avait pris un type, qu'il s'était emparé d'une figure, il la faisait si bien revivre et la présentait avec tant d'exactitude, que la ressemblance était frappante et qu'on la connaissait comme lui. On n'a qu'à lire, pour s'en convaincre, tous ces croquis si fins, si allègres, si bien venus, sur Lully, Rameau, Dalayrac, Gossec, Méhul, Berton, Boieldieu.....

Au point de vue de la critique courante, du feuilleton proprement dit, Adam n'était ni moins habile, ni moins expert. Un écrivain, mort déjà depuis quelques années, et dont personne ne contestera la compétence en pareilles matières, Joseph d'Ortigue, lui rendait justice en ces termes : — « Adolphe Adam était un écrivain et un critique distingué; ses articles, toujours pleins de bienveillance pour ses confrères, étaient pleins d'encouragements pour les essais des jeunes gens. S'il avait à exprimer une opinion sévère, il le faisait avec franchise, mais avec loyauté et mesure, de manière à rester l'ami de l'écrivain ou du musicien dont il s'était fait un instant l'adversaire [1] ».

Enfin, pour terminer ce portrait artistique, intellectuel et moral du grand artiste dont j'ai essayé de retracer la vie et la carrière, pour compléter sa physionomie, je ne crois pouvoir mieux faire que de reproduire ce crayon qu'en a tracé il y a quelques an-

1. Feuilleton du *Journal des Débats* du 14 mai 1859. — Je profite de l'occasion pour rappeler l'opinion que d'Ortigue, dans le même article, émettait sur la valeur des compositions religieuses et notamment des cantiques d'Adam : — « Bien que le style de ces faciles cantilènes nous paraisse peu en rapport, disait-il, avec leur destination, toujours est-il que nous féliciterions MM. les curés de ne pas composer d'autres éléments le programme de leurs concerts du mois de Marie. »

nées Amédée Achard [1], et par lequel sont mis en relief certains traits particuliers. Ceci est l'Adam intime, l'Adam pris sur le vif, dans la vie de chaque jour, et dont la silhouette ne pouvait être ainsi dessinée que par quelqu'un qui l'avait longtemps connu et pratiqué :

... Adolphe Adam, comme la plupart des compositeurs, avait le don charmant de l'esprit. Il en avait comme Halévy, comme Berlioz, comme Rossini, comme en a M. Auber. Seulement, il ne l'avait pas comme l'auteur des *Troyens* et de la *Symphonie fantastique*, amer et âpre, mais gai, primesautier, caustique, à l'occasion avec une pointe vive d'ironie, mais toujours alerte et bon enfant. Il avait le goût, je pourrais presque dire l'amour de la conversation, et y mettait ce même entrain joyeux qu'on retrouve dans sa musique.

A table, il pétillait. Le reflet des cristaux où la lumière se brise en étincelles, l'éclat des bougies, le scintillement des glaces et des porcelaines, tout l'excitait et fouettait sa verve. Il appartenait à cette génération d'hommes qui avaient le culte du vin de Champagne. Les dîners du docteur Véron, où il rencontrait Romieu, en savent quelque chose. Il le dégustait, il le savourait, il en faisait luire la liqueur couleur d'or pâle aux feux des lustres, et le pétillement qui s'en dégageait chatouillait ses lèvres et égayait son esprit.

Les mains sur le piano, il en tirait les mélodies qui ont fait la fortune de ses opéras; elles lui venaient rapidement, sans effort; c'était comme un chant qui sonnait dans sa tête et dont il notait la phrase ailée. Les mains

---

1. *Moniteur universel* du 13 juin 1870.

armées d'une plume, il écrivait des feuilletons dont la science aurait cru faire œuvre d'impolitesse si elle se fût dispensée d'esprit.

Un certain nombre de ces feuilletons et plusieurs études sur des compositeurs fameux dont quelques-uns furent ses contemporains, ont été réunis en un volume qu'on peut lire avec plaisir. Il est intitulé : *Souvenirs d'un musicien* [1].

Une notice biographique écrite par lui-même en précède les divers chapitres. Elle est curieuse à plus d'un titre. Tout l'homme est dans ces pages rapides où l'on sent le bouillonnement de son activité.

Adolphe Adam a dans le style quelque chose de sa musique, la même vivacité, l'entrain, le jet, le tour brillant. Cela coule de source, et l'esprit s'y joue avec aisance. Au courant de la plume, il a des aperçus fins et délicats et une manière de peindre qui a de la couleur.

J'ai été assez longtemps son collaborateur au journal *l'Assemblée nationale,* où il tenait, comme on dit en style prétentieux, le sceptre de la critique musicale. Ce sceptre était quelquefois un fouet. Je le vois encore, arrivant dans le bureau du journal et tirant de sa poche la copie de son feuilleton. S'il y avait quelqu'un par-là, et il y a toujours quelqu'un dans un bureau de journal, il parlait, et soudain la conversation allait, allait, allait! Et comme le disait un des rédacteurs du journal, le vieux Pellier, mort depuis, il vidait le tiroir aux anecdotes. C'était une pro-

---

1. On a publié deux volumes d'Adam : l'un, *Souvenirs d'un Musicien*, en 1857 ; le second, *Derniers Souvenirs d'un Musicien*, en 1859. En faisant un choix dans ceux de ses feuilletons qui n'ont pas été reproduits, on pourrait trouver encore au moins la valeur de deux volumes charmants et qui, par les révélations, par les détails inconnus sur un grand nombre d'œuvres et d'artistes, seraient d'une utilité précieuse et incontestable au point de vue de l'histoire de l'art contemporain.

vision. Et il y en avait de toutes sortes! Brantôme en aurait adopté quelques-unes.

A cette époque, Adolphe Adam connaissait tout Paris, ce fameux tout Paris qui se renouvelle sans cesse et qui reste toujours le même. Les coulisses des théâtres lyriques et le boulevard étaient ses galeries. Il s'y fatiguait en poignées de mains. Dans les foyers de théâtres, si l'on causait avec plus d'entrain dans quelque coin, si l'on riait, on était sûr qu'il était là, et si l'on approchait, bien vite on apercevait sa petite taille, son visage barbu et malicieux, son regard vif sous ses lunettes d'or, son geste animé. Il semait la vie autour de lui.

Mais peut-être l'a-t-il usée par cette abondance même de production et d'activité. Il ne lui accordait jamais la détente et le repos. La flamme, trop souvent attisée, un jour a disparu.

C'est le propre des hommes de ce temps de se prodiguer, comme s'il y avait en eux des sources dans lesquelles leur fantaisie pût éternellement puiser. Ils ont comme une fièvre qui les dévore et qui les pousse, avec une ardeur que rien ne lasse, au travail comme au plaisir, et ils croiraient leurs journées perdues s'ils ne les avaient pas remplies de choses qui pourraient suffire à l'œuvre d'une semaine. Les morts vont vite, dit la légende. Ce sont les vivants qui vont vite à présent! Quelque chose qui n'a pas de nom les chasse vers l'inconnu comme le vent chasse les nuages vers l'horizon lointain. Ils vont, sans cesse impatients, ne pensant au chemin parcouru que pour mesurer par le désir le chemin qu'ils doivent parcourir encore. Et si leurs forces sont à bout, ceux-là par insouciance, d'autres par orgueil, tous parce qu'ils sont d'une époque fiévreuse, crient : *En avant! En avant!* et redoublent de vitesse.

Puis une heure vient où ils disparaissent dans la mort. Adolphe Adam a connu cette ivresse de l'action qui se dépense sous mille formes et qui demande à la vie toutes les fleurs et tous les fruits qu'elle peut donner, et les lui demande en même temps. Quelque chose de ce sentiment est indiqué dans cette phrase que j'extrais de sa notice biographique :

« C'est la fièvre de la production et du travail qui prolonge ma jeunesse et me soutient. »

Elle l'a protégé et soutenu si bien qu'il en est mort.

Je n'ajouterai rien à ce profil si frappant ; je dirai seulement qu'Adolphe Adam restera l'une des physionomies artistiques les plus sympathiques et les plus originales de ce dix-neuvième siècle, si fertile en artistes de tout genre, si fécond en hommes supérieurs.

# APPENDICE

APPENDICE. 273

## Liste chronologique des œuvres dramatiques d'Adam.

| DATES. | TITRES. | LIBRETTISTES. | THÉATRES. |
|---|---|---|---|
| 9 février 1829. | *Pierre et Catherine* (2 actes). | De Saint-Georges. | Opéra-Comique. |
| Avril. 1830. | *Danilowa* (3 actes). | Vial. | Id. |
| 21 août 1830. | *Trois jours en une heure* (1 acte) [1]. | Gabriel et Masson. | Id. |
| 2 décembre 1830. | *Joséphine* ou *le Retour de Wagram* (1 acte). | Gabriel. | Id. |
| 7 mars 1831. | *Le Morceau d'ensemble* (1 acte). | Carmouche et de Courcy. | Id. |
| 9 juillet 1831. | *Le Grand prix* ou *le Voyage à frais communs* (3 actes). | Gabriel et Masson. | Id. |
| 1832. | *The first campaign* [*La première campagne*] (2 actes). | Laporte. | Th. Covent-Garden (Londres). |
| 1832. | *The dark Diamond* [*Le Diamant noir*] (1 acte). | (?) | Id. |
| Février ou mars 1833. | *Faust*, ballet (3 actes). | Deshayes. | King's-Théâtre (Londres). |
| 18 septembre 1833. | *Le Proscrit* ou *le Tribunal invisible* (3 actes). | Carmouche et Saintine. | Opéra-Comique. |
| 23 janvier 1834. | *Une Bonne Fortune* (1 acte). | ***, Féréol et Edouard. | Id. |
| 25 septembre 1834. | *Le Chalet* (1 acte). | Scribe et Mélesville. | Id. |
| 28 février 1835. | *La Marquise* (1 acte). | De Saint-Georges et de Leuven. | Id. |
| 29 juin 1835. | *Micheline* (1 acte). | Saint-Hilaire, Masson et de Villeneuve. | Id. |
| 21 septembre 1836. | *La Fille du Danube*, ballet (2 actes). | Taglioni (et Desmares). | Opéra. |
| 13 octobre 1836. | *Le Postillon de Lonjumeau* (3 actes). | De Leuven et Brunswick. | Opéra-Comique. |
| 5 juillet 1837. | *Les Mohicans*, ballet (2 actes). | Guerra. | Opéra. |
| 6 janvier 1838. | *Le Fidèle Berger* (3 actes). | Scribe. | Opéra-Comique. |
| 31 octobre 1838. | *Le Brasseur de Preston* (3 actes). | De Leuven et Brunswick. | Id. |
| 17 janvier 1839. | *Régine* (2 actes). | Scribe. | Id. |

[1] En société avec Romagnesi.

| DATES. | TITRES. | LIBRETTISTES. | THÉATRES. |
|---|---|---|---|
| 19 septembre 1839. | La Reine d'un Jour (3 actes). | Scribe et de Saint-Georges. | Opéra-Comique. |
| 21 février 1840. | Morskoï Rasbonick [l'Ecumeur de mer], ballet (2 actes). | (?) | Saint-Pétersbourg. |
| 28 avril 1840. | Die Hamadryaden [Les Hamadryades], opéra-ballet (2 actes). | Pernot de Colombey. | Th. Royal (Berlin). |
| Décembre 1840. | La Rose de Péronne (3 actes). | De Leuven et d'Ennery. | Opéra-Comique. |
| 28 juin 1841. | Giselle ou les Wilis, ballet (2 actes). | Th. Gautier, de Saint-Georges et Coralli. | Opéra. |
| 26 octobre 1841. | La Main de fer ou le Mariage secret (3 actes). | Scribe et de Leuven. | Opéra-Comique. |
| 22 juin 1842. | La Jolie Fille de Gand ballet (3 actes). | De Saint-Georges et Albert. | Opéra. |
| 13 octobre 1842. | Le Roi d'Yvetot (3 actes). | De Leuven et Brunswick. | Opéra-Comique. |
| 14 septembre 1843. | Lambert Simnel (3 actes) [1]. | Scribe et Mélesville. | Id. |
| 10 février 1844. | Cagliostro (3 actes). | Scribe et de Saint-Georges. | Id. |
| 7 octobre 1844. | Richard en Palestine (3 actes). | Paul Foucher. | Opéra. |
| 11 août 1845. | Le Diable à quatre, ballet (2 actes). | De Leuven et Mazilier. | Id. |
| 27 septembre 1845. | The Marble Maiden [La Fille de Marbre], ballet. | (Albert ?) | Th. Drury-Lane (Londres). |
| 31 mai 1847. | La Bouquetière (1 acte). | Hippolyte Lucas. | Opéra. |
| 15 novembre 1847. | Les Premiers Pas (1 acte) [2]. | Gust. Vaëz et Alph. Royer. | Opéra-National. |
| 16 février 1848. | Griselidis ou les Cinq Sens, ballet (3 actes). | Dumanoir et Mazilier. | Opéra. |
| 18 mai 1849. | Le Toreador (2 actes). | Sauvage. | Opéra-Comique. |
| 8 octobre 1849. | La Filleule des Fées, ballet (3 actes et un prologue) [3]. | De Saint-Georges et Perrot. | Opéra. |

[1] Ouvrage laissé inachevé par Monpou, et dont la partition fut terminée par Adam.
[2] Prologue écrit pour l'inauguration de l'Opéra-National, en société avec Auber, Carafa et Halévy.
[3] En société avec son élève, M. Clémenceau de Saint-Julien.

APPENDICE.

| DATES. | TITRES. | LIBRETTISTES. | THÉATRES. |
|---|---|---|---|
| 24 décembre 1849. | Le Fanal (2 actes). | De Saint-Georges. | Opéra. |
| 20 juillet 1850. | Giralda ou la Nouvelle Psyché (3 actes). | Scribe. | Opéra-Comique. |
| 6 août 1851. | Les Nations, cantate. | Th. de Banville. | Opéra. |
| 21 février 1852. | La Poupée de Nuremberg (1 acte). | De Leuven et Arthur de Beauplan. | Opéra-National. |
| 19 mars 1852. | Le Farfadet (1 acte). | De Planard. | Opéra-Comique. |
| 4 septembre 1852. | Si j'étais Roi (3 actes). | D'Ennery. | Théâtre-Lyrique. |
| 16 novembre 1852. | La Fête des Arts, cantate. | Méry. | Opéra-Comique. |
| 29 décembre 1852. | Orfa, ballet (2 actes). | Trianon et Mazillier. | Opéra. |
| 30 décembre 1852. | La Faridondaine, drame mêlé de chant (5 actes) [1]. | Dupeuty et Bourget. | Porte-Saint-Martin. |
| 2 février 1853. | Le Sourd (3 actes). | Desforges (et de Leuven). | Opéra-Comique. |
| 11 avril 1853. | Le Roi des Halles (3 actes). | De Leuven et Brunswick. | Théâtre-Lyrique. |
| 6 octobre 1853. | Le Bijou perdu (3 actes). | De Leuven et de Forges. | Id. |
| 16 décembre 1854. | Le Muletier de Tolède (3 actes). | D'Ennery et Clairville. | Id. |
| 24 décembre 1854. | A Clichy (1 acte). | D'Ennery et Grangé. | Id. |
| 13 septembre 1855. | Victoire, cantate. | Michel Carré. | Opéra-Comique et Théâtre-Lyrique. |
| 17 octobre 1855. | Le Houzard de Berchini (2 actes). | Rosier. | Opéra-Comique. |
| 18 janvier 1856. | Falstaff (1 acte). | De Saint-Georges et de Leuven. | Théâtre-Lyrique. |
| 23 janvier 1856. | Le Corsaire, ballet (2 actes). | De Saint-Georges et Mazillier. | Opéra. |
| 17 mars 1856. | Cantate. | Émilien Pacini. | Opéra. |
| 24 mars 1856. | Mam'zelle Geneviève (2 actes). | Brunswick et Arthur de Beauplan. | Théâtre-Lyrique. |
| 29 avril 1856. | Les Pantins de Violette (1 acte). | Léon Battu. | Bouffes-Parisiens. |

[1] Grand drame populaire, qui ne sortait pas du genre habituel du théâtre, mais qui contenait une partie musicale importante, destinée surtout à faire briller la voix d'une aimable cantatrice, madame Hébert-Massy. La partition avait été écrite par Adam, en société avec M. de Groot, chef d'orchestre du théâtre.

Le tableau qui précède ne comprend que les ouvrages donnés par Adam sur les grandes scènes lyriques. Voici, pour le compléter, la liste des pièces représentées sur des théâtres secondaires et pour lesquelles il écrivit de la musique nouvelle :

*Pierre et Marie* ou *le Soldat ménétrier*, un acte, Gymnase, 22 janvier 1824 ;
*Le Baiser au porteur*, un acte, Gymnase, 9 juin 1824 ;
*Le Bal champêtre*, un acte, Gymnase, 21 octobre 1824 ;
*La Haine d'une femme*, un acte, Gymnase, 14 décembre 1824 ;
*L'Exilé*, 2 actes, Vaudeville, 9 juillet 1825 ;
*La Dame jaune*, un acte, Vaudeville, 7 mars 1826 ;
*L'Oncle d'Amérique*, un acte, Gymnase, 14 mars 1826 ;
*L'Anonyme*, 2 actes, Vaudeville, 29 mai 1826 ;
*Le Hussard de Felsheim*, 3 actes, Vaudeville, 9 mars 1827 ;
*L'Héritière et l'Orpheline*, 2 actes, Vaudeville, 12 mai 1827 ;
*Perkins Warbeck* ou *le Commis marchand*, 2 actes, Gymnase, 15 mai 1827 ;
*Mon Ami Pierre*, un acte, Nouveautés, 8 septembre 1827 ;
*Monsieur Botte*, 3 actes, Vaudeville, 15 novembre 1827 ;
*Le Caleb de Walter-Scott*, un acte, Nouveautés, 12 décembre 1827 ;
*Le Mal du Pays* ou *la Batelière de Brientz*, un acte, Gymnase, 28 décembre 1827 ;
*Lidda* ou *la Jeune servante*, un acte, Nouveautés, 16 janvier 1828 ;
*La Reine de seize ans*, 2 actes, Gymnase, 30 janvier 1828 ;
*Le Barbier châtelain* ou *la Loterie de Francfort*, 3 actes, Nouveautés, 7 février 1828 ;
*Les Comédiens par testament*, un acte, Nouveautés, 14 avril 1828 ;
*Les Trois Cantons* ou *la Confédération suisse*, 3 actes, Vaudeville, 16 juin 1828 ;
*Valentine* ou *la Chute des Feuilles*, 2 actes, Nouveautés, 2 octobre 1828 ;
*La Clé*, 3 actes, Vaudeville, 5 novembre 1828 ;

*Le Jeune propriétaire et le Vieux fermier* ou *la Ville et le Village*, 3 actes, Nouveautés, 6 février 1829;

*Isaure*, 3 actes, Nouveautés, 1er octobre 1829;

*Henri V et ses compagnons* (pastiche), 3 actes, Nouveautés, 27 février 1830;

*Rafaël* (pastiche), 3 actes, Nouveautés, 26 avril 1830;

*La Chatte blanche*, ballet-pantomime (en société avec Gide), Nouveautés, 26 juillet 1830;

*Les Trois Catherine*, 3 actes (en société avec Gide), Nouveautés, 18 novembre 1830;

*Casimir* ou *le Premier tête-à-tête*, 2 actes, Nouveautés, 1er décembre 1831 [1].

Adam a laissé inédit un opéra-comique en trois actes, *le Dernier Bal*, absolument terminé et orchestré, en un mot prêt à être joué. Je crois que le livret de cet ouvrage était de Scribe. Madame veuve Adam en a fait entendre des fragments chez elle, au mois de novembre 1865. *Le Dernier Bal* avait été reçu à l'Opéra-Comique peu de temps avant la mort de son auteur, et, si j'ai bonne mémoire, avait donné lieu à un procès dont je ne me rappelle ni la cause ni les détails.

Enfin, parmi les travaux d'Adam relatifs au théâtre, il convient de rappeler ici ses arrangements et *réinstrumentations* de divers ouvrages de l'ancien répertoire : *Richard Cœur-de-Lion* et *Zémire et Azor*, de

---

1. J'ai trouvé, dans les manuscrits d'Adam, quelques morceaux pour trois pièces intitulées : *Henri VIII*, *Céline* et *le Pâtre*. Ces pièces auront sans doute été représentées sous d'autres titres, car il m'a été impossible d'en retrouver la trace. Les morceaux de *Céline* et du *Pâtre* sont datés de 1829, ceux d'*Henri VIII* de septembre, octobre et novembre 1830.

Grétry; *Félix, Aline* et *le Déserteur*, de Monsigny; *Gulistan*, de Dalayrac; *le Diable à quatre*, de Solié; *Cendrillon*, de Nicolo. C'est aussi Adam qui a adapté à la scène française, en écrivant les récitatifs nécessaires, un opéra italien de Donizetti, *Bettly*, représenté à l'Opéra [1].

[1]. Je rappellerai aussi ce fait peu connu, qu'Adam arrangea avec accompagnement d'orchestre, pour voix seule et chœur, l'adorable et célèbre romance de Martini : *Plaisir d'amour*. Cette romance, ainsi arrangée, fut chantée par mademoiselle Grimm, le 14 janvier 1849, dans un concert du Conservatoire.

Un autre fait, resté absolument inconnu, est surtout curieux en ce sens qu'il a mis un jour en présence, comme collaborateur, deux hommes qu'on ne se serait certes pas attendu à voir jamais réunis sous ce rapport. Ces deux hommes étaient Adam et M. Victor Hugo, et ce travail commun eut lieu à propos du drame célèbre de ce dernier, *les Burgraves*. L'auteur d'*Hernani* et l'auteur du *Chalet* se trouvant à dîner un jour à la table d'un ami; et la conversation venant à tomber sur *les Burgraves*, dont on s'occupait alors à la Comédie-Française, le premier dit au second qu'il avait dans sa pièce une chanson avec chœur dont la musique était encore à faire. Adam s'offrit aussitôt, sa proposition fut acceptée, et il écrivit en effet cette chanson, qui dut ensuite être supprimée au cours des répétitions, l'artiste chargée de représenter le personnage auquel ce morceau était confié (mademoiselle Garrigue, je crois), étant dans l'impossibilité absolue de chanter deux notes de suite. J'ai eu cette chanson entre les mains.

A ce propos, je ne veux pas oublier de dire que madame Adam a fait don dernièrement, à la bibliothèque du Conservatoire, de la presque totalité des manuscrits autographes de son mari, ne conservant, je crois, par devers elle, que la cantate avec laquelle il avait remporté le second prix de Rome, la partition inédite de son dernier opéra, *le Dernier Bal*, celle des *Pantins de Violette*, et la chanson dont il vient d'être parlé.

APPENDICE.   279

**Compositions d'Adam en dehors du théâtre.**

En dehors du théâtre, Adam a écrit un grand nombre de compositions, mais, à part sa musique religieuse, ces compositions sont d'importance très-secondaire. Il n'est pas inutile pourtant de les faire connaître, au moins dans leur ensemble. Je vais les classer ici dans l'ordre suivant : *Musique religieuse, Mélodies vocales, Chœurs, Musique de piano, compositions diverses.*

MUSIQUE RELIGIEUSE.

Messe solennelle, à quatre voix et chœur, avec accompagnement d'orgue, violoncelles, contrebasses, trombones, ophicléides et cornets à pistons, exécutée à Paris, en l'église Saint-Eustache, le 26 mars 1837. (Publiée chez Régnier-Canaux.)

Messe à 3 voix, en société avec M. Clémenceau de Saint-Julien, exécutée dans diverses églises de Paris.

Messe de Sainte-Cécile, pour *soli*, chœurs et orchestre, exécutée le 22 novembre 1850. (Publiée chez Jules Heinz.)

Messe de l'Orphéon, pour chœur de quatre voix d'hommes, écrite pour les élèves de l'Orphéon, en Société avec Halévy, Clapisson et M. Ambroise Thomas (le *Kyrie*, le *Gloria* et l'*O Salutaris* sont d'Adam), exécutée dans la cathédrale de Meaux, le 26 avril 1851. (Publiée chez Jules Heinz.)

*Mois de Marie de Saint-Philippe,* huit motets avec accompagnement d'orgue, dédiés à Sa Majesté très-fidèle

Dona Maria da Gloria, reine de Portugal. (Publiés chez Brandus):

1. — *Ave Maria*, pour soprano, avec acccompagnement de hautbois;
2. — *Ave Maria*, pour contralto;
3. — *Ave Maria*, pour soprano et contralto, avec hautbois;
4. — *Ave verum*, pour soprano;
5. — *Ave Regina cœlorum*, pour soprano et mezzo-soprano;
6. — *Inviolata*, pour soprano et mezzo-soprano;
7. — *O Salutaris*, pour soprano;
8. — *Ave maris Stella*, pour soprano et mezzo-soprano.

*Domine salvum*, trio et chœur, avec orgue. (Paris, Régnier-Canaux).
*Hymne à la Vierge*, à voix seule (Paris, Grus).
*Noël*, à voix seule (Paris, Grus).
Grande Marche religieuse de l'Annonciation.
*O Salutaris*, à deux voix (Paris, Escudier).
*O Salutaris*, avec orgue et orchestre (Paris, Escudier).

### MÉLODIES VOCALES.

Adam a écrit un grand nombre de romances, mélodies, ballades, chansonnettes, etc. Voici les titres de celles dont j'ai eu connaissance :

*La dame de charité;* — *Adieu, Paris;* — *Le Braconnier;* — *Coquetterie;* — *Le doux mot : Je t'aime;* — *Fernanda;* — *La Harpe éolienne;* — *Isaure;* — *la Tarentule;* — *Sous l'Ormeau;* — *Il me l'a dit cent fois;* — *La Fille du Danube;* — *Rosine;* — *La Sirène de Venise;* — *Francette;* — *La plus heureuse;* — *Le Départ des Hirondelles;* — *L'Écho du lac de Côme;* — *La Fée du baptême.* (Paris, Heugel).

# APPENDICE. 281

*Le Désespoir;* — *Pardonnez-moi;* — *Rêve de bonheur;* — *Le langage des Fleurs;* — *Giselle* ou *les Wilis.* (Paris, Gérard).

*L'Orphelin;* — *Plus heureux qu'un roi;* — *Mignonnette;* — *Le Jaloux au bal;* — *Les Deux Marie;* — *Willi;* — *Notre duchesse de Lorraine;* — *L'Oasis orientale;* — *Florida;* — *Oh! par pitié, ne m'aimez plus;* — *Toujours chanter;* — *A toi, Marie.* (Paris, Schonenberger).

*Un amour plein d'avenir;* — *La Verveine;* — *Le Retour de la Créole.* (Paris, Jules Heinz).

*Le Mariage;* — *Oh! que je hais ma pension!* — *Il n'y faut plus songer;* — *Je suis contente de moi;* — *La Petite Chanteuse;* — *La Voix de l'honneur;* — *La Nuit.* (Paris, Brandus).

*On a tout dit;* — *La Cachette d'amour* (Paris, Lemoine); — *Le Mois de Mai;* — *L'Ange et le Forçat;* — *Son cœur et son troupeau;* — *L'Orphelin du village.* (Paris, Escudier).

Tous les morceaux qui précèdent ont été publiés avec accompagnement de piano. Dans sa collection intitulée *les Chants de l'Atelier*, l'éditeur Schonenberger a publié les mélodies suivantes, sans accompagnement :

*Fuyez son regard;* — *Ronde villageoise;* — *Le Joli Rêve;* — *Le Bonheur en basse Bretagne;* — *Ronde provençale;* — *Je vais partir;* — *La Vertu parle au cœur;* — *L'Esprit blanc.*

Il faut ajouter à tout ceci les morceaux suivants, à deux voix :

*Et moi, je veille,* nocturne (Paris, Gérard).
*La Promenade,* nocturne (Paris, Lemoine).

*Le Secret*, nocturne (Paris, Lemoine).
*Le Batelier*, barcarolle (*Id., id.*).
*Les Deux cousines*, nocturne (?).

### CHŒURS.

*Les Métiers*, chœurs populaires pour quatre voix d'hommes, sans accompagnement (Paris, Brandus) :

1 — *Les Boulangers;*
2 — *Les Fondeurs;*
3 — *Les Garçons de Restaurant;*
4 — *Les Horlogers;*
5 — *Les Canotiers;*
6 — *Les Postillons;*
7 — *L'Enclume;*
8 — *Les Charpentiers;*

*Les Enfants de Paris*, chœur à 4 voix d'hommes, sans accompagnement; — *La Garde mobile*, id.; — *La Marche républicaine*, chœur à 4 voix d'hommes, avec orchestre (1); — *La Muette*, chœur à 4 voix d'hommes, sans accompagnement.

### MUSIQUE DE PIANO.

Adam a publié environ 200 morceaux faciles pour le piano, parmi lesquels il n'est pas, que je sache,

---

1. Écrits en 1848, ces trois chœurs furent exécutés dans un concert donné au palais de l'Élysée par l'Association des artistes musiciens, au mois de septembre de cette année. Celui qui avait pour titre : *les Enfants de Paris*, plein de verve, de chaleur et d'entrain, obtint pendant plusieurs années un immense succès et est resté célèbre dans les fastes de l'Orphéon.

une seule composition originale. Tout cela, quoique fait avec adresse, est sans valeur artistique appréciable, et consiste en arrangements, transcriptions, pots-pourris, rondolettos, bagatelles, « enfantillages, » mosaïques, fantaisies, variations, mélanges, caprices, divertissements sur des airs populaires ou des thèmes d'opéras en vogue. Adam mettait ainsi à contribution ses confrères et lui-même. Il est fort difficile, et il serait d'ailleurs inutile de cataloguer scrupuleusement toute cette musique de pacotille; je signalerai seulement les opéras qu'Adam torturait ainsi au profit des amateurs pianistes :

*Il Crociato, la Donna del Lago, Freischütz, la Dame blanche, le Barbier de Séville, le Siège de Corinthe, Marie, Masaniello, la Muette de Portici, le Comte Ory, Sarah, la Violette, la Fiancée, Pierre et Catherine, les Deux Nuits, Guillaume Tell, Jenny, Mathilde di Shabran, Emmeline, Fra-Daviolo, Danilowa, Joséphine, le Dieu et la Bayadère, la Langue musicale, le Morceau d'ensemble, les Deux Familles, Euryanthe, le Diable à Séville, Zampa, le Philtre, le Pirate, Robert-le-Diable, le Luthier de Vienne, le Mauvais Œil, Richard Cœur-de-Lion, le Roi d'Yvetot, l'Éclair, le Val d'Andorre, Marguerite, la Marquise de Brinvilliers, le Pré aux Clercs, la Figurante, les Deux Reines, Don Pasquale, la Bouquetière, la Straniera, le Déserteur, Guido et Ginevra, Ludovic, le Domino noir, Lestocq, le Chalet, la Marquise, l'Enfant prodigue, les Huguenots, Cagliostro, Zanetta, la Rose de Péronne, Giralda, la Sirène...*

COMPOSITIONS DIVERSES.

Adam a écrit quelques arrangements pour musique militaire. Outre *la Marseillaise*, qu'il a instrumentée ainsi, on lui doit, entre autres compositions, deux pas-redoublés sur *le Brasseur de Preston* et un sur *le Val d'Andorre*. Il a composé, en outre, une grande marche militaire, qui fut exécutée le 15 novembre 1840, aux funérailles de Napoléon.

Il a publié aussi quelques morceaux pour harmonium :

*Trois Mosaïques* (Paris, Alexandre).
*Souvenirs du Houzard de Berchini* (id., id.).
*Récréations* (id., id.).
*L'Annonciation*, marche religieuse en duo pour harmonium et piano (id., id.).
Nocturne pour piano et orgue (Paris, Lemoine).
Impromptu pour orgue seul (id., id.).
Fantaisie sur *la Muette de Portici*, de Thalberg, arrangée pour orgue et piano (Paris, Brandus).

## Notices sur Adam.

Une seule notice de quelque étendue a été consacrée à Adam; c'est celle qu'Halévy a lue dans la séance publique annuelle de l'Académie des Beaux-Arts du 1er octobre 1859, en sa qualité de secrétaire perpétuel de cette compagnie : *Notice sur la vie et les ou-*

vrages de M. *Adolphe Adam*, par F. Halévy (Paris, Didot, 1859, in-8), et qu'il a insérée plus tard dans son volume de *Souvenirs et Portraits* (Paris, Lévy, 1861, in-12). En dehors de cela, il n'existe qu'un des piètres petits volumes si nombreux, écrits sans goût, sans style et sans soin par M. Eugène de Mirecourt, lequel volume est consacré au comédien Arnal et à notre musicien : *Arnal-Adolphe Adam* (Paris, Faure, 1868, in-18).

Mais, en dehors des grands recueils biographiques, on trouve des notices sur Adam dans les ouvrages suivants :

*Les Musiciens célèbres*, par Félix Clément. — Paris, Hachette, 1868, in-8 [1].

---

[1]. Il n'est pas inutile de faire remarquer le dédain superbe avec lequel M. Félix Clément traite Adolphe Adam, dans la notice qu'il a consacrée à ce compositeur. L'écrivain exagère les défauts de l'artiste dont il veut faire le portrait, sans lui accorder aucune des qualités qu'il possédait si bien ; c'est à peine s'il daigne nommer quelques-unes de ses ballets, genre dans lequel Adam s'est montré si supérieur, sans même accorder un éloge à aucun, pas plus à *Giselle* qu'à d'autres. Dans son *Dictionnaire lyrique*, si fertile en erreurs et en omissions surprenantes, M. Clément n'est pas plus équitable envers Adam et ses œuvres, et notamment il traite *le Chalet* avec un remarquable sans-façon : — « C'est, dit-il, le meilleur ouvrage du compositeur, ou du moins celui qui a été le plus populaire. Le poëme et la musique se valent et s'équilibrent mutuellement. Après le duo, *Il faut me céder ta maîtresse*, qui a de la chaleur, de l'effet, et dont le style est tout à fait scénique, on ne peut guère citer que l'air de basse *Arrêtons-nous ici*, bien écrit dans les cordes de la voix de basse, et devenu sous ce rapport un air classique. *Tout le reste est commun et trivial*, d'ailleurs orchestré avec ingéniosité, *à la portée des intelligences musicales les plus bornées;* c'est de la musique française dans le sens assez

*Les Jugements nouveaux*, par Xavier Aubryet. — Paris, librairie nouvelle, in-12, 1860.

*Mes Souvenirs*, par Léon Escudier. — Paris, Dentu, 1863, in-12.

*Annuaire dramatique* pour 1839. — Bruxelles.

abaissé du mot, et non pas telle que l'avait comprise et exprimée le maître de l'auteur du *Chalet*, l'illustre Boieldieu. » — Boieldieu, dont la notoriété était plus grande, en effet, que celle de M. Félix Clément, avait plus d'estime que lui pour *le Chalet*; je l'ai fait voir en parlant de cet ouvrage.

# ADAM ÉCRIVAIN

Adam a beaucoup écrit, nous avons eu l'occasion de le voir. Dès la fondation de la *Gazette musicale* de l'éditeur Schlesinger, il prit part à la rédaction de ce journal, qui comptait parmi ses collaborateurs Berton, déjà très-vieux à cette époque, Halévy, Berlioz, Joseph Mainzer, Stœpel, Anders, conservateur du dépôt de la musique à la Bibliothèque royale, Castil-Blaze, d'Ortigue, Stéphen de la Madeleine, Adrien de la Fage, Henri Blanchard, Georges Kastner, Rellstab, F. Danjou, Liszt, Maurice Bourges, Panofka, etc., etc. Ses articles dans ce journal n'ont cependant jamais été très-nombreux, et Adam, comme Halévy, semblait plutôt les écrire pour se délasser de ses autres travaux, tandis que Berlioz, qui se rendait parfaitement compte de l'utilité de la plume du critique, s'en servait pour aider chez lui celle du compositeur. C'est dans la *Gazette musicale* qu'Adam rendit compte de la cérémonie funèbre de Boieldieu, à Rouen, et qu'il publia son petit récit sur *la Répétition générale d'Iphigénie en Tauride*. Lorsque se fonda *la France musicale*, il donna aussi quelques articles à cette feuille, et c'est là qu'il publia, à son retour de Saint-

Pétersbourg, ses *Lettres sur la musique en Russie;* on y trouve aussi des notices nécrologiques signées de son nom sur Blangini, Turcas, Cherubini, Jenny Colon, et des comptes rendus des albums de Théodore Labarre et de madame Loïsa Puget; enfin, c'est dans *la France musicale* qu'il donna ses deux études sur Monsigny et sur Rameau, cette dernière reproduite plus tard par *la Revue contemporaine*. On rencontre encore quelques articles d'Adam dans *le Monde dramatique*, dans *la Revue pittoresque*, et aussi dans *les Guêpes* de M. Alphonse Karr, qui contiennent (n° de février 1842) une notice nécrologique de lui sur Henri Karr, père de cet écrivain [1].

Toutefois, Adam ne fut, jusqu'en 1849, qu'un littérateur amateur. Ce n'est qu'à partir de ce moment qu'il devint un critique militant, par suite de la proposition que lui fit le docteur Véron de remplacer momentanément Fiorentino, pendant une absence de celui-ci, comme feuilletoniste musical du *Constitutionnel*. Au bout de quelques mois, Fiorentino était de retour et reprenait ses fonctions; mais presque aussitôt Adam entrait en la même qualité au journal *l'Assemblée nationale*, où il fit régulièrement son feuilleton jusqu'à sa mort. Et d'ailleurs, s'il ne fit plus de critique courante au *Constitutionnel,* cela ne l'empê-

---

[1]. *Le Spectateur,* revue politique et littéraire qui fit son apparition au commencement de 1854 et qui n'eut qu'une courte existence, citait au nombre de ses collaborateurs Adolphe Adam et Halévy. Je ne sais si, en effet, Adam prit une part à la rédaction de ce journal.

cha pas d'en rester le collaborateur, car c'est à dater de cette époque qu'il y donna, en feuilleton, quelques-unes de ses plus jolies études musicales, entre autres celles sur Gossec et sur Berton, et aussi un travail intitulé *Sediane et Duni* (3 et 4 septembre 1850), qui n'a pas été reproduit dans les deux volumes de *Souvenirs d'un Musicien*.

Mais si les diverses monographies qui ont été réunies dans ces deux volumes sont pleines d'intérêt, les articles purement critiques d'Adam ne sont pas moins dignes d'attention. Il faut en avoir lu la série complète, comme je l'ai fait moi-même, pour se rendre compte de sa valeur intellectuelle, de ses idées particulières en matière d'art, pour découvrir les principes très-arrêtés, les doctrines souvent très-étudiées et très-sérieuses de cet esprit en apparence frivole et léger, qui semblait tout devoir à l'impression nerveuse et à la spontanéité. Adam, musicien pratiquant, était doublé d'un critique très-lucide et très-expert, souvent plein de surprises et d'inattendu. Aussi peut-on dire que l'un complète l'autre, et qu'on ne connaît qu'à demi le compositeur lorsqu'on n'a pas fréquenté l'écrivain. A ce dernier point de vue, la grande qualité d'Adam — qualité rare! — était la sincérité. De plus, il faut avouer qu'il possédait, en ce qui concerne la poétique générale de l'art et la variété de ses manifestations, une largeur de vues qui n'est pas l'apanage ordinaire des artistes militants lorsque le hasard ou les circonstances leur mettent une plume en main. Inférieur à Berlioz en tant qu'écrivain proprement dit, maniant la langue avec grâce mais non sans de fréquentes incorrections, il lui est bien supérieur à cet égard, et son horizon artistique est autrement étendu. Je n'en veux pour preuve que la sympathie qu'il témoigna en plus d'une occasion, lui, *simple* auteur d'opéras-comiques, à Berlioz lui-même et à M. Reyer, et surtout l'admiration qu'il ne cessa d'exprimer pour M. Gounod, dont on peut dire qu'il a singulièrement pressenti le génie, bien qu'il ne lui ait pas été donné d'assister à sa complète efflorescence. On conviendra cependant que le tempérament d'Adam, en tant que compositeur, était assez éloigné de ressembler à celui de ces trois artistes. Je ne veux pas dire assurément qu'Adam ne se soit jamais trompé, — qui ne se trompe, en matière de critique? — je ne prétends point qu'il fût exempt de préjugés, mais je maintiens qu'il avait l'esprit très-large, très-ouvert, et qu'il était doué d'un éclectisme beaucoup plus ample qu'on n'eût pu le supposer.

Au surplus, j'ai pensé qu'on ne lirait pas sans intérêt quelques-unes des appréciations générales d'Adam sur les musiciens remarquables qui étaient ses contemporains et dont, en tant que critique, il a été appelé à s'occuper. J'ai donc réuni ici plusieurs des jugements portés par lui sur ces artistes, entre autres sur Auber, Berlioz, MM. Gounod, Henri Reber, Ambroise Thomas, Verdi, Ernest Reyer, etc. On trouvera dans ces fragments, choisis avec soin, la preuve de ce que je viens d'avancer, et je crois que cette lecture ne pourra qu'inspirer plus d'estime encore et plus de sympathie pour le caractère et pour le talent de ce musicien distingué. Il va sans dire que je me suis efforcé, dans les limites du possible, de ne reproduire ici que des appréciations qui, sans exclure absolument la critique de détail, pouvaient surtout faire connaître l'opinion d'Adam non pas sur telle ou telle œuvre de tel ou tel artiste, mais sur ces artistes eux-mêmes, sur leurs facultés générales, enfin sur leur talent considéré dans son ensemble.

## M. GOUNOD

### LES CHŒURS D'ULYSSE.

Je suis tout étonné d'inscrire, en tête du sommaire de cette Revue, les mots de Théâtre-Français et de tragédie. Que mes lecteurs se rassurent: je leur ferai grâce de mes appréciations fort peu orthodoxes sur l'œuvre de M. Ponsard. Je ne m'occuperai que des chœurs et de la musique de mélodrame de M. Gounod : cette tâche me sera d'autant plus agréable, que les critiques seront plus rares et les éloges plus fréquents...

La musique que M. Gounod a composée pour la tragédie de M. Ponsard respire un parfum tout archaïque; c'est la musique des Grecs, non telle qu'elle était, mais telle que nous l'avions rêvée, pour marcher de pair avec les lignes si pures de leurs monuments et les formes si déliées et si élégantes de leurs statues.

En guise d'ouverture, M. Gounod nous a donné une introduction calme et placide. C'est le sommeil d'Ulysse. Quelques mesures chromatiques de violons en sourdine amènent une mélodie simple, exécutée d'abord par les flûtes, puis reprise par les cors. Une marche de basses, qui procède aussi chromatiquement, et qui est surmontée d'une harmonie fort élégante, termine ce petit morceau, très-complet dans ses proportions. Le premier acte renferme deux chœurs de nymphes; le premier surtout est d'un caractère charmant. Peut-être la mélodie en est-elle trop fine pour être exécutée par un grand nombre de voix à l'unisson; elle gagnerait à être chantée en solo. L'exécution aurait été plus facile et plus pure. Il y a une extrême difficulté à écrire des chœurs uniquement composés de voix de femme. Si on les traite mélodiquement et presque toujours à l'unisson, ainsi que l'a fait M. Gounod, on risque de n'avoir pas une exécution assez finie; si on emploie l'harmonie, on arrive difficilement à l'effet à cause de la similitude de timbre des premiers et des seconds dessus. Cette difficulté, M. Ponsard ne l'a pas épargnée à son musicien, car, de tous les chœurs de l'ouvrage, il n'y en a que deux ou trois tout au plus où soient combinées simultanément les voix d'homme et de femme.

Au second acte, ce sont des porchers, dont les voix rudes et puissantes succèdent aux voix douces et caressantes des nymphes d'Ithaque. Le chœur d'entrée est d'un excellent effet, mais le plus grand succès était réservé au chœur : *Evohé! Bacchus*. Ce morceau, exécuté avec une grande verve par les choristes, a été redemandé et chanté une seconde fois aux applaudissements de la salle entière. La musique d'orchestre qui accompagne les libations est d'un beau caractère. M. Gounod, qui a composé de fort belle musique d'église, a parfaitement senti la différence qui existe entre la musique religieuse, qui peut s'appliquer à tous les cultes, à toutes les croyances, et la musique ecclésiastique, qui, sans emprunter toutes ses ressources du genre scientifique, est néanmoins plus particulièrement appropriée aux pompes et aux mystères de notre religion.

Il y a encore dans cet acte, outre le chœur final, un fort remarquable accompagnement à la reconnaissance d'Ulysse et de Télémaque. Ce sont des tenues de violoncelles divisés en plusieurs parties, dont chaque modulation est annoncée par un accord sec des harpes et que termine un *tutti* général de l'orchestre.

Au troisième acte, nous revenons au chœur de femmes: ce sont les suivantes de Pénélope. Loin de suivre les exemples de chasteté de leur sage maîtresse, elles célèbrent les douceurs des *amours clandestins*. Il y a, au milieu de cet acte, un chœur d'un sentiment mélancolique qui diffère complétement de la couleur du précédent et du suivant, c'est celui où ces mêmes suivantes s'associent à la douleur de Pénélope. La phrase mélodique est d'une grande beauté, et la période largement développée. Ce chœur n'a pas obtenu un seul applaudissement, et c'est peut-être celui dont l'invention mélodique est la plus remarquable.

Au quatrième acte, enfin, nous trouvons un chœur composé d'éléments complets de voix de *soprani*, de ténors et de basses. M. Gounod a puissamment usé des ressources qu'il avait pour la première fois à sa disposition.

Les suivantes de Pénélope, les compagnons des prétendants et les porchers chantent d'abord chacuns une mélodie d'un caractère très-distinct, dont la triple réunion, soutenue par un accompagnement contraint d'un dessin fort ingénieux, produit un excellent effet. La *coda* un peu écourtée de ce morceau a seule empêché qu'il n'obtînt un succès égal au chœur des porchers du deuxième acte. (J'apprends qu'il a été bissé à la deuxième représentation.)

Le cinquième acte s'ouvrait par un chœur d'une grande facture que l'on a malheureusement supprimé après la répétition générale et que le succès de l'œuvre de M. Gounod devrait engager à rétablir. L'ouvrage se termine par un chœur triomphal qui rappelle beaucoup la manière de Hændel.

Au total, la nouvelle partition de M. Gounod est des plus remarquables et de beaucoup supérieure à celle de *Sapho*, son premier ouvrage. Il y a un très-grand progrès dans l'instrumentation ; elle est plus puissante, plus sonore, plus sérieuse. On ne sent plus le tâtonnement. Le maître a produit les effets qu'il désirait, et ces effets sont souvent nouveaux. Il y avait dans *Sapho* un esprit de parti-pris de musique rétrospective, qui annonçait le pastiche plus que l'étude ; ici, il y a bien réellement invention, mais invention dans une couleur donnée et parfaitement saisie.

La conception dénote une grande individualité, et c'est là le secret principal du succès chez un compositeur. Il ne suffit pas de faire de belle ou de jolie musique, il faut encore que cette musique vous appartienne en propre, et ne puisse pas être attribuée à un autre qu'à vous-même. C'est par cette différence même que réussissent les talents de la nature la plus opposée. Si la musique d'Auber nous charme tant, c'est qu'elle ne ressemble nullement à celle d'Halévy, et nous applaudissons d'autant plus la musique d'Halévy, qu'elle ressemble moins à celle d'Auber.

Le succès de M. Gounod a été d'autant plus flatteur, qu'il a été obtenu devant un auditoire essentiellement peu musical, tel qu'il doit être, du reste, au Théâtre-Français. S'il était un point accessible à la critique, ce serait précisément le peu de concessions de M. Gounod aux habitudes et aux exigences du public. Certes, rien de plus excusable et de plus louable souvent que l'indépendance de l'artiste qui veut se mettre au-dessus du préjugé ; mais cette indépendance ne s'applique pas à toutes les habitudes de la vie et ne vous donne pas le droit de garder votre chapeau sur la tête dans un salon, ni de quitter les gens sans les saluer. Eh bien! je reprocherai à M. Gounod de manquer complétement de politesse musicale. Vous écoutez son morceau avec une grande attention, vous êtes pour l'auteur tout yeux et tout oreilles, et brusquement il vous tourne le dos et vous quitte sans vous dire adieu : vous attendez la formule d'usage pour croire la conversation terminée et cette formule n'arrive presque jamais. Le public n'a pas trop mal pris la chose, cette fois. Sauf un ou deux cas de surprise complète où il lui a été impossible de témoigner son impression, il a tenu assez compte à l'auteur de toutes les excellentes choses qu'il avait trouvées pour lui pardonner celles qui manquaient. Mais il pourrait, à l'avenir, se montrer plus exigeant et vouloir que M. Gounod remplît envers lui tous les devoirs de politesse habituels. Je suis persuadé qu'il n'y manquera plus et que, dans son prochain ouvrage, il nous prouvera l'étude qu'il aura faite de toutes les règles de la civilité puérile, honnête et musicale [1].

### LA NONNE SANGLANTE.

M. Gounod est un talent sérieux, élevé, un peu trop rêveur peut-être, mais qui, depuis ses premiers pas dans la carrière musicale, se signale par des progrès immenses à chaque production nouvelle. Dans *Sapho*, il cherchait encore sa voie; il l'avait déjà trouvée dans les chœurs d'*Ulysse*, œuvre trop peu connue et dont le mérite suffirait pour asseoir la réputation d'un compositeur.

1. *Assemblée nationale* du 22 juin 1852.

*La Nonne sanglante* est l'œuvre d'un maître, et son mérite est tel que de nombreuses auditions seraient, sans doute, nécessaires pour l'apprécier à sa juste valeur. Que l'on pardonne donc au critique, obligé de rendre compte d'un ouvrage qu'il faudrait avoir étudié et qu'il n'a pas suffisamment entendu, si son analyse de la musique est aussi imparfaite.

Au premier acte, l'introduction est d'un beau caractère, remplie de vigueur et d'énergie : mais, quelque remarquables que soient les premiers chœurs, on les oublie bien vite lorsque vient la magnifique strette de Pierre l'Hermite, reprise par toutes les voix. Je pense que c'est avec intention que M. Gounod a écrit ce morceau dans le rhythme ternaire des proses de notre liturgie dont la musique est contemporaine de Pierre l'Hermite. Soit hasard, soit intention, l'idée est excellente ; elle donne une couleur toute particulière, mi-partie religieuse et chevaleresque, à cette belle mélodie, et l'effet en est des plus puissants. On trouve encore dans cet acte un bon duo entre Rodolfe et Pierre l'Hermite ; mais, ainsi que dans l'introduction, ce duo est de beaucoup dépassé par celui qui le suit, entre Rodolfe et Agnès. Il y a un effet délicieux dans la ballade de *la Nonne sanglante*, alors que Rodolfe, parodiant le premier couplet, dit :

> Grand Dieu ! c'est mon Agnès qui passe !
> Sous tes ailes fais-la passer.

Le motif de la cabalette : *O toi que j'adore*, est aussi fort gracieux. Le finale, où les voix sont très-habilement combinées, offre de belles parties, entre autres le retour, on ne peut plus heureux, d'une phrase de Rodolfe. J'ai entendu reprocher à ce morceau d'être trop italien : toutes les fois que l'on s'attachera principalement à reproduire un effet vocal dans de bonnes conditions de dispositions, il sera bien difficile de ne pas se rapprocher du style italien, et je ne serais pas fâché de voir les maîtres allemands et même français tomber plus fréquemment dans ce défaut.

Au deuxième acte, après des couplets du page Urbain, dont la couleur contraste heureusement avec celle de la musique qui va suivre, après une cavatine de Rodolfe et son entrevue avec la Nonne, commence la partie fantastique de l'acte qui en constitue le principal mérite.

Je ne voudrais pas tomber dans l'exagération, et cependant je crains déjà que les expressions ne me manquent pour faire ressortir toute la valeur et toute la force de conception que l'on trouve dans la symphonie qui précède le tableau des Ruines et des Apparitions. Le théâtre est vide, noir et silencieux, et l'orchestre seul joue un rôle actif : ce sont d'abord les frémissements du vent et le bruit mystérieux de la nuit : puis l'heure fatale, l'heure des spectres et des démons vient à sonner ; alors, les hurlements des chiens errants, les sifflements des reptiles immondes, la note mélancolique et obstinée du crapaud, le bruit des tombes qui s'entr'ouvrent, des suaires qui se déploient, des ossements qui s'entrechoquent, produisent un ensemble indéfinissable, qui fait frémir, qui fait trembler, qui donne une sueur froide et dont la sensation est à la fois pénible, effrayante, et remplie de charme par l'admiration qu'elle excite. Après Wéber et Meyerbeer, on pouvait taxer d'une témérité insensée celui qui avait la prétention de faire un troisième pendant à la fonte des balles du *Freischütz* et à la scène des tombeaux de *Robert* : il fallait faire mieux pour faire aussi bien, et, cette tâche presque impossible, le musicien français l'a accomplie avec un bonheur inouï.

Ah! mon cher Gounod, si, au lieu, de demeurer avec Blanche, vous habitiez quelque Léopold-Strass à Vienne, à Berlin ou à Munich; si, au lieu d'être directeur de l'Orphéon, vous étiez maître de chapelle de quelque principauté d'Allemagne ; si votre nom était impossible à prononcer, si l'on découvrait votre symphonie dans quelque opéra éclos au delà du Rhin, vous seriez un bien grand homme ! M. Richault ou M. Brandus graveraient (*sic*) immédiatement votre partition ; quelque Castil-Blaze moderne la traduirait, la ferait représenter partout à son bénéfice, et la Société des concerts du Conservatoire n'attendrait pas que vous fussiez mort pour faire exécuter votre magnifique symphonie et en faire un des joyaux les plus précieux de son répertoire rétrospectif. Mais rien de tout cela n'arrivera. Le moyen de persuader qu'un garçon aussi simple, aussi modeste que vous l'êtes est l'auteur d'une composition d'une telle valeur qu'elle puisse être mise en parallèle avec deux chefs-d'œuvre, comme les deux morceaux de Weber et de Meyerbeer que je citais tout à l'heure! Savez-vous ce qu'il adviendra de tout ceci? c'est que tous les éloges que je vous donne vont encore être attribués à ma trop grande bienveillance, à mon enthousiasme trop facile à exciter, et peut-être bien aussi à l'amitié que j'ai pour vous. En vérité, je vous assure qu'en ce moment je voudrais vous détester autant que je vous aime, pour avoir le droit de dire, sans crainte d'être soupçonné de partialité, tout le bien que je pense de vous. J'ajouterais qu'après cette symphonie il faut que votre chœur des morts et tout le restant de cet acte soient bien faits, pour lutter avec la magnificence du décor, l'étrangeté de la mise en scène et tout ce luxe d'opéra qui distrait trop souvent les oreilles en faveur des yeux. Je ne trouve plus rien à vous dire, ayant peur d'en dire trop, et je passe au troisième acte.

La valse, les couplets de mademoiselle Dameron et ceux du page sont de jolis morceaux qui prouvent que, vous aussi, vous ferez de petite musique quand vous voudrez vous en donner la peine, et il faut effectivement se la donner, car c'est plus difficile qu'on ne pense. Le duo du page et de Rodolfe offre une phrase d'*andante* charmante, parfaitement dite par mademoiselle Dussy ; mais ce duo est trop long, et j'aimerais mieux le supprimer que de le mutiler. Je vais tâcher d'éviter l'exagération à propos de l'air de Rodolfe et du duo qui le suit. Cependant, pourquoi n'avouerais-je pas que cet air est un des plus charmants morceaux de ténor que je connaisse ? Est-ce parce que l'exécution ne laisse pas deviner au public toute la suavité de l'*andante*, toute la finesse et toute l'élégance du motif de l'*allegro* ? Est-ce que, nous autres musiciens, nous devons nous arrêter à cela ? Ne devons-nous pas, au contraire, venger le compositeur de la faiblesse du chanteur ? Cet air, échu dans son bon temps à Duprez, lui eût valu un succès semblable à celui qu'il obtenait dans le bel air de *Guido et Ginevra*, une des plus heureuses inspirations d'Halévy, notre maître. Le duo de la Nonne et de Rodolfe a été parfaitement compris, parce qu'il a été on ne peut mieux exécuté ; il ne me sera donc pas difficile d'en faire l'éloge, puisque le public lui a déjà rendu la justice qu'il mérite. Au quatrième acte, parmi les airs de danse, on a remarqué une délicieuse reprise de l'air bohémien. L'effet général de ce morceau rappelle un peu, sans qu'il y ait la moindre similitude de mélodie ni de rhythme, la charmante chanson du chevrier de *Sapho* et aussi un chœur d'*Ulysse*, qui tous deux ont un cachet qui est bien à vous, mon cher Gounod, et cette ressemblance de couleur ressort, sans doute, de l'emploi d'un moyen que vous appelez, je crois, effet de persistance, et qui tient à l'obstination d'un rhythme ou d'un dessin. — La marche nuptiale se rapproche aussi, mais par la couleur seulement, de celle d'*Alceste* et aussi un peu de celle du *Chaperon*, de Boieldieu ; ceci est une remarque et non un reproche. Le cinquième acte est malheureusement moins riche que les précédents : le chœur des assassins est bien dessiné; l'air de Moldaw n'est qu'un morceau bien fait : mais le duo entre Rodolfe et Agnès est sans aucun effet. Y avait-il moyen de faire mieux? Je ne le crois guère; la situation n'y est pas, et il était bien facile qu'elle y fût; il n'y avait qu'à faire intervenir le père, qui écoute sans mot dire, à le faire humilié et repentant de son crime, et voulant se dévouer à la mort pour sauver son fils; c'eût été le prétexte d'un magnifique trio, et comme on est en plein fantastique, rien n'était plus facile que de trouver un dénouement, avec Pierre l'Hermite absolvant le coupable, exorcisant l'ombre de la Nonne et relevant le fils de son serment; ceci était l'affaire de Scribe et non la vôtre, je le sais, mais quelquefois le musicien doit guider le poëte, dont, à son tour, il reçoit souvent d'excellents conseils.

Maintenant que voilà votre part faite, laissez-moi, mon cher Gounod, passer à vos exécutants. J'ai vu des gens ayant fort applaudi votre opéra me dire : — « C'est dommage, ce n'est pas amusant. » — Je leur ai demandé si *Alceste* et *Iphigénie en Tauride* étaient réjouissants, et si *le Prophète* leur paraissait d'une gaieté folle : ils ne m'ont rien répondu. Étrange pays que le nôtre! Aux compositeurs d'opéras-comiques, on reproche sans cesse d'être trop légers et de faire mesquin, et on ne veut pas permettre aux compositeurs de grands opéras d'être plus sévères. Croyez-moi, mon cher Gounod, continuez à être sérieux comme vous l'êtes, c'est-à-dire noble, élevé et inventif dans vos grands opéras, je tâcherai dans mes opéras-comiques de ne pas être moins gai que je ne l'ai été jusqu'à présent, et je crois que nous aurons raison tous les deux... [1].

1. *Assemblée nationale* du 23 octobre 1854.

# APPENDICE. 301

MESSE SOLENNELLE.

Cette année, l'Association des musiciens nous a donné une œuvre des plus remarquables; c'est une composition nouvelle de M. Ch. Gounod. M. Gounod a écrit sa nouvelle messe dans le sentiment de musique religieuse tel que je le comprends, c'est-à-dire dégagé de toute espèce de parti-pris, de toute allure scientifique de convention et basant uniquement son inspiration sur le texte des paroles. Le *Kyrie*, un des meilleurs morceaux de la messe, débute par une phrase de plain-chant qui se représente ensuite harmonisée et traitée avec un grand talent, sans roideur et sans la moindre contrainte. L'orchestration en est sobre, quoique pleine et sonore, et la disposition des voix chorales est excellente.

Il y a quelquefois rencontre d'invention mélodique ou de dessins harmoniques entre deux compositeurs : cette rencontre est plus rare, quand il s'agit d'un sentiment : c'est cependant ce qui vient d'avoir lieu entre M. Gounod et un de ses confrères qui se trouve très-honoré de cette conformité de manière de sentir. Dans le début du *Gloria* de ma messe de Sainte-Cécile, pour couper court à la banalité de l'emploi des fanfares pour l'annonce de ce chant d'hommage à Dieu, j'avais fait chanter les premières mesures par une voix de soprano, simulant celle d'un ange, et soutenue par des violons tremolo à l'aigu, et les voix humaines ne répondaient à la voix de l'ange qu'aux paroles *Et in terra pax* : il me semble que M. Gounod s'est inspiré d'une idée analogue, quoiqu'il l'ait présentée avec des moyens musicaux différents, et qu'il ne fasse intervenir les voix humaines qu'au changement de mouvement sur le *Laudamus te*. Il est bien probable que M. Gounod a entièrement oublié la disposition du début de mon *Gloria*, et je suis enchanté qu'il ne se la soit pas rappelée, car peut-être eût-il renoncé à cette manière d'interpréter le texte qui lui a fourni de charmants effets tout à fait différents de ceux que j'avais cherchés et obtenus. Je passe rapidement sur le trio et sur la reprise de l'allegro qui termine le *Gloria*, pour arriver au *Credo*, le morceau le plus difficile à traiter de toute la messe et celui où M. Gounod a déployé le plus de richesses, de vigueur et de variété.

Le début avec un dessin de basse persistant est d'un mouvement et d'une grandeur admirables : l'*Incarnatus*, récité d'abord par les voix seules et repris par le chœur, prépare on ne peut mieux au sentiment douloureux du *Crucifixus*. Le beau dessin des basses se retrouve au *Resurrexit*, mais avec des progressions harmoniques très-neuves et très-puissantes : puis les harpes interviennent pour annoncer l'*Et vitam venturi sæculi*, sur lequel les compositeurs classiques ont l'habitude de bâtir une fugue. Quel est le premier enragé qui a été s'imaginer qu'on chantait des fugues en paradis?

L'Offertoire est un morceau d'orchestre que l'auteur intitule : *Prière intime*. Il y a des parties fort remarquables dans cette symphonie religieuse, qui justifie parfaitement par son expression de calme et de placidité le sentiment que le compositeur a voulu lui imprimer.

Peut-être est-ce la conformité de couleur qui a nui au *Sanctus*, dont l'exécution avait excité l'enthousiasme, il y a deux ans, la première fois qu'il fut entendu à la Société de Sainte-Cécile. Toujours est-il que l'effet a été beaucoup moins grand à l'église; mais le *Benedictus* est une des plus heureuses inspirations de musique religieuse que je connaisse. Mademoiselle Dussy l'a admirablement chanté, et la reprise de cette belle phrase mélodique par le chœur est d'un bonheur d'exécution incroyable.

L'*Agnus*, auquel l'auteur a ajouté les paroles *Domine, non sum dignus*, est d'un sentiment doux, comme le morceau précédent, et, à cet endroit de l'œuvre, on pourrait peut-être craindre de voir se déclarer un peu de monotonie, lorsque vient heureusement éclater le *Domine salvum*. Ce n'est d'abord que le chant de la liturgie harmonisé à quatre voix, puis ce chant se reprend à l'unisson sur une marche militaire. Pour prouver la sincérité des éloges que je me suis plu à donner à tant de parties du remarquable travail de M. Ch. Gounod, je dois apporter la même franchise dans ma critique et avouer que cette marche m'a semblé du plus mauvais effet. L'ingéniosité des deux chants qui se combinent ensemble, chacun dans un ton différent, n'a pu me faire illusion sur la maigreur de l'instrumentation et la vulgarité du motif de la marche; la disposition peu heureuse des instruments aigus, accompagnés de la grosse caisse et des cymbales donne plutôt le sentiment d'un orchestre de saltimbanques que celui d'une musique militaire. Je ne puis trop engager le compositeur à faire disparaître cette tache qui macule une des plus belles pages de sa partition, car la reprise du plain-chant, accompagné par un dessin contraint de deux notes conjointes, pour imiter le bruit des cloches, la réunion de toutes les puissances vocales et instrumentales, et l'excellente combinaison de cette péroraison ont un caractère grandiose et solennel qui est bien celui que l'auteur avait en vue pour couronner la belle partition où son talent s'est montré sous un aspect si favorable [1].

### SYMPHONIE EN *MI* BÉMOL.

La nouvelle symphonie en *mi* bémol de M. Gounod a obtenu un immense succès, et c'était justice. Le premier

---

1. *Assemblée nationale* du 4 décembre 1855.

morceau est excellent, mais il doit cependant le céder aux deux qui suivent. L'andante débute par une phrase de grande haleine, et d'une pureté et d'une quiétude admirables. Les développements sont extrêmement ingénieux, et puis tout cela est si clair, si net, si bien arrêté! Les menuets ne sont pas moins bien réussis, et se distinguent par les mêmes qualités. Le finale, dont le mouvement était peut-être un peu trop précipité, a produit moins d'effet. Puisqu'il en est ainsi dans toutes les symphonies, puisque presque toujours ce n'est que dans le second et le troisième morceau que l'on parvient à captiver l'attention et les suffrages du public, pourquoi ne pas changer cette coupe? Elle fut adoptée par Haydn, continuée par Mozart et leurs imitateurs et bien peu modifiée par Beethoven. N'a-t-elle pas fait son temps, depuis un siècle qu'elle est en usage, et n'y a-t-il pas moyen de rien trouver de plus satisfaisant? Je livre ces réflexions à M. Gounod. Il est malheureux que des tentatives aussi généreuses, aussi grandes, aussi désintéressées que celles des compositeurs qui, pour le seul amour de l'art, entreprennent un travail aussi sérieux que celui qu'exige la composition d'une symphonie, il est malheureux, dis-je, que ces efforts ne soient pas mieux récompensés, et que l'enthousiasme du public ne seconde pas davantage l'enthousiasme des artistes; mais peut-être cette indifférence cesserait-elle si des idées nouvelles n'étaient pas obstinément renfermées dans un cadre usé et vieilli, et si tout s'accordait pour faire ressortir l'originalité de l'invention et de la combinaison?

Un jour viendra, sans doute, où l'on rendra justice complète à M. Gounod et où on le proclamera le premier symphoniste français. Je ne veux pas attendre jusqu'à ce jour pour lui dire que l'Allemagne serait bien fière si elle possédait un compositeur qui sût, comme lui, être maître à la fois de ses idées, de son orchestre et de son public. C'est alors qu'elle pourrait se vanter, à juste titre, de produire *la musique de l'avenir* ; mais celle qu'elle affuble de ce titre me fait l'effet de n'être celle d'aucun pays ni d'aucun temps, ni passé, ni présent, ni futur [1].

## BERLIOZ.

### L'ENFANCE DU CHRIST.

J'ai rarement eu occasion de parler de Berlioz, ou, pour parler plus franchement, j'ai souvent évité ces occasions. La raison en est plus facile à comprendre qu'à expliquer. J'aime beaucoup Berlioz ; c'est un esprit vif, ardent, original, ennemi du lieu commun, poëte encore plus qu'il n'est musicien, d'une conviction et d'une indépendance rares, mais travaillant dans un système si opposé à celui que j'ai suivi et que je professe, qu'il m'était bien difficile de constater ses succès sans y reconnaître le renversement de tous mes principes. Cependant ce succès est réel et ne peut être nié, et comme il s'agit moins de faire connaître mon goût personnel qui peut m'égarer, que de raconter l'effet que produit sa musique sur un public d'autant plus impartial qu'il est composé d'éléments plus divers, je veux dire à mes lecteurs non-seulement ce que j'ai éprouvé, mais ce que l'on a éprouvé autour de moi à l'audition de cette œuvre importante.

Berlioz est un grand innovateur : la symphonie n'est pas pour lui, comme elle l'a été pour Haydn, Mozart et Beethoven, un moyen de formuler certaines pensées musicales, de les coordonner et de faire naître dans l'âme de l'auditeur une rêverie identique à celle que chacun peut supposer avoir été celle du compositeur. Il précise son idée, il ne veut pas que l'auditeur y substitue la sienne ;

1. *Assemblée nationale* du 12 février 1856.

il détaille son programme et vous dit d'abord : « Voilà ce que j'ai voulu peindre avec des sons; n'allez pas me prêter un autre sujet que celui que j'ai choisi. » Puis, ce cadre instrumental ne lui suffit bientôt plus, il lui faut le secours de la parole chantée, et sa symphonie devient dramatique, c'est un opéra moins l'action.

Ses premiers essais datent de plus de vingt-cinq ans, et ils furent loin d'être accueillis avec la faveur dont ils se voient accompagnés aujourd'hui. Berlioz lutta avec une conviction et une persistance admirables; il parlait une langue nouvelle que l'on ne comprenait pas encore et il se refusa de se servir d'un autre idiôme ; il voulut qu'on apprît cette langue, qu'on s'y habituât, qu'on le comprît; il ne vint pas au public, il exigea que le public vînt à lui, et le temps aidant, l'œuvre s'est accomplie.

Si je ne me trompe, le point de départ de Berlioz c'est la symphonie avec chœurs de Beethoven. Pour beaucoup de gens, ce morceau est hiéroglyphique; pour beaucoup d'autres, il est, au contraire, une des plus belles productions de son auteur. Il faut reconnaître que, depuis quelques années, son exécution plus fréquente lui a valu beaucoup de partisans. Il n'est donc pas surprenant que, partant du même principe, la musique de Berlioz soit bien mieux comprise aujourd'hui qu'elle ne l'était lors de sa première apparition. L'empressement du public et ses applaudissements chaleureux à *l'Enfance du Christ* sont la preuve de ce que j'avance. On a dit, à tort, je crois, que dans cette œuvre, Berlioz avait modifié sa manière ; je pense bien plutôt que c'est nous qui avons modifié la nôtre comme sentiment et comme appréciation. S'il y a une différence sensible entre cette production et les œuvres précédentes de l'auteur, cela tient uniquement à la différence du sujet, à la couleur charmante de naïveté, de croyance et de mysticisme qu'il y a déployée et dont il n'avait pas encore eu l'occasion de faire usage.

Le poëme écrit par Berlioz est d'une adorable simplicité et offre cependant au musicien les situations les plus variées et le mieux senties.

C'est d'abord un récitant qui fait en peu de mots l'exposition de la première partie :

> Dans la crèche, en ce temps, Jésus venait de naître,
> Mais nul prodige encor ne l'avait fait connaître ;
> Et déjà les puissants tremblaient,
> Déjà les faibles espéraient,
> Tous attendaient...
> Or, apprenez, chrétiens, quel crime épouvantable
> Au roi des Juifs suggéra la terreur,
> Et le céleste avis que, dans leur humble étable,
> Aux parents de Jésus envoya le Seigneur.

Les scènes commencent alors par une ronde de nuit très-colorée, sur laquelle le chef de ronde et un centurion initient le spectateur aux vagues terreurs auxquelles est en proie le roi Hérode. Puis la marche s'éloigne à travers les rues tortueuses de Jérusalem. Nous sommes ensuite au palais du roi, et c'est dans un air qu'il exprime toutes ses angoisses. — Les airs sont les écueils des musiciens symphonistes, et Berlioz ne me semble pas avoir été mieux inspiré que ses célèbres devanciers. L'air que chante Hérode me paraît pécher également par la forme et par la mélodie. Mais bientôt arrive le chœur des devins, et le compositeur retrouve toute sa puissance. La conjuration offre un rhythme inusité du plus heureux effet, et dans le chœur qui répète le solo chanté par Hérode, il y a un passage admirable d'énergie sauvage sur ces vers :

> Malgré les cris, malgré les pleurs
> De tant de mères éperdues,
> Des rivières de sang vont être répandues.

Mais à cette scène de meurtre et de vengeance succède un tableau charmant, celui de la sainte famille dans l'étable de Bethléem :

> O mon cher fils, donne cette herbe tendre
> A ces agneaux qui vers toi vont bêlant :
> Ils sont si doux ! Laisse, laisse-les prendre,
> Ne les fais pas languir, ô mon enfant.
> Répands encor ces fleurs sur leur litière ;
> Ils sont heureux de tes dons, mon enfant;
> Vois leur gaîté, vois leurs jeux, vois leur mère
> Tourner vers toi son regard caressant.

La mélodie qui accompagne ces paroles, répétées en duo par Joseph et Marie, est enchanteresse, et l'effet en est encore plus grand, lorsque vient s'y mêler le chœur invisible des anges. Toute cette fin de la première partie est saisissante, et elle a vivement impressionné le public. Mais son admiration devait se réserver pour la seconde partie, qui est d'une grande supériorité.

L'ouverture, traitée dans le style fugué et écrite avec une remarquable pureté, est une délicieuse préparation au chœur de bergers que l'on connaissait déjà, comme fragment, mais qu'on a été heureux de retrouver dans l'œuvre dont il faisait partie. Que cette expression de traitée dans le style fugué, appliquée à l'ouverture, n'effraye pas trop ceux qui, ainsi que moi, ne sont pas plus amoureux de la fugue qu'il ne convient de l'être. Ce n'est point de la fugue d'école, ni de la fugue en colère à dessins violemment heurtés qu'il s'agit ; c'est un sujet pastoral traité en réponse et en imitation, dans le genre de la charmante fugue qui précède le *Resurrexit* dans le *Credo* de la messe d'Amb. Thomas.

J'ai dit que le chœur des bergers était déjà connu ; on y avait effectivement remarqué une tendance mélodique très-prononcée et une couleur à la fois pastorale et reli-

# APPENDICE.

gieuse puisée dans l'emploi de la tonalité ancienne. Mais rien ne peut donner une idée du charme et de l'effet de l'air du récitant qui termine cette seconde partie. C'est une des choses les plus difficiles à mettre en musique qu'un récit, où chaque vers demande à la musique une expression nouvelle et où les répétitions sont formellement interdites. Je ne sais par quel procédé Berlioz a pu, malgré ces difficultés, créer une mélodie délicieuse où le sens des paroles est constamment suivi, où pas un vers ne se répète et qui constitue une période si complète et si satisfaisante que le public n'en voulait pas attendre la fin pour la faire recommencer. Je n'étais pas, je vous jure, du dernier à crier *bis*, au grand désespoir de Berlioz, qui voulait qu'on n'interrompît pas et qu'on attendît l'*Alleluia* du chœur des anges qui termine si heureusement ce magnifique morceau. Je regrette que la typographie ne puisse pas me fournir de caractères musicaux pour retracer cette suave mélodie, dont le début offre l'allure naïve et croyante de nos anciens noëls. Je ne puis, à mon grand regret, citer que les paroles :

> Les pèlerins étaient venus
> En un lieu de belle apparence,
> Où se trouvaient arbres touffus
> Et de l'eau pure en abondance.
> Saint Joseph dit : Arrêtez-vous
> Près de cette claire fontaine ;
> Après si longue peine,
> Reposons-nous.

L'enfant Jésus dormait. Pour lors sainte Marie,
 Arrêtant l'âne, répondit :
Voyez ce beau tapis d'herbe douce et fleurie,
Le Seigneur, pour mon fils, au désert l'étendit.
 Puis s'étant assis sous l'ombrage

> De trois palmiers au vert feuillage,
> L'âne paissant,
> L'enfant dormant,
> Les sacrés voyageurs quelque temps sommeillèrent
> Bercés par des songes heureux,
> Et les anges du ciel, à genoux autour d'eux,
> Le divin enfant adorèrent.
> (*Chœur des anges.*)
> Alléluia !
> Alléluia !

Eh bien ! figurez-vous ces paroles, la mélodie la mieux inspirée, la plus colorée, la plus saisissante, et vous n'aurez pas encore idée de l'heureux résultat qu'a produit cette alliance de la pensée du poëte et de la pensée du musicien unies dans une même conception. Donnez à traiter ce morceau à quelque compositeur que ce soit, à quelque école qu'il appartienne, de quelque célébrité qu'il jouisse, nul ne le réussira, je ne dirai pas mieux, mais aussi bien que Berlioz. Depuis la première jusqu'à la dernière note, cette seconde partie de la trilogie porte le cachet de la perfection.

Dans la troisième partie, la Sainte Famille est arrivée dans la ville de Saïs; malgré ses touchantes supplications, elle est repoussée par tous les habitants : elle va frapper à la dernière porte, qui s'ouvre enfin pour elle. Un père de famille accueille les pauvres voyageurs :

> Que de leurs pieds meurtris, on lave les blessures;
> Donnez de l'eau, du lait, des grappes mûres :
> Préparez à l'instant
> Une couchette pour l'enfant.

dit-il à ses serviteurs. Et à l'instant, l'orchestre peint dans une courte et vive symphonie l'empressement des esclaves à remplir les ordres de leur maître. Ce morceau, un des moins remarqués, m'a paru un des meilleurs comme sentiment et comme exécution.

Puis, lorsqu'ils sont suffisamment reposés, le père de famille leur propose un petit concert :

> Prenez vos instruments, mes enfants : toute peine
> Cède à la flûte unie à la harpe thébaine.

Vient alors un trio d'une harpe et de deux flûtes dont l'andante est charmant, mais dont l'allegro me semble affecter des allures un peu trop gaies pour provoquer les larmes de Marie, dont se réjouit le père de famille. Après une espèce d'épilogue prononcé par le récitant, la trilogie se termine par un chœur écrit dans le style de Palestrina, ce qui est loin d'être de la mélodie, ainsi que le croit Méry, mais ce qui est d'une grande difficulté d'exécution, ce que ne manqueront pas d'affirmer les choristes, qui ne s'en sont tirés qu'à grand'peine [1].

### TE DEUM.

L'événement musical le plus important de la quinzaine a, sans contredit, été l'exécution du *Te Deum* de Berlioz, à Saint-Eustache... Il y a peu de temps, et à propos d'une autre œuvre de Berlioz, je signalais l'embarras où je me trouvais lorsqu'il s'agissait d'apprécier ces compositions, qui n'ont d'analogie avec celles d'aucun maître et pour lesquelles l'admiration ou le blâme doivent se baser sur des théories, des principes ou des lois tout exceptionnelles et auxquels (*sic*) nous ne sommes pas initiés, puisque ces théories, ces principes et ces lois, c'est le compositeur

---

1. *Assemblée nationale* du 19 décembre 1854.

qui se les crée et que la poétique n'en peut être étudiée nulle part, si ce n'est dans ses propres œuvres.

C'est peut-être en raison d'une base fixe qui manque totalement pour l'appréciation du mérite de ce compositeur, qu'il est jugé si diversement. Pour lui, il n'est pas d'indifférents; il ne compte guère que des admirateurs fanatiques ou des détracteurs acharnés. Selon les premiers, ses partitions doivent être mises sur la même ligne que celles des plus grands compositeurs instrumentaux, et il est le successeur immédiat et sans partage de Beethoven. Pour les seconds, sa musique n'est pas de la musique, son art n'est pas un art : c'est un chaos où ils ne savent rien discerner, les sons qu'il assemble ne produisent que des bruits, et ils ne l'admettent pas plus comme harmoniste que comme mélodiste; c'est tout au plus s'ils consentent à lui accorder quelque ingéniosité dans l'art de grouper les instruments et d'en combiner les effets par la variété des timbres.

Il est presque inutile de dire que je ne partage pas plus la première que la seconde de ces opinions si opposées; mais il me sera très-difficile de faire connaître mon propre jugement, parce que je me défie extrêmement de moi-même, lorsqu'il s'agit d'apprécier une musique si différente de celle avec laquelle je sympathise, et manquant généralement des qualités que je prise au-dessus de toutes les autres, la simplicité et la clarté.

On a dit souvent que la musique ne devait pas être jugée par des musiciens, puisqu'elle était faite par eux, mais non pour eux. Jusqu'à un certain point cette assertion est fondée : il est très-difficile, en effet, que le musicien qui se fait juge n'apporte pas, à son insu, une certaine partialité pour les œuvres qui auront le plus de rapports avec sa manière de sentir et d'exprimer, et peut-être ne ressentira-t-il pas toute l'admiration que doivent faire naître des inspirations qu'il lui aurait été impossible d'avoir, parce qu'elles s'éloignent trop du caractère de son talent. Mais, d'un autre côté, le juge non musicien ne sera-t-il pas bien embarrassé pour justifier son opinion, lorsqu'il ne pourra l'appuyer d'aucune autre raison que sa propre sensation? Quoique soumise à certaines règles dont presque aucune n'est invariable, la musique est, avant tout, un art de sentiment : elle exige cependant, chez celui qui l'écoute, une espèce d'éducation et d'initiation préparatoire.

Faites entendre à un homme inculte, à un paysan, à un sauvage, la plus belle symphonie du monde exécutée par le meilleur orchestre, il lui préférera, à coup sûr, l'air le plus simple, le plus commun peut-être, exécuté par un seul instrument, ou le premier pas redoublé qu'interprétera la musique militaire. C'est que, dans l'air exécuté par un seul instrument, la complication des parties et de l'harmonie ne l'empêchera pas de saisir le sens de la mélodie, et que, dans la marche militaire, les instruments de percussion, hors de proportion avec les autres instruments chantants, accuseront un rhythme avec assez de puissance pour étouffer les autres rhythmes établis dans les diverses parties et rétabliront ainsi le sentiment de l'unité qui saisira une oreille trop peu exercée pour être flattée d'une sensation complexe.

Certaines beautés passeront donc inaperçues du juge non musicien, parce qu'elles seront dans un cadre d'idées au-dessus de ses connaissances, de même que le juge musicien ne sera peut-être pas assez touché de certains effets qui impressionnent vivement les masses, parce qu'il sera plus occupé de chercher le procédé à l'aide duquel ce résultat sera obtenu, qu'il ne se montrera disposé à subir une sensation qu'il serait lui-même incapable de faire naître.

Les inconvénients étant, je crois, à peu près également partagés, il n'y a pas trop de danger à ce qu'un musicien s'établisse juge de l'œuvre d'un confrère, à la condition seulement qu'il se défiera autant que possible de ses habitudes de producteur, et qu'il tâchera de s'oublier le plus complétement qu'il pourra.

Ces conditions étant données, je cherche quel a pu être le point de départ de Berlioz, et je crois ne pas me tromper en affirmant que sa plus grande admiration pour Beethoven commence là où s'affaiblit un peu la mienne, c'est-à-dire au finale de la symphonie avec chœurs. Berlioz est admirateur passionné de Gluck et de Spontini; je partage son admiration pour ces deux illustres maîtres, mais il est bien probable que ce ne sont pas les mêmes choses que nous admirons en eux. L'analogie que je trouve entre Berlioz et les objets de son culte est précisément dans les défauts que je crois lui pouvoir être reprochés. Ainsi que Gluck, il a la grandeur de la conception; il offre aussi un manque de carrure et de rhythme vocal qui ne rend pas toujours ses intentions saisissables. S'il a parfois la fougue et la véhémence passionnée de Spontini, il accumule, ainsi que l'illustre auteur de *la Vestale* et de *Fernand Cortez*, une complication de dessins dans les diverses parties qui étouffe l'idée mère qui doit dominer toutes les autres.

Mozart et Haydn sont peu appréciés par Berlioz, et cela se conçoit. Leur style est trop pur, trop réglé, trop sage pour son imagination qui ne rêve qu'effets gigantesques et que brusques transitions : peut-être est-ce l'abus de ces transitions, de ces modulations imprévues et antitonales qui a fait ranger l'auteur du *Freischütz* dans le petit nombre de musiciens qu'il apprécie le plus?

Berlioz a, dès son début, rompu avec toutes les traditions du passé. On a parlé de modifications dans sa manière : il n'y en a aucune. Depuis sa première symphonie, *la Vie d'un artiste*, jusqu'à son *Te Deum*, c'est le même système, la même volonté, la même puissance dans les grands effets de sonorité, la même poésie dans la conception, la même grandeur dans l'ensemble; mais, il faut le dire aussi, la même faiblesse dans la production mélodique, et la même absence de clarté, de charme et de suavité. Si ses compositions sont mieux comprises aujourd'hui, ce n'est pas qu'il se soit changé : c'est que nous faisons bon marché des défauts que nous sommes à peu près certains d'y trouver et que nous n'y cherchons plus que les belles qualités que nous sommes presque toujours sûrs d'y rencontrer, qualités que j'ai déjà signalées en parlant de l'élévation de sa pensée, de l'ampleur et de la poésie de sa conception, et des magnifiques effets de sonorité qu'il sait tirer de la combinaison des masses.

On m'objectera peut-être que dans la dernière composition de Berlioz, dans *l'Enfance du Christ,* celle de toutes ses œuvres que le public a accueillie avec le plus de sympathie, les moyens sont plus simples, l'instrumentation plus sobre, les grands effets de sonorité soigneusement exclus, et qu'il y a une sorte de recherche de simplicité qui dénote une modification radicale dans la manière du compositeur. Cette modification, je la nie complétement. Berlioz est poëte avant tout et plus que tout; il veut d'abord se pénétrer de la couleur de son sujet et y initier l'auditeur; il n'y a apparence de modification dans son style que dans la partie qui traite de l'enfance de Jésus et des saints personnages de Marie et de Joseph. Là, le poëte musicien a dû rejeter tous ses souvenirs de compositeur symphonique et dramatique; il s'est reporté aux souvenirs de son enfance, aux sensations naïves qu'il devait éprouver lorsqu'il remplissait pour la première fois ses devoirs religieux; il s'est montré croyant autant qu'on peut l'être, et il nous a rendus croyants avec lui. Son système de musique n'a pas changé, mais il l'a appliqué à de tout autres idées; il les a rendues comme il les retrouvait dans sa mémoire et dans son cœur : de là lui sont venues cette naïveté et cette simplicité charmantes qui ont fait le succès de son avant-dernière œuvre.....

Je suis, je l'avoue à ma honte, très-peu sensible à ce qu'on est convenu d'appeler les beautés du plain-chant, et celui du *Te Deum*, en particulier, m'a toujours paru d'une monotonie et d'une froideur insupportables. Ce chant d'actions de grâces devrait avoir un caractère pompeux où respirât une joie pleine de fierté et d'expansion. Toute la première partie du *Te Deum* de Berlioz m'a également paru manquer de ce caractère d'allégresse et de triomphe. Les trois accords parfaits alternés par l'orchestre et le grand orgue ont bien le sentiment de grandeur et de majesté que l'on attend; mais le thème proposé par l'orgue et développé ensuite dans les voix et dans l'orchestre est d'un caractère un peu triste et n'exprime pas suffisamment la joie et le triomphe. J'ai déjà dit à plusieurs reprises qu'il n'y avait pas de modification dans la manière de Berlioz, et j'ai peur de me contredire en lui reprochant l'emploi et presque l'abus du style fugué, pour lequel il ne s'est jamais senti épris d'une tendresse très-vive, moins peut-être, à la vérité, dans la pratique que dans la théorie. Quand on veut faire de la fugue (et mon avis est qu'il faut en faire le moins possible), encore faut-il qu'elle semble faite facilement, et quoique cette langue ne soit plus notre langue usuelle, faut-il avoir l'air de la parler couramment. Or, tout le travail scientifique de l'œuvre de Berlioz est péniblement élaboré; on sent la contrainte de l'homme jeté en dehors de ses habitudes, et en général c'est le défaut que l'on remarque chez les compositeurs modernes lorsqu'ils veulent employer cette formule naturelle chez Bach et chez Hændel, dont elle était pour ainsi dire le langage naturel...

En bon camarade, et de confrère à confrère, je crois pouvoir lui dire (à Berlioz) que le style fugué ne sera jamais son fait. Nous ne pouvons guère le pratiquer qu'en étudiant et en imitant ceux qui en ont usé avant nous, et personne n'est moins capable que lui de se faire imitateur. Déjà, dans *l'Enfance du Christ*, il a voulu faire un chœur dans le style de Palestrina, et quoique ce morceau soit écrit dans toutes les conditions du genre, la gêne et le labeur s'y font trop sentir. Je crois que nous devons laisser aux maîtres de cette époque la langue de leur siècle, et que nous ne saurions la parler sans recommencer ce que nous faisions au collége, en alignant des mots en forme de vers latins péniblement agencés à coups de *Gradus* et à grands renforts d'épithètes ramassées dans Horace et dans Virgile.

Si la première partie du *Te Deum* doit peut-être sa froideur à cet emploi de moyens qui répugnent à la nature du compositeur, la seconde partie, à partir du *Judex crederis*, prend une allure bien différente, parce que l'auteur redevient lui-même et se laisse aller à toute son inspiration. Un dessin contraint, promené dans les parties de violons et de basses avec une persistance du plus grand effet, aboutit à la péroraison la plus éclatante et la plus grandiose, et lorsque toutes les forces réunies des orchestres et des voix paraissent avoir conduit à l'explosion la plus formidable de sonorité, le tonnerre des sons majestueux du grand orgue vient se mêler à ce *tutti* qu'il domine sans l'écraser et semble mêler les voix du ciel et de la terre pour produire un concert immense auquel prendrait part la création entière[1].

## M. HENRI REBER.

M. Reber est un compositeur de beaucoup de talent; il n'a écrit que tard pour le théâtre. Ses premiers ouvrages

1. *Assemblée nationale* du 8 mai 1855.

consistent en œuvres instrumentales très-remarquables et en quelques mélodies pleines de charme et de naïveté. Il s'essaya d'abord, pour le théâtre, dans un acte de ballet, *le Diable amoureux*. La musique de ballet demande des qualités opposées à celles qu'on exige d'un musicien symphoniste et que possède M. Reber. Il faut pour le ballet du brillant, du laissez-aller, des rhythmes accusés, point ou très-peu de développements, pas de détails d'orchestre, rien que de la musique saisissante et tout à fait en dehors. M. Reber apporta de l'élégance, de la finesse, de la recherche; sa musique fut appréciée des artistes et des musiciens de l'orchestre, mais peu goûtée par les amateurs de ballets.

Plus tard, M. Reber a donné un opéra-comique en trois actes, *la Nuit de Noël*, où mademoiselle Darcier remplissait le principal rôle. Dans cette œuvre on admira encore le musicien consciencieux et de bon goût, mais on aurait désiré un sentiment dramatique plus prononcé : l'orchestration, quoique fort habile et savamment disposée, avait paru un peu terne. Enfin, aux concerts de la Société de Sainte-Cécile, M. Reber fit entendre une ouverture qu'il intitula *Naïm*, et où se trouvaient réunis la verve, le brillant et l'éclat, dont l'absence avait nui aux premières œuvres de l'auteur. On comprit dès-lors tout ce que l'on pouvait attendre de son talent, et ces espérances se trouvent réalisées dans la partition nouvelle qu'il vient de nous donner (*le Père Gaillard*).

Rien au premier abord n'aurait paru moins sympathique aux habitudes du compositeur que ce livret, où les chansons et les occasions de musique gaie l'emportent sur les motifs à *andante* et sur les situations dramatiques. Cependant, ce sont les morceaux qu'on l'aurait cru le moins capable de bien faire, où M. Reber a le mieux réussi. L'introduction, où trois airs d'un rhythme différent se trouvent réunis avec un bonheur de science bien rare, un septuor dont la strette est charmante, différents couplets de demi-caractère, un délicieux trio de femmes d'une suavité et d'un charme inexprimables, un finale habilement disposé, mais surtout un ravissant petit air de scène au troisième acte, dans la meilleure manière des meilleurs maîtres, puis un excellent duo et bien d'autres morceaux peut-être, dont la nomenclature plus que le souvenir échappe à ma mémoire ; voilà ce que le public s'est empressé d'applaudir dans le nouvel opéra. Il y a dans cette œuvre un très-grand progrès au point de vue de la scène : par ses travaux et ses études premières, l'auteur semblait peu disposé à adopter le style qui convient au théâtre, mais il y est parvenu cette fois, et a parfaitement réussi. Sauf quelques récitatifs assez intempestifs qui ôtent à la musique l'allure dégagée qu'elle doit avoir dans un sujet de ce genre, toute la partition est parfaitement entendue au point de vue scénique, et je ne saurais trop louer le compositeur de cette réussite qui lui était peut-être moins facile qu'à un autre.

J'allais continuer cette appréciation de la musique de M. Reber, lorsqu'on m'apporte un journal où l'on fait de son œuvre un éloge très-mérité, auquel personne plus que moi n'est disposé à s'associer. Mais il y a des gens ainsi faits, qui, se voyant obligés de jeter de l'encens d'une main, croient ne pouvoir se dispenser de jeter quelques pierres de l'autre. Ainsi, l'auteur de l'article que je lis divise les compositeurs en deux catégories : les uns sont les musiciens honnêtes, méprisant souverainement le goût du public, et ne composant leur musique que pour eux et leurs amis, s'ils en ont ; les autres sont les fripons qui croient que la musique est faite pour plaire à ceux pour qui on l'écrit, et qui s'efforcent de donner au public ce qu'il aime et ce qu'il désire. Il est bien entendu que c'est le public qui a tort, et que la musique dont il ne veut pas est la seule bonne. L'auteur du feuilleton fait à

M. Reber l'injure de le compter dans la première catégorie.

Si l'on veut ainsi diviser les musiciens en musiciens honnêtes et en musiciens qui ne le sont pas, il est très-vrai que ceux que l'on appelle honnêtes n'ont pas à se reprocher d'avoir jamais soutiré l'argent du public, qui fuit leurs œuvres comme la peste, tandis qu'il achète très-volontiers le droit d'admirer et d'applaudir la musique des musiciens même désintéressés. De cette façon, les génies incompris auront seuls le droit de rester parmi les musiciens honnêtes. Pour moi, la seule chose que je comprenne des génies incompris, c'est qu'ils ont peu de talent et point du tout de génie.

Mais l'auteur de l'article va plus loin : il termine son éloge (très-mérité, je le répète) de l'œuvre de M. Reber, en prétendant que le succès de sa partition est un bonheur pour l'art et les compositeurs. Pour l'art, je le veux bien : il est heureux, en effet, qu'un homme du talent de M. Reber ait assez étudié les œuvres des modèles et de ses confrères pour arriver à écrire une œuvre dramatique dans des conditions susceptibles ; mais pour les compositeurs ? Quel bonheur y a-t-il pour Rossini, par exemple, à ce que M. Reber ait basé son finale du deuxième acte sur un motif de l'introduction du *Moïse* français ? Et quel bonheur pour M. Auber, que ces charmants couplets : *Jé voulé pas*, de *Fra-Diavolo*, aient servi de calque à la mélodie verveuse et piquante que M. Reber fait chanter au troisième acte à la servante Marotte ?

Que M. Reber me pardonne de relever ces réminiscences involontaires, que j'aurais passées sous silence, sans le pavé maladroit qu'on vient de lui jeter à la tête. Dire qu'il y a progrès et talent dans l'œuvre de M. Reber, c'est rendre justice à la vérité, mais prétendre que cette partition doive faire une révolution dans l'art et doive servir de modèle à ceux dont les œuvres sont, à juste titre, en possession de la faveur générale, c'est pousser la plaisanterie adulative un peu trop loin [1].

## MEYERBEER

### LE PROPHÈTE.

La nouvelle partition de Meyerbeer offre une suite de beautés dont l'appréciation serait impossible après une seule audition ; et j'avoue que, quoique ayant obtenu la faveur d'assister aux deux dernières répétitions générales, et ayant, par conséquent, entendu trois fois l'ouvrage en entier, il me sera difficile de signaler, entre tant d'admirables morceaux, ceux que j'ai le plus admirés. Tel m'avait paru devoir l'emporter à la première audition, que je trouvais surpassé à la seconde par tout ce que je découvrais dans le morceau suivant : tel autre, qui les deux premières fois avait passé inaperçu à mon oreille, lasse d'admiration, est venu à la troisième audition se révéler avec des beautés nouvelles et inattendues.

Les spectateurs qui vont se succéder aux représentations du *Prophète* n'auront qu'un choix à faire entre tous les morceaux de la partition, suivant leur goût particulier, car il y a une extrême variété de tons et de couleurs. Pour aujourd'hui, je ne puis citer que ceux dont l'effet a été le plus généralement senti à la première représentation. Les éloges sincères que je fais de la musique de Meyerbeer sont d'autant moins suspects que j'ai toujours fait profession de préférer le style lumineux et purement mélodique de l'école de Rossini à la manière plus fortement accentuée peut-être, mais aussi moins vocale et plus travaillée qui distingue l'école allemande. Je n'aime pas

---

1. *Assemblée nationale* du 14 septembre 1852.

l'exclusion en fait d'art, et je plains ceux qui, se faisant admirateurs passionnés d'un système, méconnaissent les beautés d'un ouvrage écrit dans un système différent. Je ne sache pas de pays où l'on aime plus la musique qu'en Allemagne, et les Allemands ont cela d'admirable qu'ils admettent la musique de toutes les écoles et de toutes les époques ; il n'est pas rare de voir les mêmes auditeurs écouter le matin avec une attention presque religieuse l'une des compositions les plus sévères de Bach ou de Hændel et le soir applaudir avec transport un opéra d'Auber ou de Donizetti ; puis le lendemain se faire un plaisir d'assister à l'audition d'un de ces chefs-d'œuvre de Gluck, de Grétry même ou de Mozart, dont nous autres Français nous supportons tout au plus quelques fragments dans les concerts. Honneur au génie et au talent sous quelque forme qu'ils se présentent : qu'ils se traduisent en pures mélodies ou en combinaisons musicales puisées dans les éléments des masses instrumentales et vocales, la pensée domine toujours le système, et loin de nous plaindre de cette diversité de formes, félicitons-nous plutôt de pouvoir entendre successivement des chefs-d'œuvre conçus dans des données si différentes.

Ce qui distingue surtout la musique de Meyerbeer, c'est un caractère de grandeur et d'élévation qui la rend propre à peindre les sentiments les plus passionnés et les plus tumultueux. Aussi le public a-t-il été vivement impressionné dès la fin du premier acte du *Prophète* par l'explosion du chœur général répétant le plain-chant des trois anabaptistes, qui, jusque-là, n'a été présenté que comme une espèce de formule que répètent presque machinalement les trois prédicans : mais on comprend la puissance qu'ils vont exercer, lorsque ce chant monotone a pris un caractère d'énergie sauvage et passionnée en passant par la bouche des paysans révoltés. Il y a toute une révolution dans cette transformation du plain-chant *Venite ad nos, po-*

puli; on comprend qu'à l'aide de ces simples paroles l'Allemagne va être inondée de sang. Quel contraste ce chant n'offre-t-il pas avec les délicieux couplets si bien rendus par mesdames Viardot et Castellan!...

On sait comme Meyerbeer entend l'orchestration, et les effets qu'il sait tirer de diverses combinaisons d'instruments : dans tout le courant de l'ouvrage, il a donné carrière à son ingénieuse habileté en ce genre. La clarinette-basse de M. Sax est très-heureusement employée dans divers passages. Mais la combinaison la plus grandiose et la mieux inspirée est celle employée dans la scène de l'église, où les ressources de l'orchestre sont combinées avec une formidable bande de saxhorns et d'instruments de cuivre, et avec l'orgue touché à quatre mains, le tout accompagnant un douloureux et triple chœur de voix de chanteurs, d'enfants de chœur et de peuple. Ajoutons que, chose miraculeuse, l'exécution est si parfaite, qu'il semble qu'il n'y ait pas la moindre difficulté à faire concorder simultanément tant d'éléments divers, et que toutes ces grandes voix forment une voix unique, produisant l'effet le plus imposant et le plus grandiose. S'il y a un grand mérite dans la conception de cet ensemble si compliqué, il n'y en a peut-être pas un moins grand dans la réalisation de son exécution[1]...

## SPONTINI.

La séance annuelle de l'Académie des beaux arts a eu lieu, suivant l'usage, le premier samedi d'octobre.... Après le rapport sur les travaux des élèves, lu par M. Blouet, M. Raoul Rochette a lu une excellente notice

1. *Constitutionnel* du 18 avril 1849.

sur la vie et les ouvrages de Spontini. On se fait peu d'idée, en général, de la difficulté qu'on doit éprouver à écrire ces sortes de biographies. Devant un auditoire composé en grande partie d'amis du défunt, en présence des membres de la famille qui, souvent, ont fourni des notes sur la vie de leur parent, l'impartialité est presque impossible dans ce travail, dont la fin doit toujours être un éloge. Il faut donc se bien garder de consulter les notices académiques comme documents historiques. M. Raoul Rochette a présenté des aperçus très-neufs et très-ingénieux sur le talent et la personne de l'illustre compositeur qui faisait le sujet de sa notice, mais la vérité de certains faits peut être contestée. Ainsi, il attribue à une cabale du Conservatoire la chute éclatante d'un petit opéra comique de Spontini, *la Petite Maison*. Il est probable que cet opéra ne valait ni plus ni moins que *Milton*, qui l'avait précédé, et que *Julie*, qui le suivit. Spontini n'occupait alors dans le monde musical qu'une place beaucoup trop modeste pour que le Conservatoire pût prendre le moindre ombrage et cabaler contre lui.

Quant aux difficultés qu'éprouva l'auteur de *la Vestale* pendant les répétitions, elles tenaient autant à la roideur de son caractère qu'à ses tâtonnements et à son inexpérience de l'orchestre : il le remaniait sans cesse, et les frais de copie s'élevèrent à la somme incroyable de dix mille francs. Plusieurs compositeurs avaient même été appelés pour porter la lumière dans ce que chacun considérait comme un chaos. On disait un jour à Cherubini : — « Est-il bien vrai que vous avez corrigé au moins cent fautes dans la partition de Spontini ? » — « Oui, répondit-il, mais j'en ai laissé plus de mille. »

Quoi qu'il en soit de l'injustice des artistes de l'époque pour une œuvre à qui l'on pouvait peut-être reprocher d'être peu correctement écrite (grammaticalement parlant), *la Vestale* n'en restera pas moins un chef-d'œuvre, car le génie y éclate de toutes parts; et, comme l'a fort bien dit M. Raoul-Rochette, Spontini s'y montre le digne successeur de Gluck et le précurseur de Rossini.

Le second grand ouvrage de Spontini, *Fernand Cortez*, fut moins heureux que le premier. N'en déplaise à la notice académique, il n'eut que fort peu de succès dans sa nouveauté; ce n'est qu'à sa reprise, en 1816, que l'ouvrage fut entièrement refondu, à ce point que le premier acte devint le troisième; ce fut alors que l'on rendit une pleine justice aux admirables beautés de ce magnifique ouvrage.

Ce qu'il y a de bizarre dans la longue et brillante carrière de Spontini, c'est que sa fortune et sa réputation ne furent basées que sur l'existence de ces deux premiers ouvrages (je persiste à dire de ces deux premiers ouvrages, parce que ceux qui les ont précédés sont demeurés aussi inconnus que le resteront sans doute ceux qui les ont suivis), à l'exception d'*Olympie*. Une autre remarque à faire sur ce génie singulier, c'est qu'après s'être présenté en novateur des plus hardis, il n'avait pas tardé à se montrer l'ennemi de tout progrès, s'imaginant sans doute avoir posé une limite qu'on ne devait jamais dépasser. Ainsi Rossini, dont il avait pressenti les puissants effets rhythmiques, Meyerbeer, dont il aurait dû comprendre la mâle harmonie et les savantes combinaisons, lui étaient antipathiques.

Si Spontini ne vécut pas assez pour sa famille et pour l'admirable veuve qui le pleure chaque jour, il vécut trop pour sa gloire et pour son amour-propre. De retour depuis quelques années dans le pays où avait commencé sa réputation, où ses ouvrages avaient obtenu un si immense retentissement, il se voyait entièrement oublié d'une génération ingrate et dédaigneuse: ses ouvrages n'étaient plus représentés, et il ne vivait plus que par ses souvenirs. Il eut cependant encore quelques moments de bonheur, c'est lorsque au Conservatoire et dans un grand concert donné il y a quelques années à l'Opéra par l'Association des artistes musiciens, on exécuta presque en entier le deuxième acte de la *Vestale*, et que le public électrisé se leva en masse après le sublime finale, se tourna vers la loge où se tenait l'auteur de ce chef-d'œuvre et le salua d'unanimes applaudissements.

Spontini n'inspirait pas de grandes sympathies comme homme, mais chacun rendait justice à son admirable génie, et il fut impossible de n'être pas touché en voyant ce vieillard, courbé une heure auparavant sous le poids des années et du chagrin, se relever fièrement, porter ses regards enchantés sur cette salle qui l'applaudissait comme il y a trente ans, reconnaître son public d'autrefois, et voir renaître en un instant sa vie, sa gloire et sa jeunesse.

Heureusement que le ciel avait mis une compensation à ces déceptions, qui sont celles de tous les musiciens qui survivent à leurs ouvrages (et les nôtres sont si éphémères!). Un ange était constamment près de lui pour partager ses moindres peines, pour supporter tous ses caprices, pour adoucir l'irritabilité nerveuse de ce caractère aigri, pour lui faire la vie plus douce, s'il en était une pour l'homme qui voit ses œuvres oubliées, après avoir rêvé qu'elles seraient immortelles.

Cela est triste à dire, mais je crois que les compositeurs qui meurent jeunes sont les seuls favorisés du ciel[1].

---

1. *Assemblée nationale* du 12 octobre 1852.

## AUBER.

..... C'est par erreur qu'il a été dit que M. de Planard avait donné le premier opéra à Auber. Le premier ouvrage d'Auber, intitulé *le Séjour militaire*, était de Bouilly; il fut représenté en 1813 et n'eut qu'un très-médiocre succès. La pièce a été reprise sous la direction de Pixérécourt; je l'ai vu représenter. Le sujet a quelque analogie avec le charmant vaudeville que Scribe donna quelques années après sous le titre du *Nouveau Pourceaugnac*. Dans la musique, il n'y a guère qu'un petit chœur de table dont le motif soit un peu saillant. C'est du second ouvrage d'Auber, *le Testament et les Billets doux*, que M. de Planard avait composé les paroles. Cet opéra en un acte fut joué en 1818 : il n'eut pas de succès. Je ne connais pas la pièce, mais j'en connais la musique, et elle est inférieure à celle du *Séjour militaire*. On raconte qu'à la première représentation, pendant qu'on sifflait assez vertement dans la salle, M. de Planard se désespérait dans la coulisse et disait à qui voulait l'entendre : — « Est-il possible que j'aie été confier à un si médiocre musicien un poëme magnifique, en trois actes, qui ferait la fortune d'un compositeur de talent, et qu'il me fera tomber comme cet ouvrage-ci ! »

Deux ans après, en 1820, on représentait le poëme magnifique de *la Bergère châtelaine* : la pièce était quelque peu sifflée, ainsi que l'avait prévu le poëte, mais non pas à cause de la musique, bien au contraire : il y avait eu transformation complète chez le compositeur. Le premier chœur était bissé, et deux ou trois autres morceaux, restés populaires, obtenaient le même honneur. *Emma* fut le troisième et dernier ouvrage où s'arrêta la collaboration d'Auber et de Planard. Le succès fut cette fois aussi grand pour le poëte que pour le musicien. Cette petite anecdote ne prouve-t-elle pas qu'il faut être indulgent pour les débutants, et qu'on doit d'autant plus savoir gré aux auteurs qui confient des sujets aux jeunes compositeurs, que ceux-ci font quelquefois profiter de moins hardis et de plus heureux des bénéfices du talent qu'on leur a donné le moyen d'acquérir[1]?

———

..... J'ai dit qu'Auber était alors amateur (lors de la représentation de ses deux premiers ouvrages); il avait, en effet, de la fortune, ou du moins croyait en avoir parce que son père avait toutes les apparences de l'aisance que peut donner un commerce florissant. Il fit donc graver, à ses frais, les deux partitions de ses opéras tombés, et c'est à son amitié que j'en dois le cadeau. Elles figurent dans ma bibliothèque à côté des nombreuses et brillantes sœurs dont elles étaient loin de faire présager la venue, et j'en ai quelquefois conseillé la lecture à de pauvres élèves qui se décourageaient de ne pas faire de progrès assez rapides, et qui désespéraient de posséder jamais la fécondité mélodique, sans laquelle il est bien difficile de réussir au théâtre.

Peu de temps après avoir donné ces deux ouvrages, Auber perdit son père, et sur-le-champ s'évanouirent les espérances d'indépendance et de fortune qu'il avait caressées depuis son enfance. Il ne lui restait rien qu'une mère et une sœur dont il devait être le soutien et l'appui. La musique, qu'il n'avait cultivée qu'en amateur, était sa seule ressource, et c'est à elle qu'il eut recours. C'est dans les premiers mois de l'année 1820 qu'eut lieu la première représentation de *la Bergère châtelaine*, opéra-co-

———

1. *Assemblée nationale* du 22 novembre 1853.

mique en trois actes, de Planard. Quelle transformation chez le compositeur! Au lieu de cette forme banale, de cette instrumentation terne, de ces idées sans valeur qui déparaient ses deux premières partitions, on trouve une allure indépendante, des coupes nouvelles, des mélodies originales, un cachet tout spécial, en un mot ce que nous appelons aujourd'hui une individualité. D'où pouvait venir un si notable changement? Auber m'en a confié le secret.

Amateur, il n'avait vécu qu'avec des amateurs; or, ceux-ci, en général, ont très-peur de compromettre leur goût, et, pour être sûrs de ne pas se tromper, ils prennent presque toujours pour objet de leur admiration exclusive quelque grande renommée incontestable et incontestée. Or, avant la venue de Rossini, l'idole était Mozart, et son nom était inscrit sur le drapeau de tous les amateurs, comme l'est aujourd'hui celui de Beethoven; les amateurs d'alors, comme ceux d'aujourd'hui, ne peuvent certes être blâmés d'avoir choisi de tels patrons, mais c'est dans l'exclusivité qu'est le danger, et parmi le monde au milieu duquel vivait Auber, il n'y avait pas de salut en dehors de Mozart. Aussi, notre jeune amateur avait-il cru faire merveille en se conformant au goût de ses amis, et c'est pour eux que, comme il l'avoue spirituellement, il s'efforçait de faire du mauvais Mozart. Mais le public, s'obstinant à préférer à ces contrefaçons les mélodies de Boieldieu et de Nicolo, qui se contentaient de faire leur musique et se bornaient à admirer celle qu'ils se seraient donné garde d'imiter, les amateurs s'étaient rangés du côté du public et avaient tourné le dos au pauvre débutant, qui s'était, en vain, donné tant de mal pour leur complaire.

Auber, ruiné, attendant tout de lui-même, se dit avec raison que, puisque la musique qu'il avait faite dans le goût et les idées des autres n'avait pas réussi, il fallait au moins qu'il tentât une fois d'en faire pour lui et comme il le sentait. L'essai réussit au delà de ses espérances : *la Bergère châtelaine* tomba comme poëme, mais eut un succès de musique inouï. Un an après, *Emma* procurait au musicien un triomphe encore plus complet et cette fois, le poëte le partageait avec lui. Puis vinrent *Leicester*, *la Neige*, *Léocadie*, *Fiorella*, *le Concert à la cour*, *la Fiancée*, *la Muette*, *Fra-Diavolo*, et moins de dix ans après cet heureux début (car il ne faut le dater que de *la Bergère châtelaine*), l'auteur était membre de l'Institut, et dès cette époque pouvait être regardé, à juste titre, comme une des grandes illustrations musicales de la France[1]....

## M. VERDI.

On m'a souvent accusé d'être injuste envers M. Verdi; je ne crois pas avoir mérité ce reproche, car je suis loin de méconnaître son talent très-réel et souvent très-élevé. Voici seulement les griefs que je ne lui pardonnerai jamais : c'est d'avoir conçu ses opéras dans un système tel, que ceux qui ne savent pas chanter seront toujours les plus aptes à les bien exécuter, à la seule condition d'avoir beaucoup de voix dans les notes élevées. Des barytons il a fait des ténors, et des basses il a fait des barytons; les voix de femme sont également disposées dans le registre des notes aiguës ; s'il y a quelques notes simulant une espèce de trait, elles seront à coup sûr doublées par plusieurs instruments, placés là comme tuteurs de l'infirmité des chanteurs. Tout cela n'empêche pas qu'il n'y ait des parties fort remarquables et très-bien senties

---

1. *Assemblée nationale* du 5 juin 1855.

dans les opéras de M. Verdi, mais la conséquence de son système est l'état misérable où est tombée l'école de chant en Italie. Nous en jugeons mal à Paris, où l'on n'accueille guère que les artistes en état de chanter d'autre musique, mais ceux-là mêmes que nous apprécierons le plus, seront ceux qui auront le moins de chances de réussite dans les pays où l'on n'exécute plus que les ouvrages de M. Verdi [1].

L'Opéra-Italien a fait sa réouverture le jour même de la représentation solennelle de l'Opéra-Comique.... Je ne crois pas au Théâtre-Italien ; j'ai tort, peut-être, mais un tort avoué peut mériter d'être pardonné. Il ne manque, à mon avis, que trois choses essentielles pour l'exploitation de ce théâtre : un public, des exécutants et des ouvrages. Le public, on pourra essayer d'en réorganiser un factice ; mais si l'on exige la location d'une loge, on ne pourra exiger l'assiduité, le goût de la chose elle-même et l'enthousiasme chez le locataire de cette loge ; et que peut devenir un spectacle produit devant des auditeurs qui ne l'aiment, ni ne le comprennent ? Des chanteurs, il n'en existe plus. Ceux d'un véritable talent sont très-rares et eux seuls peuvent exécuter les ouvrages que l'on aime à Paris ; mais ces ouvrages sont tellement connus qu'ils ne peuvent plus être attractifs : tout au plus le seraient-ils, rehaussés de la merveilleuse exécution dont ils étaient entourés autrefois. Restent les ouvrages. Ici, il faut aborder la question franchement. Il s'agit d'une école, de celle de M. Verdi. Jusqu'à présent, le public parisien ne s'est pas montré très-sympathique pour les œuvres de ce maître. J'ai fait une profession de foi à son égard : je reconnais son talent, mais je n'aime pas sa

1. *Assemblée nationale* du 9 novembre 1852.

manière, parce que sa manière est un système, et que ce système consiste à avoir besoin de voix plutôt que de talents. C'est un peu la méthode de notre Grand-Opéra, méthode contre laquelle je me suis toujours élevé, et à laquelle j'espère que la reprise de *la Muette* opposera une utile réaction. Eh bien! l'unique ressource du Théâtre-Italien est dans la production et dans la réussite de ces ouvrages; c'est d'eux que dépend son salut. Jusqu'à présent les différentes compagnies qu'on nous a offertes ne présentaient pas tous les éléments nécessaires pour l'exécution de ces ouvrages. Mademoiselle Cruvelli seule, avec son talent inégal, un peu sauvage, mais éminemment verveux et passionné, pouvait galvaniser les œuvres que l'indifférence peut-être injuste du public avait condamnées à leur apparition. *Ernani* fut la première preuve de la puissance de la cantatrice. On nous promet bientôt *Luisa Miller*; bientôt après, sans doute, viendront *Macbeth* et les autres opéras de Verdi inconnus à Paris; s'ils réussissent (et je le désire), le Théâtre-Italien est sauvé. Du reste, il ne faut pas trop lutter contre les torrents, et le torrent musical nous amène M. Verdi de tous les côtés. Pendant qu'on répète la *Luisa Miller* aux Italiens, on en prépare une traduction à l'Opéra, et l'année prochaine ce sera aussi, dit-on, un grand ouvrage nouveau de M. Verdi qui défrayera la saison d'hiver à ce théâtre. Qui sait? peut-être dans deux ans serons-nous aussi enthousiastes de ce maître que l'ont été d'autres nations, et crierons-nous à notre tour : *Hurrah for Verdi ! Verdi for ever!*[1].

### A PROPOS DE LUISA MILLER.

..... Le Théâtre-Italien traverse victorieusement l'ère de calamités où succombent ses confrères : comme il ne joue

---

1. *Assemblée nationale* du 23 novembre 1852.

pas pendant la saison défavorable aux théâtres, on peut dire que pour lui *l'été n'a point de feux*, et ajouter avec une légère variante que *l'hiver n'a point de rhumes*. Effectivement, là, point d'indisposition, tout le monde est sur la brèche, c'est une ardeur et une activité à faire plaisir. La *Luisa Miller* a été montée avec une rapidité qui a un peu nui à l'ensemble de la première représentation, mais qui, fort heureusement, n'a nullement empêché son succès. Je l'ai dit, le salut du Théâtre-Italien est dans la réussite des ouvrages de Verdi ; moi, qui ne veux la mort de personne, pas même celle du pécheur, je me réjouis fort du succès réel de *Luisa Miller*, car ce n'est pas, je le crois et je l'espère, le meilleur ouvrage du maestro favori des Italiens, et nous aurons encore à applaudir bon nombre de ses ouvrages inconnus à Paris.

Il ne s'agit pas aujourd'hui d'examiner le système dans lequel sont composés les opéras de Verdi ; j'ai donné assez souvent à mes lecteurs l'ennui de cette espèce d'analyse ; il faut accepter la manière du maître, le juger comparativement à lui-même et non aux musiciens qui l'ont précédé. Le public se trompe rarement, ou bien, quand il se trompe, son erreur dure peu. Or, voici déjà longtemps que dure le succès des opéras de Verdi : cela prouve-t-il que sa manière soit la meilleure, je ne le crois pas ; mais cela prouve au moins qu'il est le seul compositeur italien de quelque valeur, et qu'il a le mérite de faire autrement que les autres et d'avoir un cachet à lui, et c'est là une des qualités qui aident le plus au succès. Si je ne craignais de rentrer dans cet examen que je veux éviter de renouveler, je dirais que les opéras de Verdi me font un peu l'effet des mélodrames en littérature. Tout y est gros et poussé à l'effet ; mais il faut du talent pour faire de bons mélodrames, et ce genre, qu'on affecte de dédaigner, passionne profondément ceux même qui essayent d'échapper à ces émotions. Peut-être en sera-t-il ainsi des partitions de Verdi, et trouverons-nous bien froids, dans quelques années, les ouvrages antécédents qui nous semblent le plus colorés [1].

### LES VÊPRES SICILIENNES.

Les compositeurs étrangers ont tous modifié leur manière lorsqu'ils ont écrit pour la France ; ils ont dû, la plupart, prendre une allure plus sévère et laisser de côté les habitudes de concessions faites, soit à des chanteurs, soit à des auditeurs habitués à apprécier une œuvre musicale, abstraction faite du sujet sur lequel elle est basée. M. Verdi se trouvait dans une position exceptionnelle. La modification que d'autres faisaient subir à leur talent, il l'a imposée d'avance à son propre pays. La musique de ses opéras italiens est plus sérieuse, plus accentuée, plus dramatique dans son ensemble que ne l'était celle de ses prédécesseurs ; c'est par la vigueur, l'énergie, la verve, une certaine âpreté d'une saveur particulière et par de grands efforts de sonorité qu'il a conquis une immense popularité dans un pays où, avant lui, on n'avait presque jamais réussi que par le charme, la suavité et l'abondance des mélodies. Pouvait-il aller plus loin chez nous qu'il ne l'avait fait précédemment? Non, évidemment. Il a donc dû recourir aux moyens qu'il avait le moins exploités, et c'est principalement par les qualités qu'on lui niait et qu'on ne croyait pas qu'il pût posséder, qu'il a acquis à Paris ses lettres de naturalisation, c'est par des mélodies remplies de fraîcheur, de charme et d'élégance, que son grand succès a été obtenu, et il vivra par ces choses même dont ses détracteurs disaient partout que l'absence le ferait périr.

1. *Assemblée nationale* du 21 décembre 1852.

Je n'ai jamais, grâce au ciel, été compté parmi les détracteurs de M. Verdi; mais j'ai pu être rangé au nombre de ses adversaires. Je lui pardonnais difficilement d'avoir tellement changé l'école italienne, que l'on n'y retrouve plus cette pureté et cette obligation de mélodie si favorable aux chanteurs, d'avoir favorisé le système de chant à pleine voix, d'avoir proscrit le chant orné, d'avoir peu ménagé le système vocal en général et d'y avoir substitué un abus d'instrumentation que l'on pouvait déjà reprocher aux écoles allemande et française. Tout en rendant justice aux hautes beautés répandues dans ses ouvrages, j'expliquais mal le retour trop fréquent des mêmes effets et des mêmes moyens. J'avoue que mon opinion sur le talent de M. Verdi est complétement changée depuis l'audition des *Vêpres siciliennes*; je lui trouve beaucoup plus de souplesse que je ne lui en supposais, et je suis certain que si M. Verdi continue à écrire pour notre scène, il renoncera à tous les moyens qu'il a peut-être inventés, mais que leur succès même a contribué plus vite à user; il emploiera des ressources nouvelles, et il est capable de les trouver; il étudiera le théâtre, sera plus soucieux des grandes situations qu'il ne faut jamais que le compositeur néglige; il soignera toutes les parties de son œuvre comme il en a soigné quelques-unes dans *les Vêpres siciliennes*; il se laissera de même aller à son inspiration, mais il la réglera d'après les exigences de son sujet et de la scène, et il deviendra plus *lui* à mesure qu'il s'imitera moins. Fera-t-il tout cela? Renoncera-t-il aux succès plus faciles et plus fructueux qu'il peut obtenir ailleurs, pour continuer chez nous cette lutte incessante du producteur contre l'indifférence de ceux qui ne produisent pas, et l'envie et l'acharnement de ceux que l'impuissance condamne à une stérilité qui tourne leur désespoir en rage? C'est le secret de l'avenir; sans vouloir vainement en sonder le mystère, contentons-nous de nous réjouir de l'œuvre que M. Verdi vient de nous donner, et de faire des vœux pour que ce ne soit pas la dernière [1].

## M. AMBROISE THOMAS.

Chaque musicien trouve, une fois en sa vie, un sujet tellement conforme à ses sentiments, à ses instincts, à son individualité que, lorsqu'il a accompli son œuvre, l'on peut dire que nul autre ne s'en fût acquitté avec le même bonheur, avec la même réussite, avec la même perfection. Ainsi, Weber a fait le *Freischütz* ; Rossini, *il Barbiere* ; Boieldieu, *la Dame blanche* ; Auber, *l'Ambassadrice* ; Halévy, *l'Éclair*. Retournez les rôles, donnez *le Barbier* à Weber, le *Freischütz* à Rossini, *l'Ambassadrice* à Boieldieu, *l'Éclair* à Auber, *la Dame blanche* à Halévy, et nous aurons cinq chefs-d'œuvre de moins. Chacun des ouvrages que j'ai cités (mais dans l'ordre où ils ont échu à leurs auteurs) semble en effet résumer les qualités principales des maîtres célèbres qui y ont attaché leurs noms.

La bizarre sauvagerie de quelques mélodies de Weber, son style haché, ses modulations hardies lui assuraient en quelque sorte le privilége de traiter le genre fantastique où domine le personnage de l'ennemi du genre humain, selon nos croyances légendaires ; et lorsque, dans *Euryanthe*, il ne doit s'imprégner que de la couleur de l'époque des preux de Charlemagne, lorsque dans *Oberon*, il doit nous initier aux féeriques personnages Shakespeariens, son style, malgré lui et à son insu, reflète encore cette mystérieuse vapeur qui convient si bien à entourer les personnages qui s'agitent autour du chasseur noir, et l'on croit voir percer la queue du diable entre les ailes des génies.

1. *Assemblée nationale* du 19 juin 1855.

Quel autre que Rossini eût pu créer cette musique, qui était la seule paraphrase possible du texte éblouissant de Beaumarchais, et se montrer vainqueur de l'esprit du poëte, après Mozart, qui, dans *le Nozze di Figaro*, n'a pas toujours pu soutenir la lutte avec avantage?

Quel autre que Boieldieu aurait écrit ce chef-d'œuvre de grâce et de mélodie, où la couleur écossaise est conservée si pure, tout en s'embellissant du goût, de l'élégance et de l'esprit du compositeur français?

Auber n'était-il pas né pour oser seul, sur une comédie, sur une donnée de vaudeville, sans couleur bien précise, sans situations dramatiques, asseoir les bases d'une partition charmante, où les mélodies abondent, où l'esprit pétille et où l'invention se décèle à chaque morceau, à chaque note? On vantait un jour devant Auber un morceau d'un tout jeune homme, où l'on remarquait de grandes qualités, mais aussi où étaient accumulés tous les effets, où se trouvaient réunies toutes les ressources des voix et de l'orchestre, et où semblaient traités tous les styles, excepté peut-être le genre simple et naturel, et l'on augurait beaucoup de l'avenir du jeune compositeur. — Moi, dit Auber avec cet air fin et narquois qui donne un relief si comique à ses spirituelles réparties, je l'attends lorsqu'il aura des chaises et des fauteuils à mettre en musique. — Eh! bien, dans *l'Ambassadrice*, il n'y a guère autre chose à faire : pas de décors, de paysage, de couleur militaire ou villageoise, rien de ce qu'il est facile de poétiser et de rendre musical ; et pourtant, sous la plume de l'auteur de *la Muette* et du *Domino*, ces deux ouvrages si colorés, *l'Ambassadrice* est devenue un opéra charmant, qui ne le cède ni aux chefs-d'œuvre du même auteur qui l'ont précédé, ni à ceux qui l'ont suivi, et je le répète, Aubert seul pouvait accomplir ce tour de force.

La difficulté était presque la même pour *l'Éclair*, n'était cependant un grand fonds de mélancolie et de sensibilité qui dominait les scènes peu incidentées de cet ouvrage. Personne ne fait la musique de cœur comme Halévy, et il a déployé dans *l'Éclair* une sensibilité et un charme de sentiment et d'expression douce et tristement passionnée, que lui seul était capable de si bien rendre. Je ne parle même pas de la scène d'orage du premier acte : c'est un chef-d'œuvre instrumental, harmonique et dramatique, à mettre en parallèle avec les morceaux les plus élevés et les plus admirés des plus grands maîtres. Je ne citerai, au contraire, que les airs, les duos, les morceaux d'ensemble, qui n'offraient au musicien d'autre qualité à faire valoir que cette sensibilité et cette finesse de sentiment et de cœur, si rares et si difficiles à s'exprimer : c'est par là qu'Halévy l'a emporté sur tous et sur lui-même ; car, malgré les succès plus retentissants de ses grands opéras, où brillent cependant de grandes beautés, nul de ses ouvrages n'est aussi soutenu d'un bout à l'autre et n'offre le cachet d'unité et presque de perfection que signale sa partition de *l'Éclair*.

Ambroise Thomas, plus jeune que les deux illustres confrères que je viens de nommer, n'a pas encore rencontré ce type qui résume la manière d'un compositeur et s'empreint de son individualité. Son premier ouvrage, *la Double Échelle*, était un petit pastiche charmant du style Louis XV : il obtint un grand succès et fit présager l'avenir du compositeur. Son second opéra était un ouvrage en trois actes de Planard, intitulé *le Perruquier de la Régence*; il ne réussit pas autant qu'il le méritait, et, cependant, les amateurs et les artistes n'ont pas oublié la belle ouverture de cet opéra et des couplets d'un grand caractère que Chollet chantait à merveille. Un petit opéra en un acte, *Angélique et Médor*, n'a guère laissé d'autre souvenir qu'une musique agréable, mais peu caractérisée, et ne tenant pas toutes les promesses des deux productions précédentes. Puis, vint *Mina*, un charmant opéra en trois actes, dont une reprise renouvellera quelque jour le succès.

Cependant Thomas semblait découragé de n'avoir pas encore pu obtenir du public le succès franc et décisif dont sa conscience et les artistes ses confrères lui disaient qu'il était digne. Il s'essaya au grand Opéra, où il donna un ouvrage en deux actes, *Carmagnola*, qui ne fut joué que cinq ou six fois, puis un autre ouvrage de même dimension, *le Guerillero*, qui, bien inférieur au premier, n'obtint pas moins de quarante à cinquante représentations. La musique en était pénible et cherchée : on voyait que le compositeur, mécontent ou étonné de n'avoir pas vu mieux accueillir ses premiers essais, s'attribuait un tort qu'il n'avait certainement pas, qu'il voulait modifier sa manière, et qu'il cherchait une voie qu'il ne trouvait pas. C'est dans ces dispositions d'incertitude et de découragement qu'il écrivit la musique du *Caïd* : il crut ne faire qu'une charge de musique italienne, et il produisit un petit chef-d'œuvre de gaîté, de verve et de franchise. Le succès fut aussi décisif et aussi soutenu que mérité. Puis vient *le Songe d'une nuit d'été*. Le second acte de cet opéra offrait une couleur idéale et rêveuse, conforme au caractère poétique, mais un peu indécis du compositeur, qui traduisit ses impressions avec un bonheur infini. Plus de cent représentations ont consacré à Paris le succès de cet ouvrage, et il a réussi partout où il a été représenté.

*Raymond* fut moins heureux à Paris seulement ; car il eut un grand succès en province, où l'on se montra plus juste envers l'œuvre éminente d'Amb. Thomas. Ce qui porte à croire que la distribution des rôles dut contribuer au peu d'attraction que l'ouvrage exerça à Paris. Mocker jouait fort bien, mais chantait insuffisamment un rôle qui aurait exigé de grands moyens vocaux : Bussine, au contraire, chantait fort élégamment, mais jouait assez médiocrement un rôle qui demandait beaucoup de comique ; Mademoiselle Lemercier figurait une comtesse, et ce personnage jurait un peu avec son physique si charmant dans les rôles de demi-caractère : Mademoiselle Lefebvre n'avait pas assez de force dramatique pour les exigences de la pièce. Aussi, malgré un finale admirable au premier acte, un des plus beaux qu'il y ait au théâtre ; malgré la charmante pastorale du deuxième acte, peut-être un peu trop prolongée et sentant le placage ; malgré de beaux chœurs au troisième acte, et un duo dont l'interprétation déguisait les beautés, l'ouvrage disparut-il trop promptement du répertoire.

Vint ensuite *la Tonelli*, opéra en deux actes, la dernière création de madame Ugalde. Le musicien dut y lutter contre l'obscurité et peut-être le vide de la pièce, et il sortit vainqueur de ce combat. La rupture de l'engagement de madame Ugalde interrompit les représentations, dont le cours fut repris avec mademoiselle Lefebvre ; mais les rôles nombreux de cette jeune artiste ne permirent pas qu'elles fussent aussi fréquentes que l'auraient désiré les auteurs. Du reste, une prochaine reprise va avoir lieu, ce qui prouve que le dernier mot n'a pas été dit sur cet opéra.

Nous voici donc arrivés à *la Cour de Célimène*. Le personnage est peu musical ; mais M. Rosier est un enchanteur bien habile, et l'on a pu croire que les roueries de la coquette, que ses manéges adroits fourniraient au compositeur assez de prétextes pour déployer cette élégance et ce bon goût qui sont les qualités les plus significatives de son talent.....

On connaît le soin que Thomas apporte à son instrumentation ; je n'ai pas besoin d'en vanter la recherche, la sobriété, l'élégance et l'exquise distinction. L'ouvrage est encore trop nouveau pour qu'on puisse présager la durée de son succès ; mais, musicalement parlant, on peut affirmer dès à présent que c'est une des plus jolies productions d'Amb. Thomas. Le premier acte surtout offre une succession de morceaux plus ravissants les uns que les autres. Peut-être cette musique est-elle trop fine et trop distinguée pour avoir une action immédiate sur le gros du public; elle a besoin d'être écoutée comme elle a été conçue, avec attention, avec délicatesse, avec respect de la pureté et de la grâce; mais, si elle ne frappe pas les masses de prime-abord, il n'est pas d'organisation musicale un peu élevée qui ne soit apte à en sentir sur-le-champ toute la valeur.....

## M. VICTOR MASSÉ

### LA CHANTEUSE VOILÉE.

M. Victor Massé est né sous une étoile heureuse; Il n'y a pas plus de quatre ans qu'il est revenu de Rome, et il peut faire son premier début et se classer parmi les jeunes compositeurs avant d'avoir la barbe grise et la chevelure argentée; bien plus, du premier coup, M. Scribe l'associe à sa collaboration, et M. Perrin lui donne comme exécutants l'élite de ses chanteurs : mademoiselle Lefebvre, une des plus brillantes étoiles du théâtre, Audran, le seul ténor vocaliste, et Bussine, l'excellent baryton. M. Victor Massé a su user de ces richesses, et n'a pas plus failli aux chanteurs que ceux-ci n'ont manqué au maëstro.

Le début de M. Massé est fort heureux, non pas que sa première partition soit un chef-d'œuvre, comme le lui ont dit quelques imprudents et maladroits amis. On n'écrit pas de chefs-d'œuvre en débutant; Boieldieu, Auber et bien d'autres ont commencé par des ouvrages extrêmement faibles, qui étaient loin de faire présager les opéras qui leur ont succédé. Mais dans la partition de M. Massé,

1. *Assemblée nationale* du 24 avril 1855.

il y a de la verve, de l'entrain, de la mélodie, et puis de bons défauts, de ceux dont on se défait facilement, mais qui ne prouvent que de la sève et de l'exubérance.

Il module trop fréquemment, prend souvent la situation trop au sérieux, instrumente inégalement; quelquefois il en met trop, d'autres fois il n'en met pas assez; on voit qu'il cherche et qu'il a besoin d'être éclairé par l'expérience. Mais la maxime de l'Évangile : *Quærite et invenietis*, est surtout applicable aux musiciens. Que M. Massé continue à chercher, et il trouvera bien certainement.

Son ouverture trop développée pèche par l'abondance des motifs. Que de compositeurs seraient heureux qu'on leur adressât un semblable reproche! Le duo de Bussine et de mademoiselle Lefebvre est charmant, les couplets de mademoiselle Lefebvre sont peut-être moins heureux que l'air qui lui succède, et que Bussine chante à merveille. Or, toutes les fois qu'un air est bien chanté, c'est qu'il est bien écrit; et en bonne équité, la moitié au moins du succès du chanteur doit revenir au compositeur. La romance d'Audran ne mérite pas moins d'éloges. Le duo d'Audran et de mademoiselle Lefebvre est beaucoup trop long, mais la péroraison ne manque pas de chaleur.

L'andante de l'air d'Audran est excellent : l'allegro est malheureusement moins heureux. Dans le morceau d'ensemble suivant, on remarque un charmant *terzetto*. Le boléro de mademoiselle Lefebvre est très-brillant, mais manque peut-être un peu de nouveauté. Il n'en est pas de même de la cantilène qui termine la pièce; c'est, sans contredit, la meilleure chose de l'ouvrage. Mélodie élégante, harmonie sobre et distinguée, instrumentation légère et bien sentie, tout se trouve réuni dans ce frais et délicieux bouquet [1].

1. *Assemblée nationale* du 10 décembre 1850.

### GALATHÉE.

Je crois me rappeler que, dans ce feuilleton, j'ai traité assez cavalièrement la musique de *Galathée*.

Cela tenait à deux causes, aux éloges exagérés que l'on m'avait faits de cette partition avant qu'elle ne fût produite en public, et aussi à l'affreuse omelette musicale et harmonique que produisait l'introduction d'une voix de contralto qui venait tout brouiller, mettre en haut ce qui devait être en bas, et renverser toutes les idées reçues sur l'agencement des parties.

On a beau, comme critique, vouloir se faire public, et essayer d'oublier qu'on est musicien et professeur de composition, l'oreille du pédant fait toujours son office malgré vous. La présence d'une harmonie mal disposée et d'un tohu-bohu musical sans exemple, vous empêche de goûter le charme d'une mélodie bien conçue et ne vous dispose guère à l'indulgence. Le premier trio de *Galathée* m'avait mis hors de moi : j'entendais continuellement les parties supérieures et intermédiaires, confiées à Mocker et à Sainte-Foy, surmontées par la voix de mademoiselle Wertheimber, qui exécutait à l'octave la partie de basse et me donnait comme mélodie ce qui n'aurait dû être que la basse de cette mélodie : j'avais beau me dire que cette barbare cacophonie n'était pas du fait du pauvre compositeur, qu'il avait été obligé d'accepter cette grotesque substitution, je ne pus me faire à ce renversement, et je devins injuste, à mon insu, même pour les morceaux ou rien n'était interverti.

Je parlais, il y a quelques jours, de l'avantage que possède un critique musicien pour juger sainement les choses musicales. On voit ici qu'il n'y a pas de raison, si raisonnable qu'elle soit, qui ne puisse trouver son objection. Si je n'avais pas été musicien, je ne me serais même pas aperçu de ce qui m'a si fort choqué, et j'aurais sans doute trouvé très-naturel ce qui m'a paru monstrueux.

La première représentation de *Galathée* m'avait produit une impression assez peu agréable pour que je ne désirasse pas revoir cet opéra, et je n'y étais jamais retourné. M. Massé m'avait offert sa partition, et après l'avoir parcourue, je m'étais contenté de penser que sa musique valait mieux à la lecture qu'à l'audition. Puis, quand quelqu'un venait me dire : — « Ne trouvez-vous pas que la musique de *Galathée* est fort bien? » Je regardais mon interlocuteur de travers, et, *in petto*, je le notais comme Béotien musical très-avancé.

Eh bien! M. Faure m'a fait revenir de mon erreur[1] et je dois une réparation à M. Massé, non pas que je croie qu'il ait fait un chef d'œuvre, comme l'avaient proclamé d'avance quelques amis maladroits : la partie poétique de l'ouvrage est plutôt tentée que réussie, la transformation de la statue en femme manque de vie et de chaleur, il y a de la prétention dans plus d'un effet, qui n'arrive pas au résultat qu'aurait désiré l'auteur; mais la partie réelle de l'ouvrage est bien venue et c'est d'un heureux augure pour l'avenir de M. Massé, qui aura sans doute l'occasion de faire beaucoup d'opéras-comiques et fort peu de *Galathées*. Le trio qui m'avait mis si fort en colère m'a semblé excellent, d'un sentiment de scène parfait et d'une bonne entente musicale. Merci, monsieur Faure, de m'avoir permis de constater tout cela.

Il faut toujours reconnaître les supériorités : je confesse donc que ceux qui avaient reconnu le mérite de cette partition, au milieu du gâchis musical que j'ai signalé, sont bien autrement forts que moi. J'avoue encore que si

---

1. M. Faure venait de débuter à l'opéra-comique dans le rôle de Pygmalion, de *Galathée*, qui avait été créé peu de temps auparavant par mademoiselle Wertheimber.

l'on me conduisait au Musée et que la moitié des tableaux fût accrochée la tête en bas, il me semblerait bien difficile de reconnaître la valeur de ceux mêmes qui seraient placés dans la position perpendiculaire habituelle[1].

### MISS FAUVETTE

J'ai du malheur avec M. Victor Massé, je suis rarement de l'avis des autres à son égard. Si ce n'est pour *les Noces de Jeannette*, où il y avait unanimité sur le mérite de la partition, j'ai presque toujours été en dissentiment avec mes confrères de la presse musicale. Ainsi, j'ai été le seul à dire que *la Fiancée du Diable* était la meilleure partition de M. Massé, tandis que d'autres, englobant le mérite de la musique dans la disgrâce de la pièce, reprochaient au compositeur un insuccès qui ne pouvait lui être attribué, et ne lui tenaient pas compte des qualités très-grandes et très-réelles qu'il avait déployées dans cet ouvrage *remarquable*; je souligne l'épithète parce que je tiens à mon opinion, et que je veux en renouveler l'expression nonobstant les reproches très-spirituels, mais très-injustes, qu'on me fit alors de ne tant louer cet ouvrage que parce qu'il avait eu moins de succès.

C'est que je sais par expérience combien après un insuccès on a le cœur ulcéré, combien on est sensible à la critique, et comme on peut facilement être entraîné dans une voie fatale par d'injustes attaques. M. Massé était dans un chemin excellent, dans *les Noces de Jeannette* comme dans *la Fiancée du Diable*, il marchait droit à la mélodie, à la clarté et à l'unité de la forme. On lui aura sans doute dit de se défier de sa facilité, on l'aura engagé à soigner davantage son orchestration, à combiner plus

---

1. *Assemblée nationale* du 26 octobre 1852.

savamment les parties entre elles, que sais-je, moi? Et M. Massé s'est moins laissé aller à son inspiration; il a fouillé, cherché les petites combinaisons, multiplié les modulations, il a tâché de répandre plus d'intérêt dans son orchestre, il a finassé là où il fallait être franc, et, sans acquérir beaucoup de qualités nouvelles, il a laissé de côté celles qu'on avait déjà appréciées en lui. Il a cru être en progrès et il est revenu sur ses pas; il ne s'est pas aperçu que sa nouvelle production semblait bien plutôt être la successeresse immédiate de *la Chanteuse voilée* que que de son dernier ouvrage. Non pas qu'il n'y ait de charmantes choses dans *miss Fauvette*, et que la première entrée de mademoiselle Lefebvre, les premiers couplets de Jourdan, la romance qu'il chante si bien, un excellent début de quatuor et les couplets de Sainte-Foy ne soient des morceaux fort remarquables ; mais M. Massé a donné le droit au public, à la critique et à ses confrères, de se montrer difficiles et d'exiger de lui aussi bien et mieux qu'il n'a fait. Il s'est posé en mélodiste : qu'il persiste dans cette voie, qu'il fuie la recherche et le *chipottage*; avec ces moyens, même très-habilement employés, on n'obtient que des succès d'exception et pour ainsi dire d'accident. Les vrais succès sont dans l'étude de l'école lumineuse de Grétry, de Dalayrac, de Nicolo, de Boieldieu et d'Auber. Si le talent manque aux premiers, au moins l'inspiration et le sentiment vrai ne leur font-ils jamais défaut; et M. Massé a plus de talent qu'il n'est nécessaire d'en avoir acquis pour mettre en œuvre les dons précieux qu'il semble avoir un peu trop négligés cette fois[1].

1. *Assemblée nationale* du 27 février 1855.

## CARAFA

### LE SOLITAIRE.

... Passons à la reprise du *Solitaire* (au Théâtre-Lyrique). Cet opéra fut représenté pour la première fois au théâtre Feydeau, en 1822, et le succès en fut immense. Si la musique suffisait pour faire réussir un ouvrage, on pourrait expliquer, par celle de M. Carafa, l'inexplicable succès de cet ouvrage; mais il n'en est pas ainsi, et il faut en chercher la cause ailleurs. La vogue du célèbre roman de M. d'Arlincourt était telle, à cette époque, qu'elle s'attachait à tout ce qui semblait en émaner. Ainsi la Gaîté, l'Ambigu et la Porte-Saint-Martin avaient chacun leur pièce tirée du *Solitaire*, lorsque l'Opéra-Comique voulut aussi avoir la sienne. Quoique la dernière venue, elle ne fut pas accueillie avec moins d'enthousiasme, et la musique et les acteurs aidant (c'étaient Huet, Féréol, Darancourt, madame Rigaud-Palar, madame Pradher, madame Paul, etc.), la pièce de M. Planard eut un succès des plus éclatants, tant à Paris qu'en province.

Hélas! trente-trois ans se sont écoulés depuis cette époque, et, si les jeunes gens demandent ce qui a pu justifier l'admiration de leurs pères, de leur côté, les vieillards et les hommes ne s'expliquent pas, se demandent comment, dans leur jeunesse ou dans leur enfance, ils ont pu prendre au sérieux ce qui leur semble si comique et si ridicule aujourd'hui.

O mânes de Caignez, de Hapdé, de Loasel-Tréogate, vénérables pères du mélodrame, n'avez-vous pas frémi dans votre tombe en voyant revivre sur la scène ces magnifiques traîtres *qui ont connu la mollesse des cours* et *dont les remords croissent avec les cheveux blancs*, ces scélérats repentants que l'on jette dans des torrents au deuxième acte, et que l'on repêche dans l'entracte afin qu'ils reparaissent au dénoûment pour confondre le crime et sauver l'innocence?

On a bien essayé de faire quelques coupures dans le dialogue, mais on n'a pas moins été obligé de conserver une foule de choses inénarrables, telles que le monologue de la folle, dont le fameux récit de Patachon des *Deux Aveugles* ne semble être qu'une pâle imitation.

La musique a peu vieilli : il est vrai qu'elle était très-avancée pour son époque; Carafa avait le premier importé en France les procédés d'instrumentation de Rossini, dont les ouvrages étaient à peine connus, et Auber, Hérold et même Boieldieu ne modifièrent que plus tard leur manière. La fameuse ronde et le chœur des buveurs jouissent d'une vogue immense; mais l'attention des connaisseurs se porte sur le finale du premier acte, dont la disposition des voix et l'ampleur étaient alors si nouvelles, et sur d'autres parties très-remarquables. L'orchestre de l'Opéra-Comique ne possédait alors que deux cors et deux trompettes. M. Carafa a ajouté des parties pour les troisième et quatrième cors, et pour les trois trombones; il semble que le regret d'en avoir été privé si longtemps lui en ait rendu l'emploi plus précieux, car il en a peut-être usé avec trop peu de ménagements : il a de plus composé des couplets de basse très-vigoureusement instrumentés au premier acte, et un air de ténor heureusement réussi au commencement du troisième acte[1].

## M. ERNEST REYER

### LE SÉLAM.

... Et, à propos de poëte, n'en est-ce pas un aussi que M. Reyer, dont je viens de lire la jolie partition du *Selam*?

---

1. *Assemblée nationale* du 18 décembre 1855.

J'ai entendu la première exécution de cette ode-symphonie, il y a deux ou trois ans, je crois, au Théâtre-Italien, et je me rappelle l'effet que j'éprouvai à l'audition de ces mélodies originales parfaitement instrumentées, et rappelant par leur couleur et comme de parti-pris le célèbre *Désert* de F. David. Pourquoi *le Selam* n'a-t-il pas obtenu tout le succès qu'il méritait? Pourquoi M. Reyer est-il plus connu comme critique que comme compositeur?

Je n'en sais vraiment rien, car je trouve dans l'unique ouvrage que je connaisse de lui toutes les qualités qui constituent le compositeur : la naïveté et la grâce dans les mélodies, la clarté dans l'harmonie et dans l'instrumentation, la sobriété dans les accompagnements et la concision. Peut-être cette qualité est-elle portée un peu trop loin et pourrait-on reprocher, en général, le manque de développements. Mais il ne faut pas oublier que M. Reyer avait principalement en vue de donner une idée de la musique orientale, et que c'est sans doute volontairement qu'il a renoncé à certaines ressources dont il saura user lorsqu'il abordera d'autres sujets. Quoi qu'il en soit, on citera toujours les jolis motifs du chant : *Fatma, Tout dort, Mon troupeau se rallie, Il est minuit*, et surtout la délicieuse cantilène : *Sous les palmiers*. — M. Reyer a eu le grand tort de ne pas venir le premier pour ce genre de symphonie orientale; mais ce qu'on ne lui pardonnerait pas, ce serait de ne pas conquérir par de nouveaux travaux la position qui l'attend parmi les compositeurs mélodiques et inventifs[1].

1. *Assemblée nationale* du 26 avril 1853.

## M. GEVAERT

#### GEORGETTE, OU LE MOULIN DE FONTENOY.

Le Théâtre-Lyrique ne se contente pas d'ouvrir ses portes aux lauréats de l'Institut de France, il donne accès également aux grands prix de Rome obtenus en Belgique, et M. Gevaert vient de faire confirmer par le public parisien le jugement déjà prononcé par ses compatriotes. En vérité, ce n'est pas trop malheureux pour un musicien de naître en Belgique : on profite des faveurs de sa nationalité pour remporter à Bruxelles un prix de composition, qui vous assure une pension pour voyager en France et en Italie: puis, après s'être fait jouer en Belgique, ce qui n'est pas très-difficile et n'amène pas de grands résultats, si ce n'est de faire acquérir de l'expérience de scène et d'orchestre, on peut se présenter sur un théâtre de Paris, précédé de la renommée d'un succès, ayant l'avantage d'avoir un nom étranger, et déjà plus expérimenté que nos pauvres lauréats nationaux, qui reviennent de Rome un peu moins musiciens qu'ils n'y sont arrivés, et ayant tous vu se révéler en eux de grandes dispositions pour le dessin et la peinture.....

L'affiche annonçait *Georgette* comme un opéra-bouffe. La dénomination n'est pas exacte; l'opéra-bouffe suppose des personnages de convention théâtrale, comme dans *le Tableau parlant*, *l'Irato*, *l'Eau merveilleuse*, *Gille ravisseur*, *le Toreador* même ; mais, quelle que soit la gaîté qui règne dans un opéra, il ne devra pas être appelé opéra-bouffe si les personnages sont pris dans la réalité. Ainsi, *les Rendez-vous bourgeois*, quoique d'une gaîté folle, sont un opéra-comique et non un opéra-bouffe. On me dira que le titre ne fait rien à l'affaire ; je ne suis pas entièrement de cet avis. Ainsi, l'ouverture de *Georgette*, qui est bien celle de la pièce, ne m'avait pas satisfait avant le lever du rideau, parce que je n'y trouvais pas la fantaisie que le titre m'autorisait à y chercher, et je n'ai pu reconnaître ce qu'elle valait qu'après avoir vu quelle était la nature de la pièce... En somme, l'œuvre de M. Gevaert est celle d'un artiste et d'un artiste dans toute l'acception du mot, tant par la nature des idées que par la manière dont elles sont présentées. Les mélodies ont une grande distinction, sans être tourmentées ni maniérées, et l'harmonie est presque toujours neuve et élégante, sans cesser d'être naturelle: la modulation est peut-être un peu trop fréquente, mais c'est un défaut de jeunesse dont on se corrige bien vite, lorsque les idées ne vous manquent pas, et M. Gevaert est en fonds pour éviter ce défaut. L'orchestration est très-soignée, mais dénote plus le symphoniste que le compositeur dramatique ; le quatuor est trop surchargé de détails: au théâtre, il faut plus d'unité ; ces petits artifices, excellents dans la symphonie, où il n'y a qu'un but unique, celui d'attirer l'attention sur l'orchestre, sont défavorables au théâtre, où le rôle de l'orchestre n'est que secondaire. L'exécution gagnerait beaucoup à ce qu'il y eût plus de simplicité dans les accompagnements...

*Georgette* est un succès musical pour le théâtre et un succès d'avenir pour M. Gevaert, qui ne pouvait se présenter sous de meilleurs auspices [1].

### LES LAVANDIÈRES DE SANTAREM.

... M. Gevaert est un musicien d'un très-grand talent. S'il ne l'eût déjà prouvé dans *le Billet de Marguerite*, la partition des *Lavandières de Santarem* suffirait pour donner la mesure de son habileté et de son savoir-faire. Son

---

1. *Assemblée nationale* du 6 décembre 1853.

instrumentation est excellente et tout à fait magistrale; le sentiment scénique lui fait rarement défaut, ses mélodies sont bien arrêtées et parfaitement disposées pour les voix; en un mot, il y a en lui toute l'étoffe d'un compositeur, et d'un compositeur de premier ordre[1].

## M. DUPRATO

### LES TROVATELLES.

... M. Duprato s'est acquitté de sa tâche avec conscience et a fait preuve de beaucoup de talent. Son style est clair, ses mélodies sont fraîches, son instrumentation, quoique un peu chargée (ce sera toujours le défaut des jeunes gens), est élégante, variée et brillante. La couleur locale domine toute sa partition, et peut-être pourrait-on reprocher l'abus et l'emploi trop fréquent des formules des airs originaux et populaires italiens; mais cette couleur est si gaie, si leste, si lumineuse, que l'on en est comme ébloui, et l'ouvrage est si court que l'on n'a pas le temps d'être fatigué... Je dois ajouter que les morceaux sont d'une bonne coupe, bien agencés, d'une dimension appropriée aux exigences de la scène; que la mélodie domine et que tout dénote, chez l'auteur, de l'abondance dans les idées. Reste la question d'individualité, qui ne se décide presque jamais à un premier ouvrage, et qui ne pouvait guère être accusée dans celui-ci, où, de parti pris, M. Duprato a eu l'intention de faire une sorte de *pasticcio* de couleur populaire italienne. C'est donc à son second ouvrage qu'on lui demandera d'être entièrement lui. Déjà, dans le premier, il a évité tout souvenir d'école et de la manière de son professeur, ce qui est une grande difficulté pour un

---

1. *Assemblée nationale*, novembre 1855.

élève; il s'en est, à la vérité, dédommagé en nous donnant ses souvenirs de voyage. Mais je suis loin de le blâmer de cette réminiscence de son bon temps d'Italie. Hélas! ces premières années ne sont-elles pas presque toujours les plus belles de la vie, et n'a-t-on pas raison de vouloir les faire durer, lors même qu'on n'a plus d'espoir de les faire revenir [1]?

## M. PROSPER PASCAL

### LE ROMAN DE LA ROSE.

M. Pascal a étudié avec M. Maleden, élève lui-même de Godfried Weber... M. Pascal a appris d'un tel maître tout ce que l'on peut savoir par la théorie, mais il lui reste à apprendre tout ce que l'on peut tirer de la pratique. Une des grandes difficultés de l'éducation musicale est de discerner la part qui doit être faite aux différents genres. En France, où l'on ne cultive, en général, que la musique dramatique, on n'offre guère pour modèles, dans les études, que des auteurs classiques qui tous, Mozart excepté, se sont tenus en dehors du théâtre, par goût ou par manque de vocation. Encore faut-il remarquer, dans les essais dramatiques de quelques-uns d'entre eux, bien des parties où le grand homme cesse d'être supérieur parce qu'il se trouve placé dans un élément qui n'est plus celui qui convient à sa nature. Or, quel est le professeur qui osera détourner l'admiration de son élève d'un grand nom, d'une immense réputation, d'un colosse de génie, pour lui faire apercevoir les taches qui déparent ce soleil? Ne craindra-t-il pas, en les lui signalant, d'ouvrir le champ à la critique individuelle, et n'encourra-t-il pas

---

1. *Assemblée nationale* du 4 juillet 1854.

le danger en dévoilant quelques défauts de donner presque le droit à l'élève de méconnaître de grandes beautés? Il faut donc que celui qui apprend se fasse une rhétorique indépendante des leçons de celui qui enseigne, que son bon sens, son goût, ses auditions et l'étude comparée des œuvres de divers genres lui permettent de se créer une opinion personnelle d'où jaillira un jour son individualité. Ainsi, M. Pascal ne s'est peut-être pas assez préoccupé de cette essentielle différence des œuvres symphoniques et des œuvres dramatiques. Il n'a pas encore compris que, dans ces dernières, deux qualités doivent primer toutes les autres, la clarté et l'effet. M. Pascal sera sans doute bien étonné si certaines personnes reprochent à son opéra de manquer de mélodies. Comment? répondra-t-il, mais il en est rempli, j'en ai mis partout. Il aura raison, et ceux qui lui auront fait le reproche n'auront pas tort. C'est que certaines mélodies, très-excellentes, très-aptes à être traitées, sont si peu du domaine de la scène que, lorsqu'elles y apparaissent, elles ne font pas l'effet de constituer des motifs, et quelle que soit leur valeur, ne semblent être que de simples développements. D'autres, que leur trop grande simplicité harmonique et leur vulgarité apparente doivent exclure de la musique instrumentale, sont au contraire celles qui réussissent le mieux au théâtre, si toutefois elles se trouvent en parfait accord avec la couleur et la situation. Certes, le petit duo bouffe que l'on a fait répéter n'est pas le morceau que M. Pascal préfère dans sa partition; je ne lui dirai pas non plus qu'il ne soit capable de mieux faire, mais il est d'une allure franche et décidée; en un mot, il sent le théâtre, et c'est ce qui a fait son succès.

Je pourrais continuer à écrire trente pages sur ce sujet, car c'est toute une théorie, et je ne dois pas abuser de la patience de mes lecteurs: il est des choses, d'ailleurs, que l'on sent mieux que l'on ne les exprime, et je craindrais de devenir obscur, ce qui n'est pas moins dangereux en feuilletons qu'en musique.

Je ne voudrais cependant pas m'arrêter si court, que l'on pût supposer, d'après mes sévérités et mes conseils, qu'il n'y a pas de mérite dans la musique de M. Pascal; il y en a beaucoup, au contraire, mais il est peut-être un peu trop enveloppé et pas assez mis en avant. Quelques minutes avant la première représentation du *Roman de la Rose*, je disais au compositeur que je ne connaissais rien encore de son œuvre, et que je n'avais pas entendu de répétition, voulant borner mon jugement sur l'audition de la représentation. « Oh! me dit-il, j'en suis fâché, car j'ai besoin d'être entendu, et je crains que la première impression me soit moins favorable que la seconde. » Cette réponse sera peut-être l'explication de ma critique: je n'ai entendu l'ouvrage de M. Pascal qu'une seule fois, je sais cependant que la musique de théâtre doit pouvoir être réentendue, mais je désire qu'elle s'y prête et ne l'exige pas [1]..

## M. DUPREZ, COMPOSITEUR

### LA LETTRE AU BON DIEU [2].

..... Et voilà que les colonnes de ce feuilleton se noircissent sous ma plume, et qu'il me reste encore trois

---

1. *Assemblée nationale* du 5 décembre 1854.
2. M. Duprez, qui, après avoir fourni une admirable carrière de chanteur dramatique, voulait aborder celle du compositeur, pour laquelle ses aptitudes étaient loin d'être aussi heureuses, venait de subir un échec à l'Opéra-Comique en donnant *la Lettre au bon Dieu*, ouvrage qui n'avait été du goût ni du public, ni de la critique. L'auteur, irrité, retira son œuvre et annonça sa détermination par une lettre rendue publique, lettre dans laquelle il se prétendait en butte à la malveillance de tous. Adam, qui ne

opéras à raconter. Une lettre de M. Duprez vient heureusement alléger ma tâche; le compositeur déclare retirer son ouvrage; cet acte de déférence au goût du public devrait m'imposer un silence absolu, mais certaines expressions de la lettre demandent une réponse, et elle sera d'autant plus convenable qu'elle sera faite par quelqu'un innocent de toute attaque. On ne peut nier que la seconde production de M. Duprez n'ait été jugée avec quelque sévérité; pour ma part je ne la trouve pas inférieure à la première; mais cette sévérité même peut être sinon justifiée, du moins parfaitement expliquée. *Dans la force de l'âge et la fraîcheur des idées*, dit M. Duprez, je ne m'attendais pas *à voir s'élever entre le public et moi un rempart infranchissable de colère, de malveillance et de haine*. M. Duprez a un peu allongé les vingt-quatre heures que l'on accorde aux perdants pour maudire leurs juges. Je n'ai assisté qu'à la deuxième représentation de *la Lettre au bon Dieu*, et j'étais loin d'y apporter de la malveillance, de la colère ou de la haine : le public non plus : aucun article n'avait encore paru, et pourtant l'effet produit par l'ouvrage n'était pas des plus flatteurs. Quand M. Duprez donna *Joanita*, chacun admira ce tour de force de volonté d'un homme qui, ayant passé la meilleure partie de sa vie à des travaux dépendant de l'art de la composition, mais en différant complètement, avait pu mener à fin une œuvre importante, et chacun écouta avec bienveillance, et presque avec une surprise admirative cette fantaisie d'amateur, d'homme riche, de grand artiste : c'était une statue modelée par un peintre, un tableau peint par un sculpteur, qu'on offrait à notre appréciation, et l'appré-

---

donnait son feuilleton que tous les quinze jours, n'avait pu encore rendre compte de la *Lettre au bon Dieu* lorsque fut publiée... celle du compositeur. Il ne voulut pourtant pas se priver de juger l'une et l'autre.

ciation fut et devait être indulgente. Mais aujourd'hui, M. Duprez annonce qu'il se constitue compositeur, il veut oublier qu'il fut un grand chanteur et le professeur à qui l'on doit mademoiselle Miolan et mademoiselle Caroline Duprez. Il doit donc être permis de lui faire observer que si *fraîches* que lui paraissent ses idées, elles ne nous semblent pas absolument nouvelles ni bien piquantes, que son instrumentation est tant soit peu lourde, et que le style n'est pas toujours en rapport avec la couleur du sujet. Cela, il est vrai, peut se dire poliment, sous la forme de conseils et sans emprunter l'ironie; mais qu'importe la forme, si le fond est le même? En présence du compositeur qui se retire, le critique doit se retirer aussi: je ne laisserai donc plus place qu'aux éloges que mérite mademoiselle Duprez, qui est, en définitive, et, je le crains, sera toujours la plus belle et la meilleure œuvre de son père [1].

## MONTFORT

### L'OMBRE D'ARGENTINE.

M. Montfort est arrivé juste après M. Duprez, et le voisinage ne lui a pas été défavorable : son instrumentation sage, claire et bien entendue, en a paru plus claire, plus sage et mieux disposée. Ses mélodies, plutôt gracieuses qu'originales, en ont paru plus suaves, et son succès probable sans contraste est devenu un grand succès, grâce à un rapprochement qui faisait ressortir tous les avantages du savoir et de l'expérience. J'entendais autour de moi, pendant la représentation de *l'Ombre d'Argentine*, quelques spectateurs admirer l'esprit et l'orchestration du jeune compositeur. A Dieu ne plaise que je conteste à

1. *Assemblée nationale* du 10 mai 1853.

M. Montfort l'épithète de *jeune* : je m'en trouverais fort mal, puisque bien peu d'années séparaient nos deux âges lorsque nous étions condisciples de Boieldieu, mais je félicite bien sincèrement mon bon et ancien camarade Montfort d'avoir su vivre si lentement depuis cette époque, qu'il passe encore pour un jeune compositeur, tandis qu'on me reproche chaque jour d'être un vieux qui m'efforce d'empêcher les jeunes d'arriver. Pour démentir cette fausse accusation, je continuerai à tendre la main à mon jeune confrère; je lui conseillerai de devenir un peu plus fécond, de persévérer à nous donner de gracieuse et charmante musique, comme dans *la Jeunesse de Charles-Quint*, dans Polichinelle et dans *l'Ombre d'Argentine*. Je lui souhaiterai surtout de pouvoir toujours rencontrer comme appui un talent aussi varié, aussi fin et aussi piquant que celui de mademoiselle Lemercier...[1].

1. *Assemblée nationale* du 10 mai 1853.

HISTOIRE DE L'ENSEIGNE

DU

POSTILLON DE LONJUMEAU

Le *Postillon de Lonjumeau* est assurément l'un des opéras les plus populaires du répertoire français. Son succès ne s'est jamais démenti, et il n'est pas étonnant que le village dont il a emprunté le nom ait songé à mettre à profit, autant qu'il le pouvait, sa vogue étonnante. Longjumeau possède donc, et depuis longtemps, une auberge décorée de cette enseigne :

*Au Postillon de Lonjumeau* [1].

Mais si l'opéra d'Adam était célèbre en France, on a vu qu'il ne l'était pas moins en Allemagne, et l'on va le voir encore par une preuve nouvelle. M. Edmond Neukomm, qui, après la guerre de 1870-71, a recon-

---

1. Je ne me charge pas d'expliquer par suite de quelle fantaisie les auteurs de la pièce ont jugé à propos d'altérer l'orthographe du nom de Longjumeau, et d'écrire, en supprimant le *g* : *le Postillon de Lonjumeau*.

stitué certains détails de cette guerre d'après les journaux allemands eux-mêmes, et qui a publié ainsi un livre fort intéressant: *les Prussiens devant Paris*, a retrouvé, après la publication de ce livre, quelques renseignements très-curieux sur l'enseigne du *Postillon de Lonjumeau*, renseignements qu'il a produits dans un article de la *Chronique musicale* du 1<sup>er</sup> juillet 1874. Il s'agit d'un récit fait à ce sujet par un caporal bavarois, et publié dans un journal de Leipzig, la *Gartenlaube*. «Ceci, disait le traducteur, est un simple exercice de version allemande. Qu'on n'y cherche donc pas ce qui peut être du *mien* ou du *leur;* je traduis textuellement, désolé que je serais de ne point reproduire dans toute son intégrité ce petit morceau de littérature bavaroise. La chose en vaut la peine; aussi passerai-je, sans préambule, la plume au caporal Rittinger, dont le nom figurera au bas de ce chapitre. »

Voici le récit du susdit caporal :

Nous étions cantonnés à Longpont, ainsi s'exprime le caporal, et nous passions notre temps à brosser nos uniformes, à repriser nos chemises, lorsqu'un beau jour, nous fûmes commandés pour une *parade* sur le plateau de Longjumeau, — Longjumeau : le lieu de naissance du plus célèbre et du plus beau des postillons, et le théâtre de ses infidélités à la tendre Madeleine ; laquelle Madeleine sut bien, d'ailleurs, faire rentrer en ses chaînes son volage amant. On comprendra que je saisis avec empressement l'occasion de connaître ce village historique. Or, il arriva que, pendant la *parade*, je ne pus le voir que de loin. J'étais déçu dans mes espérances. Aussi n'eus-je de cesse que j'eusse fait naître une nouvelle occasion. Celle-ci, je me hâte de le dire, ne se fit pas longtemps attendre. Dès le lendemain elle se présenta.

Je dois dire, pour éclairer mes lecteurs, qu'une connaissance assez approfondie de la langue française, jointe à un flair très-délicat pour découvrir les cachettes de toute nature, m'avaient valu une situation tout à fait exceptionnelle et le surnom flatteur de : « Capitaine de brigands. » En un mot, et pour bien me faire comprendre, j'avais charge de veiller à tous besoins du ventre et de la gorge de ma compagnie : au manger et au boire, au couvert et au feu, au foin et à la paille. Et dame! cette mission ne laissait pas de me procurer une existence suffisamment aventureuse.

Donc, ce jour-là, j'annonçais que j'allais entreprendre, en ma qualité de « Capitaine de brigands, » un voyage d'exploration à la découverte de caves murées ou dissimulées, et, dans ce but, je fis atteler « ma voiture de chasse. » Or, je me mettais en route, avec mon escorte, bien équipée et bien armée, lorsque notre chirurgien major m'interpella, en me demandant de quel côté je comptais me diriger.

Je lui répondis que j'allais en réquisition du côté de Longjumeau.

— Eh! voulez-vous me faire un plaisir, Rittinger?
— Assurément ! De quoi s'agit-il, docteur?
— On prétend en Allemagne que Longjumeau n'existe pas. Or, je connais Longjumeau, et je sais pertinemment que non-seulement il existe, mais encore qu'on y voit une auberge à l'enseigne du : « *Postillon de Longjumeau.* » Bien plus, on dit que c'est dans cette auberge que le volage Chapelou aima et abandonna sa gentille hôtesse. Vous trouverez facilement la maison; vous y entrerez et vous m'en rapporterez... n'importe quoi : un en-tête de lettre,

une carte, une étiquette, la moindre des choses enfin, pourvu, toutefois, que l'enseigne : « *Au Postillon de Longjumeau* » y figure. De cette manière, on verra bien, en Allemagne, qu'il existe un Longjumeau.

— N'est-ce que cela, docteur? Comptez sur moi!

Et ce disant, je fouettai mes chevaux et partis au grand trot en fredonnant :

> Ah! ah! ah! qu'il était beau!
> Le postillon de Longjumeau!

En vérité, ce refrain me porta bonheur, car, je ne tardai point à charger sur ma « voiture de chasse : » un tonneau bien rempli, calé mollement sur deux sacs d'avoine, sans omettre un nombre respectable de bouteilles poussiéreuses, et cela avant même d'arriver à Longjumeau.

Après avoir suivi pendant un certain temps la route de Paris, nous atteignîmes les premières maisons de ce village à l'aspect souriant et hospitalier. Je cherchai des yeux une enseigne. Je l'aperçus bientôt ; elle se balançait à l'extrémité d'une tige de fer, et l'on y lisait l'inscription : « *Au Postillon de Longjumeau.* »

Sauter à bas de la voiture et frapper à coups redoublés à la porte fut pour moi l'affaire d'une seconde. Un petit vieillard mit le nez à une fenêtre : — « *Nix! tout fort*, dit-il. » — « Diable, pensais-je, si tout le monde est parti, je ne pourrai pas m'acquitter de ma commission. Et, tandis que je faisais cette réflexion, l'enseigne se balançait au-dessus de ma tête comme si elle eût voulu se moquer de moi, et le postillon qui y était représenté me regardait d'un air si goguenard, qu'il semblait se frotter les mains en voyant ma déconvenue. « Eh! eh! dis-je, voilà qui mérite une punition exemplaire ; » et, donnant les chevaux à tenir à l'un de mes hommes, je donnai ordre aux autres de me suivre.

La maison voisine était ouverte. Sans prononcer une seule parole, nous montâmes l'escalier jusqu'au dernier étage ; par une lucarne, nous pénétrâmes sur le toit, et de là nous passâmes sur celui de l'auberge ; puis, en *dérangeant* quelques tuiles, nous nous laissâmes glisser dans le grenier, d'où nous descendîmes, tout simplement par l'escalier, jusqu'au *premier*. Arrivé là, j'ouvris la fenêtre, je me plaçai à califourchon sur la barre de fer, et à grands coups de hache, je me mis en devoir d'abattre l'enseigne. Dans ma pensée, je ne pouvais rapporter un témoin plus authentique de l'existence de Longjumeau et de son postillon, en même temps qu'un souvenir plus original de mon voyage d'exploration.

Dans la rue, au-dessous de moi, s'était rassemblé un groupe de *blouses bleues*, qui considérait avec effroi mon acte de rapine. Il faut même croire que tous ces gens-là tenaient beaucoup à cette enseigne, car leur nombre s'accroissait sans cesse et leurs criailleries prenaient les proportions d'une véritable émeute. Mais je ne pris point garde à ces manifestations ; je connaissais trop bien leur couardise !

Entre temps, j'avais détaché l'enseigne et je l'avais passée à l'un des soldats montés à ma suite, en chantant à tue-tête, et d'une façon qui eût assurément rempli d'aise défunt Adam lui-même, le couplet populaire :

> Mes amis, écoutez l'histoire
> D'un jeune et galant postillon.
> C'est véridique, on peut m'en croire,
> Et connu de tout le canton.
> Quand il passait dans un village,
> Tout le beau sexe était ravi.
> Et le cœur de la plus sauvage
> Galopait en croupe avec lui.
> Ah ! ah ! ah ! qu'il était beau !
> Le postillon de Longjumeau !

Puis, je rentrai dans la maison par la fenêtre. Nous descendîmes l'escalier; j'ouvris la porte, fermée à double tour à l'intérieur, et je me trouvai dans la rue. En un clin d'œil, la foule m'entoura. Chacun voulait connaître mes intentions relativement à l'enseigne. Et l'inévitable curé lui-même me demanda ce que signifiait mon larcin. En un autre moment, j'aurais fait un peu moins de façon, mais, ma foi, mon équipée m'avait mis en joyeuse humeur, et je répondis à ce tribun en soutane que Bismarck m'avait donné ordre de venir chercher cette enseigne, parce qu'il voulait l'avoir à tout prix, étant admirateur passionné du *Postillon de Longjumeau*. Ils étaient là tous, ouvrant la bouche. Pour moi, je sautai sur la voiture, et: En route!

Au bout d'une demi-heure, notre major était en possession du précieux « souvenir, » et quelques semaines plus tard, l'enseigne : « *Au Postillon de Longjumeau* » prenait la route de Munich avec un train de blessés.

Actuellement, elle figure avec honneur dans le magasin des accessoires du *Théâtre-Royal* de cette résidence.

*Signé* : Ferdinand Rittinger, caporal.

Il est inutile de dire que cette histoire fit le tour de la presse parisienne, et qu'elle fut l'objet de gloses nombreuses. Peu de temps après, *la Revue et Gazette musicale* publiait la note suivante :

M. Edmond Neukomm a publié, dans le dernier numéro de la *Chronique musicale*, un amusant article sur la fameuse enseigne du *Postillon de Longjumeau*, dont les Bavarois s'étaient emparés pendant l'occupation de ce village et qu'ils avaient triomphalement emportée à Munich.

« Actuellement, elle figure avec honneur dans le magasin des accessoires du *Théâtre-Royal* de cette résidence, » dit en terminant M. Neukomm, ou, pour être plus exact, le caporal bavarois Ferdinand Rittinger, dont M. Neukomm se dit le simple et fidèle traducteur. Nous pouvons ajouter, comme épilogue à cette petite narration, qu'aujourd'hui l'enseigne du *Postillon de Longjumeau* est revenue prendre la place qu'elle n'aurait pas dû quitter. Elle a été restituée à l'aubergiste il y a quelques mois, et, — détail qui va paraître bien invraisemblable, — cet envoi était accompagné d'un billet de cent francs, offert à titre de dommages-intérêts.

Cela était, en effet, si invraisemblable, qu'il y eut plus d'un incrédule. Entre autres, M. Albert de Lasalle, critique musical du journal *le Monde illustré*, voulut tirer les choses au clair, et écrivit à l'auberge même de Longjumeau pour obtenir des éclaircissements. Voici la réponse qu'il reçut, et qu'il publia aussitôt :

Monsieur,

Le Postillon nous a été pris par les Bavarois. Nous nous sommes plaints aux Prussiens, et, au bout d'un certain temps, ils nous ont envoyé une petite somme pour le remplacer.

Je vous salue,

Veuve BOETTE.

« Une petite somme pour le remplacer, » c'est déjà fort joli. Mais on conviendra que cent francs et l'enseigne, comme il avait été dit, c'était en dehors de toute probabilité. On est moins prodigue que cela, dans le pays chanté par M. Victor Tissot.

FIN

# TABLE ANALYTIQUE

INTRODUCTION..................................... 1
I. — Jean-Louis Adam, chef de l'école française de piano, père d'Adolphe Adam. Détails sur sa vie, d'après les Mémoires manuscrits de son fils. — Enfance d'Adolphe Adam. — Son esprit est réfractaire à toute espèce d'étude, même à celle de la musique, malgré son amour pour cet art. — On le met en pension. — Sa singulière façon de faire son éducation musicale......... 17
II. — Adam entre au Conservatoire. — Il apprend la musique en l'enseignant aux autres. — Il devient élève de Boieldieu pour la composition. — Ses idées étranges sur la musique à cette époque. Boieldieu les modifie. — Il entre comme timbalier à l'orchestre du Gymnase. — Ses premiers couplets de vaudeville......... 29
III. — Adam obtient le second prix au concours de l'Institut. — Voyage en Belgique, en Hollande et en Suisse. — Indifférence d'Adam pour les beautés de la nature et pour les beautés de l'art en dehors de la musique. — Retour en France. 40
IV. — Première production dramatique un peu importante d'Adam. *La Batelière de Brientz* au Gymnase. — Liste des ouvrages écrits par Adam pour les théâtres de vaudeville. — Son début à l'Opéra-Comique. *Pierre et Catherine.* — Premier mariage d'Adam. — *Isaure* aux Nouveau-

tés. — Une assignation comme on en voit peu. — Un pastiche. — *Danilowa*. — Autre pastiche. — *La Chatte blanche*, ballet-pantomime. — *Trois jours en une heure; les Trois Catherine; Joséphine* ou *le Retour de Wagram; le Morceau d'ensemble; le Grand Prix*. — Compositions pour le piano.............. 55

V. — *Casimir*. — Voyage d'Adam à Londres. — Il fait représenter en cette ville un opéra, *His first Campaign*, et un ballet, *Faust*. — Il revient à Paris. — *Le Proscrit*. — *Une Bonne Fortune*. 81

VI. — *Le Chalet*, premier grand succès d'Adam. Difficultés qu'il éprouve à écrire cet opéra. — Opinions de Boieldieu et d'Halévy sur *le Chalet*. — *La Marquise*. — *Micheline*. — Adam refuse le livret de *l'Éclair* et le fait donner à Halévy. — Il est nommé chevalier de la Légion d'honneur. — Il fait ses débuts de journaliste..... 90

VII. — *La Fille du Danube*, premier ballet d'Adam à l'Opéra. — *Le Postillon de Lonjumeau*. Succès de cet ouvrage. Chollet et mademoiselle Prévost. — Première messe d'Adam. — *Les Mohicans*. — *Le Fidèle Berger*. — Une prétendue cabale de confiseurs................. 116

VIII. — Adam et Donizetti. — *Le Brasseur de Preston*. Adam jugé par Berlioz. — *Régine*. — *La Reine d'un jour*. Un chef d'orchestre transformé en chanteur. — Adam part pour la Russie. — *L'Écumeur de mer* à Saint-Pétersbourg. — Adam refuse le poste de maître de la chapelle impériale. — Il part pour Berlin. — Ses succès en cette ville. — *Les Hamadryades* à Berlin. — Retour à Paris...................... 139

IX. — Chute de *la Rose de Péronne*. — Grand succès de *Giselle*. Histoire de ce ballet. — Théophile Gautier et la musique. — *Richard Cœur-de-Lion*, premier « rentoilage » d'Adam. Critiques à ce sujet. — *La Main de fer*. — *La Jolie Fille de Gand*. — *Le Roi d'Yvetot*......... 154

# TABLE ANALYTIQUE.

X. — *Lambel Simnel*, opéra commencé par Monpou et terminé par Adam. — *Cagliostro*. — Adam est élu membre de l'Académie des beaux arts. — *Richard en Palestine*. — *Le Diable à quatre*. — Le ballet : *The Marble Maiden*, au théâtre Drury-Lane, à Londres.................. 175

XI. — Fondation de l'Opéra-National. Combinaisons laborieuses. Adam risque tout son avoir dans cette affaire. — *La Bouquetière* à l'Opéra. — Inauguration de l'Opéra-National. — *Griselidis* ou *les Cinq sens*, ballet, à l'Opéra. — La révolution de Février. Débâcle de l'Opéra-National. — Adam est ruiné. — Son entrée au *Constitutionnel* comme feuilletoniste musical. — *Le Toreador*. Un opéra écrit en six jours. — Deuxième messe. — *La Filleule des Fées*. — *Le Fanal*........................... 182

XII. — *Giralda*. — *Les Nations*, cantate. — *La Poupée de Nuremberg*. — *Le Farfadet*. — *Si j'étais Roi*. Deux troupes pour jouer un seul opéra. — *La Fête des arts*, cantate. — *Orfa*. — *La Faridondaine*. — A force de travail et d'honnêteté, Adam achève de payer les dettes qu'il avait contractées dans l'entreprise de l'Opéra-National................................. 204

XIII. — *Le Sourd* ou *l'Auberge pleine*. — *Le Roi des Halles*. — *Le Bijou perdu* et madame Marie Cabel. — Adam écrit des récitatifs pour la traduction d'un opéra italien de Donizetti, *Bettly*, écrit sur le sujet du *Chalet*. — *Le Muletier de Tolède*. — *A Clichy*. — *Chant de Victoire*. — *Le Houzard de Berchini*. — *Falstaff*. — *Le Corsaire*. — *Mam'zelle Geneviève*. — Encore une cantate..................... 218

XIV. — *Les Pantins de Violette*. Histoire de ce petit ouvrage. Adam ne le signe pas............ 236

XV. — Mort subite d'Adam. — Hommages rendus à sa mémoire........................... 241

XVI. — Appréciation du talent et des facultés musicales

d'Adam. — Adam musicien dramatique et compositeur de ballets. — Parallèle entre Adam et Auber. — Fécondité d'Adam funeste à sa renommée. Son étonnante puissance de production. — Souvenirs sur l'homme et l'artiste.................................... 249

## APPENDICE

Liste chronologique des œuvres dramatiques d'Adam................................... 273
Compositions d'Adam en dehors du théâtre.... 279
Notices sur Adam........................ 284
Adam écrivain. — Ses jugements sur les compositeurs de son temps...................... 287
Histoire de l'enseigne du *Postillon de Longjumeau*. 359

FIN DE LA TABLE ANALYTIQUE.

Paris. — Imp. E. CAPIOMONT et V. RENAULT, rue des Poitevins, 6.

www.ingramcontent.com/pod-product-compliance
Lightning Source LLC
Chambersburg PA
CBHW070434170426
43201CB00010B/1085